Greene ♦ Sharman-Burke
Die mythische Reise

Liz Greene ♦ Juliet Sharman-Burke

Die mythische Reise

Die Bedeutung der Mythen als ein Führer durchs Leben

atmosphären

Die Originalausgabe erschien 1999 unter dem Titel
The Mythic Journey – The Meaning of Myth as a Guide for Life
bei Simon & Schuster, East Roseville, Australien

Aus dem Englischen
von Zoe Weller

Umschlaggestaltung: Ute Dissmann, München
Satz: Nikolaus Hodina, München
Druck und Bindearbeiten: Kösel, Kempten
Printed in Germany

ISBN 3-86533-003-7

www.atmosphaeren-verlag.de
www.at-verlag.ch

Inhalt

Einführung

Mythen sind gute Ratgeber. Über Jahrhunderte hat der Mensch in Mythen, Märchen und Volkserzählungen die Geheimnisse des Lebens erklärt und Trost gesucht. Das gilt für Beziehungsprobleme bis hin zum Rätsel des Todes und dem der Jahreszeiten. In Gleichnissen erklärte Jesus seinen Zuhörern schwierige Zusammenhänge. Anhand von Mythen und Allegorien erläuterte Platon seine komplizierten Ideen. In der alten hinduistischen Medizin verschrieben Ärzte ihren Patienten mit seelischen Problemen einfach eine Geschichte, über die sie nachdenken und meditieren sollten – um eine eigene Lösung zu finden. Oft verdeckt unser lineares, rein kausales und rationales Denken den tieferen Sinn und den Blick auf Problemlösungen. Mythen haben die einzigartige Macht, Widersprüchliches fassbar zu machen. Jenseits der Alltagsschwierigkeiten gewähren sie uns tiefe Einblicke in Herzensangelegenheiten.

Auf den folgenden Seiten werden wir bedeutsame, einmal mehr, einmal weniger bekannte Mythen betrachten. Sie alle hängen jedoch grundlegend mit den unterschiedlichen Lebensstufen und wichtigen Herausforderungen des Daseins zusammen. Es sind griechisch-römische, jüdische, ägyptische, hinduistische, altnordische Mythen, Geschichten der Indianer, der Maori und der Kelten. Statt der allseits geläufigen Buchform eines »Lexikons der Mythologie« mit einzelnen kleinen Abschnitten der Darstellung samt Interpretationen, statt der bloßen Auflistung von Göttern und Helden wählen wir hier eine nahe liegende Gliederungsvorlage: die Chronologie eines Menschenlebens.

Dabei verweben wir die alten Geschichten mit den grundlegenden menschlichen Erfahrungen, angefangen bei den Familienbeziehungen bis hin zum Tod als der letzten mythischen Reise. Jeder Teil des Buches kann unabhängig vom Rest gelesen und wieder gelesen werden. Als Ganzes gesehen, nimmt das Buch den Leser mit auf die Reise durch die wichtigsten

Lebensphasen wobei ihm auch die entsprechenden Übergangsriten vorgestellt und erläutert werden.

Jeder Teil des Buches ist einem bestimmten Aspekt des Lebens gewidmet, den typischen Konflikten und Freuden, wie sie uns allen bekannt sind. Mit Hilfe einzelner Mythen – ihrem positiven wie auch ihrem negativen Potenzial – beleuchten wir spezielle Themen und Probleme. Erst wird jeweils der Mythos, seine Geschichte, nacherzählt, dann folgt eine Betrachtung, die auch den psychologischen Hintergrund mit einbezieht. Sie trägt zum Verständnis der tieferen Bedeutung bei und öffnet den Blick für die Anwendungsmöglichkeiten des Mythos auf wichtige Lebensfragen.

Mit diesem Buch wollen wir zeigen, wie mythische Geschichten und Bilder beim Umgang mit inneren Konflikten, bei der Entdeckung wirklichen Reichtums und eines tieferen Sinns im Leben helfen können. Die Mythen verdeutlichen, dass wir mit unseren Gefühlen, Ängsten und Wünschen nicht alleine stehen, dass Geschwisterkonkurrenz so alt ist wie die Menschheitsgeschichte selbst; dass Ödipus lebt und wohlauf ist und keineswegs nur auf der Psychologencouch anzutreffen; dass das ewige Dreieck tatsächlich ein ewiges ist und darüber geschrieben wird, seitdem es die Schrift gibt; dass Schönheit, Begabung, Macht und Reichtum ihre eigenen Formen des Leids mit sich bringen; dass es inmitten von Dunkelheit und Einsamkeit, bei Versagen und Verlust immer auch Licht und Hoffnung gibt.

I

Am Anfang

In einer Familie aufzuwachsen ist die prägende Erfahrung schlechthin. Wie auch immer unser familiärer Hintergrund sein mag, wir alle haben oder hatten Eltern – präsent oder abwesend, liebevoll oder nicht. Mutter Erde und Vater Himmel sind große mythische Symbole vom Anfang der Welt wie auch für unsere eigenen Anfänge. Wir alle kommen von irgendwo her und was auch immer später im Leben aus uns wird – die Vergangenheit lässt sich nicht ungeschehen machen. Nicht nur genetische Muster erben wir von unseren Familien, sondern auch seelische. Unsere Persönlichkeiten sind zum Teil unser eigenes Werk, zum Teil das Vermächtnis aus der Vergangenheit. Mythen liefern uns keine einfachen Lösungen für Familienprobleme. Vielmehr zeichnen sie ein realistisches Bild der Familiendynamik, mit all ihren Vorzügen, ihren Nachteilen, ihren vielfältigen Zusammenhängen. Darüber hinaus wohnt diesen Geschichten eine Macht zur Verwandlung inne. Die archetypischen Kräfte der Familie mögen ewig sein, Veränderung und Heilung bleiben jedoch immer möglich – wenn nicht aller äußeren Umstände, so doch unseres Inneren.

1. *Eltern und Kinder*

Im Hinblick auf die Eltern-Kind-Beziehung bietet uns die Mythologie eine breite Auswahl an Geschichten. Vom Übermut und den Streitereien der olympischen Götter bis zum tragischen Schicksal königlicher Dynastien hat der Mensch immer Trost gefunden beim Erzählen von Geschichten über Mütter, Väter, Söhne, Töchter und die ebenso mysteriösen wie unzerstörbaren Familienbande. Es gibt kein Eltern-Kind-Dilemma, für das sich kein Widerpart in der Mythologie fände, und keine Problemlösung, die sich nicht in mythischen Erzählungen spiegelte.

Thetis und Achilles
Hohe Erwartungen

Der erste unserer Familienmythen handelt von allzu hohen elterlichen Erwartungen an ihre Kinder. Das vielleicht wichtigste Motiv in dieser griechischen Geschichte ist Thetis' Ehrgeiz hinsichtlich ihres Kindes, das sie als Gott sehen will. Trotz des traurigen Endes verschafft uns diese Geschichte tiefe Einblicke in geheime Hoffnungen, Träume und Wünsche, die wir unseren Kindern – vielleicht unbewusst – aufhalsen. Dabei bezahlen die Kinder oft einen hohen Preis.

Die große Meeresgöttin Thetis war Herrscherin über alles Leben in den Tiefen der Ozeane. Irgendwann war es an der Zeit zu heiraten. Doch Götterkönig Zeus hatte eine Prophezeiung gehört: Sollte Thetis einen Gott heiraten, würde ein Sohn aus der Ehe hervorgehen, größer noch als Zeus selbst. Aus Angst davor verheiratete Zeus die Meeresgöttin mit einem Sterblichen namens Peleus.

Diese Mischehe ließ sich gut an, war relativ harmonisch. Manchmal allerdings ärgerte sich Peleus über die übernatürlichen Kräfte seiner Frau, wohingegen sich Thetis ihrerseits wiederum nicht standesgemäß verheiratet wähnte.

Nach einer Weile brachte Thetis einen Sohn zur Welt: Achilles. Als Sohn eines menschlichen Vaters war auch er ein Sterblicher. Wie jedem anderen Sterblichen war auch ihm seine Zeit auf Erden von den Schicksalsgöttinnen zugeteilt. Mit diesen Aussichten war Thetis nicht zufrieden. Als Unsterbliche wollte sie ihrem Sohn nicht beim Altern und schließlich beim Sterben zusehen müssen, während sie selbst ewig jung blieb. So trug sie den Neugeborenen heimlich zum Fluss Styx, dessen Fluten Unsterblichkeit verleihen. Sie hielt ihren Sohn an einem Fuß fest, tauchte ihn in das Wasser ein und schenkte ihm somit Unsterblichkeit – jedoch nicht vollkommene. Denn die Ferse, an der sie ihn festgehalten hatte, blieb von den Wassern des Styx unberührt und Achilles deshalb an ebenjenem Punkt verwundbar.

Später, als Erwachsener, wurde er im Trojanischen Krieg durch einen Pfeilschuss in die Ferse tödlich verwundet. Zwar hatte Achilles großen Ruhm erlangt und lebte für immer in der Erinnerung der Menschen weiter, die Schicksalsgöttinnen hatte Thetis jedoch nicht täuschen können, um aus einem Menschen einen Gott zu machen.

Kommentar

Viele Eltern wünschen sich – wenngleich nicht so buchstäblich wie Thetis – göttliche Kinder. Natürlich hofft niemand auf ein ewiges Leben für seine Kinder. Dennoch sollen sie vielleicht besser als andere Kinder sein, schöner, talentierter, intelligenter, einzigartig – und somit nicht den Niederungen des Lebens ausgesetzt. Kein Kind kann diesen unbewussten Erwartungen entsprechen. Und umgekehrt muss jedes Kind darunter leiden, wenn die Eltern in ihrem Streben nach etwas Übermenschlichem seine menschlichen Schwächen übergehen.

Möglicherweise hoffen wir auch, unsere Kinder mögen uns entschädigen – etwas gutmachen, was wir selbst verpatzt haben, oder etwas ausleben, das uns selbst in unserem Leben versagt blieb. In der Hoffnung, dass unsere Kinder unserem Leben doch noch Bedeutung verleihen mögen, opfern wir uns auf – und verwehren ihnen so ihr eigenes Leben.

Wenn sie dann, wie es jedem Menschen einmal passiert, straucheln und stürzen oder undankbar scheinen, reagieren wir wütend oder enttäuscht. All dies lässt sich anhand der Geschichte von Thetis und Achilles nachvollziehen.

Die göttliche Mutter Thetis, die sich nur wünscht, ihr Kind solle nicht sterblich wie der Vater sein, ist ein Bild für eine ganz bestimmte Art von mütterlichem Egoismus. Mit dem unbedingten Wunsch, das Kind bzw. die Liebe des Kindes ganz für sich zu haben, sind Probleme vorprogrammiert. Mit Achilles als Nachkommen spitzt sich die Unausgewogenheit der Ehe zwischen Thetis und Peleus zu. Da sich Thethis Peleus überlegen fühlt, hofft sie umso mehr, Achilles möge ihr ähneln und nicht dem Vater. Dies ist ein bekanntes Problem: Anstatt den beiderseitigen Anteil am Kind zu erkennen, fantasieren wir uns die Identität eines Kindes zusammen. Vor allem in unglücklichen und unerfüllten Ehen kommt dies vor. Natürlich können auch Väter ihre Töchter so idealisieren, sie so vergöttern wie Thetis ihren Sohn und damit unbewusst Mutter und Tochter auseinander bringen wollen, damit niemand die Einheit zwischen Vater und Tochter beeinträchtige (siehe auch Orion und Oinopion, Seite 19–21)

All diese elterlichen Probleme sind nicht krankhaft, sondern schlicht menschlich. Auch wenn es sich bei den Protagonisten hauptsächlich um Götter handelt, ist in den Mythen letztlich vor allem der Mensch das Thema. Wie gehen wir mit diesem Problem zu hoher Erwartungen und des Besitzdenkens um? Wenn wir uns entscheiden, Kinder in die Welt zu setzen, schulden wir ihnen Fairness und Gerechtigkeit im emotionalen Umgang. Zuerst sollten wir uns unsere versteckten Gefühle, unsere allzu hohen Erwartungen an die Kinder bewusst machen: Dann können wir ihnen unsere Liebe auch zeigen, wenn sie eben nicht genau unserem Wunschbild entsprechen. Wir können sie dazu ermutigen, ihren eigenen Weg zu gehen statt jenen, den wir nicht gegangen sind. Durch eine bewusste Mäßigung der eigenen Gefühle nimmt man ihnen ihre Zerstörungskraft. Unbewusste Gefühle führen zu unbewusstem Verhalten und möglicherweise zu Verletzungen beim Kind. Niemand ist vollkommen und bis zu einem gewissen Maß hegen wohl alle Eltern unrealistische Hoffnungen hinsichtlich ihrer eigenen Kinder. Das ist menschlich und nur natürlich. Unsere Kinder sind aber nun einmal nicht göttlich. Und ihre Aufgabe auf dieser Welt besteht auch nicht in der Erhöhung unseres Ruhmes und in der Wiedergutmachung unserer eigenen Versäumnisse. Die Ehe zwischen Thetis und Peleus, wie sie Zeus in die Wege leitete, steht bildhaft für die Mischung aus Menschlichem und Göttlichem – und somit für den Ursprung aller Menschen. Jedes Kind hat Anteil an beiden Seiten. Dieser alte Mythos ermahnt uns Eltern zu etwas mehr Weisheit und Großzügigkeit, konkret: unseren Kindern ihr eigenes Leben zuzugestehen.

Hera und Hephaistos
Das hässliche Entlein

Auch bei Hera und Hephaistos geht es um elterliche Erwartungen. Hier wird indes nicht Unsterblichkeit vom Kind erwartet, sondern olympische Schönheit. Anders als viele Göttergeschichten hat diese ein glückliches Ende: Hephaistos findet Anerkennung für sein Talent und erhält einen angemessenen Platz in der Familie. Auf dem Weg dorthin muss er jedoch leiden, und zwar ungerechterweise.

In ihrer leidenschaftlichen Liebe zeugten Zeus und Hera, die höchsten Götter, noch vor der Hochzeit ihren Sohn Hephaistos. Traurigerweise war das Kind entstellt. Die Füße waren verdreht, er humpelte und seine Hüften standen schief. Bei seinem Anblick brachen die anderen Götter in schallendes Gelächter aus. Hera schämte sich, bei all ihrer Schönheit und Großartigkeit einen solch unvollkommenen Sohn geboren zu haben. Sie wollte ihn loswerden. So stieß sie ihn eines Tages von den olympischen Höhen ins Meer. Dort aber nahm ihn Thetis, die Herrscherin der Ozeane, in Gewahrsam.

Neun Jahre lang hielt sich Hephaistos unter dem Meeresspiegel versteckt. Er war so begabt wie hässlich. Seine Zeit verbrachte er mit der Herstellung origineller Objekte, die er seinen Freundinnen, den Meeresnymphen, schenkte. Natürlich war Hephaistos wütend darüber, wie seine Mutter ihn behandelt hatte, und als er zu körperlicher und geistiger Stärke herangewachsen war, ersann er einen klugen Racheplan. Einige Zeit darauf erhielt Hera von ihrem Sohn ein Geschenk geschickt – ein fein gearbeiteter goldener Thron, wunderbar geschmiedet und verziert. Entzückt ließ sie sich darauf nieder. Als sie sich wieder erheben wollte, hielten sie unsichtbare Hände fest. Vergeblich versuchten die anderen Götter, sie vom Thron loszulösen, doch allein Hephaistos konnte sie befreien. Er weigerte sich aber, die Tiefen des Ozeans zu verlassen. Mit Gewalt versuchte sein jähzorniger Bruder, der Kriegsgott Ares, ihn hochzuzerren. Aber Hephaistos schleuderte brennende Fackeln nach ihm. Schließlich ergriff ihn Dionysos, Hephaistos' Halbruder und Gott des Weines. Er warf ihn über den Rücken eines Maulesels und brachte ihn zum Olymp.

Hephaistos aber lehnte jegliche Hilfe für seine gefesselte Mutter ab, es sei denn, man würde seine Forderungen erfüllen und ihm Aphrodite, die liebreizendste Göttin, zur Frau geben. Schließlich kam der Handel zustande, und von da an herrschte Frieden zwischen Hera und ihrem Sohn. Als Zeus sie einmal in einem Wutanfall verprügelte, verteidigte Hephaistos seine Mutter sogar unter Einsatz seines Lebens. Verärgert packte Zeus seinen Sohn an einem Fuß und warf ihn aus dem Himmelshof hinaus. Später nahm ihn Zeus allerdings wieder in den Olymp auf. Sie schlossen Frieden und von diesem Zeitpunkt an spielte Hephaistos für immer die Rolle des Friedensstifters unter den Göttern.

Kommentar

Wie Hera wünschen auch wir uns unsere Kinder in völliger Verkennung ihrer eigenen Qualitäten oft als Spiegelbild unserer selbst. Viele gut aussehende Eltern wollen eine schöne Tochter oder einen attraktiven Sohn als Verkörperung ihrer eigenen Qualitäten. Manchmal wünschen wir, dass unsere Kinder ein bei uns selbst nicht entwickeltes Talent weiterverfolgen. Was auch immer wir sind oder sein wollen, wir wünschen uns unsere Kinder oft als »Fortsetzungen« unserer selbst. Dabei fügen wir ihnen so lange Schmerzen zu, bis wir – hoffentlich – endlich ihren wahren Wert erkennen.

Die Geschichte enthält zahlreiche interessante Motive. Der ungeliebte und vernachlässigte Hephaistos findet Freundschaft und Unterstützung bei den Meeresgöttern, die ihn in ihrem Unterwasserreich akzeptieren. Oft mag ein Kind, das in der direkten, familiären Umgebung keine Anerkennung bekommt, Glück haben und verständnisvolle Großeltern, Onkel oder Lehrer finden, die seine Fähigkeiten erkennen und fördern. Es sollte uns nicht überraschen, wenn falsche Erwartungen, die wir an das Kind richten, Wut in ihm erzeugen. Hephaistos' Rache ist klug durchdacht. Nicht vernichten will er seine Mutter, sondern von ihr akzeptiert werden. Dazu manövriert er sie geschickt in eine Abhängigkeit.

Wofür steht diese Abhängigkeit, aus der kein Gott sie befreien kann? Bei aller Härte und Ablehnung gegen ihren Sohn zeigt sich Hera doch nicht immun gegen elterliche Gefühle. Schließlich handelt sie in ihrer ganzen Eitelkeit und in ihrem Egoismus nur allzu menschlich. Hephaistos appelliert nun an ihre elterlichen Gefühle, indem er sie an ihre Verpflichtung erinnert, die mit der Unzertrennbarkeit der Eltern-Kind-Bindung einhergeht. Bei uns Menschen ruft dieser Vorgang oftmals Schuldgefühle hervor. Möglicherweise benötigen wir diesen Umweg, um die Vergehen an unseren Kindern zu erkennen, nämlich ihre wahre Persönlichkeit und ihre Qualitäten zu ignorieren. Nur über das Eingeständnis unserer Fehler können wir eine schädliche Erwartungshaltung denen gegenüber ablegen, die wir zu lieben behaupten.

Hephaistos' Fähigkeit zu vergeben sagt uns auch etwas über die Kraft der Liebe, die uns hilft, in Familienkonflikten mit Verletzungen fertig zu werden. Kinder können ihren Eltern eine ganze Menge verzeihen, sofern nicht böse Absicht, sondern Ungeschicklichkeit der Grund war und Reue und Einsicht erkennbar werden. Eine Entschuldigung aus tiefem Herzen trägt viel zur Heilung von Wunden bei. Diese Geschichte lehrt uns, dass Verletzungen aus der Kindheit durchaus wieder gutzumachen sind. Sie ermutigt uns, den wahren Wert derjenigen, die wir lieben, zu suchen, unabhängig davon, ob sie unserem Wunschbild und unseren Hoffnungen entsprechen.

Orion und Oinopion
Väterliches Besitzdenken

In diesem traurigen griechischen Mythos will ein Vater seine Tochter ganz für sich haben. Als ein Freier die Tochter fortführen will, sind Zerstörung und Leid vorprogrammiert. Die Geschichte bringt die dunkleren Seiten der Eltern-Kind-Beziehung zum Vorschein. Mögen die darin geschilderten Begebenheiten und Gefühle im wirklichen Leben weniger drastisch und extrem sein, zeigt die Geschichte doch eindringlich, wie der unangemessene Wunsch, unsere Kinder ganz für uns alleine zu besitzen, große emotionale Blindheit und Verwirrung verursacht.

Orion der Jäger galt als einer der stattlichsten Männer. Eines Tages verliebte er sich in Merope, Tochter des Oinopion. Als Sohn des Dionysos, Gott des Weines und der Ekstase, war Oinopion kein einfacher Sterblicher. In der Tat wirkten tief in Oinopions Innerem die unbändigen Leidenschaften seines Vaters weiter.

Oinopion versprach Orion die Hand seiner Tochter Merope, aber nur unter der Bedingung, dass der Jäger die Umgebung von den wilden Tieren befreien würde, die das Leben der Bewohner dort bedrohten. Für einen erfahrenen Jäger wie Orion war dies keine allzu schwierige Aufgabe und so ging er auf das Angebot ein. Schon nach kurzer Zeit konnte er Oinopion, in freudiger Erwartung seines Preises, von der Erledigung des Auftrags berichten. Oinopion fand indes Gründe, die Hochzeit aufzuschieben – da gab es noch Bären, Wölfe und Löwen, die in den Bergen auf ihre Beute lauerten. In Wahrheit wollte Oinopion seine Tochter gar nicht verheiraten, da er insgeheim selbst in sie verliebt war.

Obgleich ihm die Situation mehr und mehr zusetzte, durchkämmte Orion die Gebirge ein weiteres Mal nach gefährlichen Tieren. Doch abermals verschob Oinopion die Hochzeit unter einem Vorwand. Eines Nachts betrank sich Orion fürchterlich mit Oinopions bestem Wein (der Wein vom Sohn des Dionysos war wirklich einzigartig und stärker als die meisten Weine). In volltrunkenem Zustand drang er in Meropes Zimmer ein und vergewaltigte sie. Aufgrund dieser Gewalttat fühlte sich Oinopion zur Rache berechtigt. Er flößte Orion Wein ein, bis der bewusstlos zusammenbrach. Dann stach er ihm die Augen aus und ließ ihn in diesem Zustand am Meeresufer liegen.

Mit Hilfe der Götter erhielt Orion nach einiger Zeit sein Augenlicht zurück. Er durfte noch einige Abenteuer bestehen. Was mit der armen

Merope geschah, wissen wir nicht – vergewaltigt, verlassen und Gefangene eines Vaters, der nie auch nur die Absicht hatte, sie zu einer selbstständigen Frau werden zu lassen.

♦

Kommentar

Orions Geschichte ist nicht nur hinsichtlich zerrütteter Familienverhältnisse von Bedeutung. Auch eine an sich intakte Verbindung zwischen Vater und Tochter voller Liebe und Zuneigung kann aus dem Ruder laufen. Für die Tochter ist der Vater gewöhnlich eine Art erste Liebe. Umgekehrt erkennen viele Väter in ihrer jungen Tochter ein magisches Bild von Schönheit und Jugend, ein Gefäß für all ihre romantischen Träume. Dies ist ganz natürlich und schön und bedeutet keineswegs Missbrauch oder krankhaftes Verhalten.

Problematisch wird es, wenn der Vater eine unglückliche Ehe führt oder ihm die einfachen Freuden einer ganz normalen Ehe nicht genügen und er eine magische »Seelenverwandtschaft« zur Tochter sucht. Dann wird er diese Fantasie einer perfekten Liebe möglicherweise bei seiner Tochter suchen und ihr den Schritt in die Unabhängigkeit verbieten.

Die Tochter ziehen zu lassen, zumal mit einem so attraktiven jungen Mann wie Orion, setzt eine gewisse Großzügigkeit voraus. Orions gutes Aussehen und seine jugendliche Kraft erinnern Oinopion schmerzlich an sein eigenes Alter. Als junge Frau sehnt sich seine Tochter nun aber nach einem jungen Mann voller Energie. Meropes Mutter findet in dem Mythos im Übrigen gar keine Erwähnung. Der Vater und die Tochter leben in ihrer eigenen Welt, was für viele Väter, die ein besseres Verhältnis zu ihrer Tochter als zur eigenen Frau haben, alltägliche Wirklichkeit ist.

Wer seine Tochter zur Seelenverwandten machen will, kann ihr auch ohne böse Absicht sehr schaden. Dies mag sich zum Beispiel in der typischen Haltung äußern, der Partner ihrer Wahl sei »nicht gut genug« für sie. Stilisiert ein Vater seine Tochter aber zum unerreichbaren Ideal – wie soll sie ihn dann jemals verlassen können, um mit einem eigenen Partner ein glückliches Leben zu führen? Je größer die Liebe, desto größer kann der Schaden aus mangelnder Bewusstheit sein. Zumal eine Tochter voller Bewunderung und Liebe für ihren Vater auf seine vermeintliche »Erfahrung« hören und dann jeden potenziellen Freier als unzureichend ansehen wird.

Oinopion scheint sich einen guten Ehemann für Merope zu wünschen. Dieser Mann soll lediglich bestimmten Ansprüchen genügen. Was könnte man einem Vater vorwerfen, der nur das Beste für seine Tochter will? Hinter der Maske bester Absichten versteckt der Vater sein möglicherweise unbewusstes Besitzdenken. Er wird alles daransetzen, dass ja niemand gut genug für seine Tochter ist.

Ob ganz offen oder versteckt – so »rechtfertigt« sich die Zerstörung jeglicher Beziehung seiner Tochter. Schließlich meint er, nur in ihrem Interesse zu handeln. Als Oinopion die Hochzeit immer wieder unter einem Vorwand aufschiebt, gerät Orion so in Wut, dass er Merope am Ende sogar vergewaltigt. Das ist für Oinopion natürlich die perfekte Gelegenheit, sich des Verbrechers zu entledigen, denn er hatte nie vor, seine Tochter ziehen zu lassen. Er will sie ganz für sich.

Der große Dichter Khalil Gibran (1883–1931) schrieb einmal, unsere Kinder seien zwar durch uns geboren, aber nicht von uns. Trotzdem meint mancher einsame Vater, er dürfe seine Tochter als wertvolles Objekt behandeln, das ihm allein gehört. Die Jungen können nur dann im Leben weiterkommen, wenn die Eltern ihnen den Weg freigeben. Fühlt sich eine Tochter durch die Eifersucht des Vaters zur Wahl zwischen Vater und Geliebtem gezwungen, zerstört dies ihr Glück und ihre Liebe. Man darf Kinder nicht vor eine solch absurde Wahl stellen, denn dann zerreißt Eifersucht jedes Herz. Jeder Vater hat Einfluss auf das Glück seiner Tochter und muss ihr seine Liebe parallel zur Liebe des Ehemanns bieten. Das mag eine Herausforderung sein, doch der Lohn ist groß. Heimlicher Neid und Eifersucht müssen erkannt und gezähmt werden.

Der Mythos betont das zutiefst Menschliche derartiger Gefühle. Besitzdenken bedeutet Machtanspruch. Aber Liebe und Machtstreben passen nicht zusammen.

THESEUS UND HIPPOLYTOS
Rivalität zwischen Vater und Sohn

Dieser griechische Mythos beschreibt die zerstörerische Eifersucht eines Vaters, der fürchtet, sein Sohn könnte ihn an Schönheit, Stärke und sexueller Anziehungskraft übertreffen. Die archetypischen Geschichten über den älteren Mann und seine Angst, seine neue jüngere Frau könnte für die Reize ihres Stiefsohnes aus früherer Ehe empfänglich sein, sind zahlreich. Einzigartig aber ist der Niedergang des mythischen Helden Theseus, den die Eifersucht völlig blind gegenüber der Wahrheit sein lässt.

Nach seinem Sieg über den furchtbaren Minotaurus wurde der große Theseus, Sohn des Gottes Poseidon, König von Attika. Weise und gerecht regierte der Held sein Land. Sein mangelndes Glück in der Liebe und am Ende seine Eifersucht auf seinen eigenen Sohn sollten ihn jedoch ins Verderben stürzen. Seine leidenschaftliche Affäre mit der kretischen Prinzessin Ariadne, die ihm im Kampf gegen den Minotaurus geholfen hatte, endete traurig und er verließ sie. Auch seine ebenso leidenschaftliche Affäre mit Hippolyte, Königin der Amazonen, endete mit ihrem tragischen Tod. Doch hatte sie ihm einen Sohn geboren: Hippolytos. Schließlich heiratete Theseus Ariadnes Schwester Phädra. Hippolytos war inzwischen zu einem schönen, starken Jüngling herangewachsen, mit blondem Haar und grauen Augen, größer und stattlicher noch als sein Vater. Dieser edle junge Mann war ein leidenschaftlicher Reiter und Anhänger des Keuschheitskultes der Göttin Artemis.

Bald verzehrte sich Theseus' neue Frau Phädra vor Begehren nach ihrem Stiefsohn. Schließlich beauftragte sie sogar ihre alte Amme, dem schönen Prinzen ihr Ansinnen zu unterbreiten. Entsetzt lehnte er ab. Daraufhin erhängte sich Phädra. Sie hinterließ einen Abschiedsbrief, in dem sie ihn der Vergewaltigung beschuldigte. Der Tod seiner Frau überzeugte Theseus von der Wahrheit dieser schrecklichen Anklage. Da ihn ohnehin ein heimlicher Neid auf die Schönheit und Größe seines Sohnes geplagt hatte, verjagte er Hippolytos aus dem Königreich. Zudem behaftete er ihn mit einem tödlichen Fluch seines Vaters Poseidon. Als Hippolytos mit seinem Wagen an einer felsigen Küstenstraße Athens entlangfuhr, schickte der Meeresgott eine riesige Welle mit einem Stier darauf, die die Pferde durchgehen und Hippolytos tödlich stürzen ließ. Sein zerschmetterter Körper wurde Theseus gebracht. Die Wahrheit über seine Frau erfuhr er zu spät.

Von dieser Zeit an war Theseus vom Unglück verfolgt. Seines Sohnes und damit seines Erben beraubt, trieb er als Pirat sein Unwesen. Nachdem er versucht hatte, die Königin der Unterwelt zu entführen, wurde er zu vier qualvollen Jahren im Reich der Toten verurteilt. Als er nach Athen zurückkehrte, herrschten dort Gesetzlosigkeit und Chaos. Kurzerhand kehrte er seinem Königreich den Rücken und reiste zu der Insel Skyros. Dort stürzte ihn König Lykomedes von einer Klippe in den Tod.

Kommentar

Auf psychologischer Ebene lässt sich diese Geschichte im Alltag vieler Familien beobachten. Viele mächtige und anerkannte Männer definieren ihre Männlichkeit über äußerlichen Erfolg. Solche Männer mögen ihr Altern als erniedrigend empfinden. Sie fürchten eine Herabsetzung durch Machtverlust – beruflicher oder sexueller Art. Hier kann ein Sohn, der gerade am Anfang seiner eigenen Lebensreise steht und womöglich größeres Potenzial als der Vater besitzt, zerstörerischen Neid hervorrufen. Manchmal ist dagegen auch eine liebevolle Beziehung nicht gefeit. Macht sich der Vater dieses Muster nicht bewusst, belegt er seinen Sohn womöglich ungewollt mit einem »Fluch«. Die Verärgerung über die Verbindung zwischen seiner Frau und seinem Sohn lässt ihn dann distanziert und kalt oder übermäßig kritisch wirken. Aus Angst vor Kontroll- und Machtverlust wird er – unbewusst, aber mit zerstörerischer Tendenz – Träume und Wünsche des Sohnes und sein Selbstvertrauen untergraben.

Die Auswirkungen solcher Eifersucht können katastrophal sein. Muss der junge Mann gegen die heimliche Feindseligkeit seines Vaters ankämpfen, wird ihn möglicherweise immer ein Gefühl des Versagens verfolgen – in Schule, Studium, bei der Arbeit, in seinem Privatleben. Im Grunde meint er, die Wünsche seines Vaters erfüllen zu müssen, und wagt nicht, gegen dessen absolute Macht aufzubegehren. Er wird dann sozusagen freiwillig und ganz von selbst zu dem Versager, den sein Vater sich unbewusst wünscht – selbst wenn der Vater den Sohn, auf der Ebene des Bewusstseins, ermutigt und sich über seine Erfolg zu freuen scheint. Dieser Sohn mag z.B. ständig mit irgendwelchen Autoritäten im Clinch liegen. Bewusst oder unbewusst wird er am Ende all die Schwächen und die Verwirrung, die sein Vater auf ihn projiziert, anderweitig ausleben. Damit verdrängt er wiederum seine eigene Unsicherheit und Verwirrung, die mit seinem eigenen Altern einhergeht.

Solche Verhaltensmuster sind keineswegs selten. Sie sind nicht auf Boshaftigkeit zurückzuführen, sondern sind sehr menschlich. Von ihrem Sohn übertroffen zu werden ist für viele Väter ein Problem. Dennoch sollte ein Vater genug Größe aufbringen, den Lauf der Dinge zu akzeptieren sowie die Tatsache, dass auf dieser Welt – ob nun gerechterweise oder nicht – die Jugend bevorzugt wird. Weiterhin sollte der Vater eine Verbindung zwischen der eigenen Frau und dem Sohn als legitim und sogar wünschenswert sehen statt als Bedrohung. Dazu muss man allerdings loslassen können, Vertrauen in das Leben haben. Das ist auch die Voraussetzung dafür, den Sohn wirklich unterstützen und ermutigen zu können. Dem Vater können daraus tiefe Gelassenheit und innere Stärke erwachsen. Im Bewusstsein, sein eigenes jugendliches Potenzial bestmöglich erfüllt zu haben, vermag er auch mit dem, was er nicht erreicht hat, Frieden zu schließen. Nur dann wird er sich kreativ und voller Hoffnung dem nächsten Lebensabschnitt zuwenden können.

Osiris, Isis und Horus
Das göttliche Kind und die ewige Hoffnung

Diese alte ägyptische Geschichte zeigt uns das Kind als Symbol für mögliche Erneuerung und die Hoffnung, trotz aller Schwierigkeiten schließlich innere Ruhe und Zufriedenheit zu finden. Manche Autoren haben Osiris, Isis und Horus mit der christlichen Dreifaltigkeit in Verbindung gebracht, da auch hier das göttliche Kind Leid heilt und das Böse besiegt. Auf psychologischer Ebene kann uns diese göttliche Familie einiges über die Fähigkeit zur Hoffnung lehren, die Kinder vermitteln.

Osiris war der Erstgeborene von Vater Erde und Mutter Himmel. Der junge Gott war von schönem Antlitz und um einiges größer als die Menschen. Er nahm Isis, seine Schwester und Göttin des Mondes, zur Frau. Zusammen lehrten sie die Ägypter, ihr Land zu bestellen, Brot, Wein und Bier zu produzieren. Isis brachte den Frauen bei, Korn zu mahlen, Flachs zu spinnen und zu weben. Osiris errichtete die ersten Tempel und die ersten Götterskulpturen und lehrte die Menschen vieles über die Religion. »Der Gute« nannte man ihn, weil er jegliche Gewalt ablehnte und seinen Willen immer mit Sanftmut und Zurückhaltung kundtat. Bald wurde Osiris aber Opfer einer Intrige seines schlechten jüngeren Bruders Seth, der neidisch auf seine Macht war. Seth war ungehobelt und wild. Er war verfrüht aus dem Bauch seiner Mutter gekommen und entschlossen, die Welt anstelle von Osiris zu beherrschen. So lud er Osiris zu einem Bankett ein und ermordete ihn. Osiris' Leiche sperrte er in eine Kiste und warf sie in den Nil.

Als Isis von der Ermordung Osiris' erfuhr, wurde sie von Kummer überwältigt. Sie schnitt sich die Haare ab, zerriss ihre Kleider und machte sich sofort auf die Suche nach der Kiste. Die war auf das Meer hinausgetrieben und auf den Fluten nach Byblos getragen worden. Dort blieb sie, an Land geschwemmt, unter einem Tamarisken-Baum liegen. Der Baum wuchs so schnell, dass die Kiste ganz von seinem Stamm eingeschlossen wurde. Inzwischen hatte der König von Byblos befohlen, den Baum zu fällen. Er sollte als Stützbalken für das Dach seines Palastes dienen. Der gefällte wundersame Baum duftete so intensiv, dass Isis, als sie davon erfuhr, wusste, was das zu bedeuten hatte. Sofort brach sie nach Byblos auf, holte die Truhe aus dem Baumstamm und transportierte sie nach Ägypten zurück. Aber Seth erfuhr davon und fand die Truhe in einem Sumpf, in dem Isis sie versteckt hatte, öffnete sie und zerhackte den Körper seines Bruders in vierzehn Stücke. Die verteilte er dann in alle Himmelsrichtungen.

Isis gab nicht auf. Sie suchte und fand alle die Teile ihres geliebten Mannes – außer dem Phallus, den eine Nilkrabbe verschluckt hatte. Aus den vorhandenen Teilen setzte die mächtige Zauberin Isis den Körper des Osiris wieder zusammen. Den Phallus formte sie aus Lehm. Dann hielt sie das Ritual der Einbalsamierung ab, um dem ermordeten König ewiges Leben zurückzugeben. Während Osiris nun ruhend seine Wiedergeburt erwartete, lag Isis bei ihm und es wurde das göttliche Kind Horus gezeugt: Bei seiner Geburt ähnelte es einem Falken, mit Augen, in denen zugleich das Licht der Sonne und des Mondes leuchtete.

Nach seiner Wiederauferstehung hätte Osiris seine weltliche Herrschaft zurückgewinnen können. Die Macht des Bösen, wie er sie auf der Erde erfahren hatte, hatte ihn jedoch mit Trauer erfüllt. So zog er sich in die Unterwelt zurück, wo er die Seelen der Gerechten willkommen hieß und über die Toten regierte.

Es blieb Osiris' Sohn Horus überlassen, den bestialischen Mord und die brutale Zerstückelung seines Vaters zu rächen. Da seine Mutter die Machenschaften des Seth fürchtete, wurde Horus an einem abgeschiedenen Ort großgezogen. Von Geburt an schwächlich, überstand er die Gefahren, die ihn umgaben, nur mit Hilfe der mütterlichen Zauberkräfte. Er wurde von wilden Tieren gebissen, von Skorpionen gestochen, von Schmerzen aller Art gequält, er erlitt Brandwunden – alles durch Seths Einfluss. Trotzdem kam Horus zu Kräften und Osiris unterrichtete ihn im Umgang mit Waffen. Denn bald sollte er Seth bekämpfen, sein Erbe einfordern und seinen Vater rächen.

Als er das Mannesalter erreicht hatte, begann Horus einen langen Krieg gegen seine Gegner und er besiegte viele von ihnen. Seth war indes zu schlau, um mit Waffengewalt allein überwunden zu werden. Um das ewige Blutvergießen zu beenden, beriefen die anderen Götter ein Tribunal ein, vor dem die beiden Gegner erscheinen mussten. Seth führte ins Feld, Horus sei, da nach Osiris' Tod gezeugt, illegitim. Am Ende gelang es Horus aber, die Legitimität seiner Geburt darzulegen. So verurteilten die Götter den Thronräuber Seth, gaben Horus sein Erbe zurück und erklärten ihn zum Herrscher über Ägypten.

Horus regierte in Frieden über Himmel und Erde. Zusammen mit seinem Vater und seiner Mutter wurde er im ganzen Land verehrt. Sofern ihm seine Regierungsgeschäfte Zeit ließen, besuchte er seinen Vater. Dabei geleitete er die Verstorbenen zu Osiris »dem Guten« und führte auch den Vorsitz beim Wiegen der Seelen.

Kommentar

Ein Kind kann die Verfehlungen seiner Eltern nicht wettmachen. In der offensichtlichen Unschuld eines Kindes aber liegt Hoffnung auf einen neuen Anfang, Hoffnung auf die Zukunft. Sie kann einem tristen, bedeutungslosen Leben und vergangenem Leid wieder Sinn und Bedeutung geben. Der Mythos von Osiris, Isis und Horus offenbart uns die Ursprünge eines Kinderwunsches. Es geht nicht nur um Sicherung der Nachkommenschaft. Die Geburt eines Kindes kündet von einem Neubeginn und der möglichen Heilung alten Leids. In unseren Nachkommen suchen wir das Fortbestehen des Geistes ebenso sehr wie das des Körpers.

Die Familie des Osiris ist archetypisch und spiegelt damit die in jeder Familie vorhandenen Muster wider. Isis' Hingabe ist ein wichtiger Aspekt. Trotz der Hindernisse, die ihr von Seth in den Weg gelegt werden, ist sie fest entschlossen, den entweihten Körper ihres Mannes zu finden und seine Ehre wieder herzustellen. Diese absolute Treue ist eines der erlösenden Momente der Geschichte. Im Alltag kann sie sich etwa über die Bereitschaft, seinen Partner auch angesichts eines Versagens und scheinbarer, äußerlicher Niederlagen zu unterstützen, manifestieren. In Isis' Hingabe mag man die Frau oder den Mann sehen, die den arbeitslosen, seelisch oder körperlich kranken Ehepartner unterstützt und ermutigt. In diesen menschlichen Zügen scheint das archetypische Thema der Erlösung auf, von dem der Mythos erzählt.

Die Kindheit des Horus ist schwierig und bevor er seine ganze Stärke erreicht, hat er einige Schicksalsschläge zu überstehen. Hier können wir etwas über das Leben lernen, denn aus den schwachen, verletzlichen Anfängen erwachsen oft unsere stärksten kreativsten Bestrebungen. Isis vermag ihren Sohn vor Seth zu beschützen. So wie wir unsere Kinder vor Verletzungen bewahren müssen, so müssen wir auch das Verletzliche und noch Unausgebildete in uns selbst schützen – auf dass es zur Blüte komme. Horus weiß, dass er das Leid seines Vaters wieder gutmachen muss, zumal Osiris selbst den Kampf auf dieser Welt nicht länger weiterführen will. An einem gewissen Punkt müssen wir auf die Fähigkeit unserer Kinder vertrauen, die Zukunft zu meistern. Denn mit dem Alter fehlen uns möglicherweise mehr und mehr der Mut und die Energie zur Fortsetzung des Kampfes. Hier kann man ein Echo anderer Mythen erkennen: Theseus' Eifersucht auf Hippolytos (siehe Seite 22–24) etwa spiegelt sein mangelndes Vertrauen in seinen Sohn wider, das Steuer in die Hand zu nehmen und seinen Weg zu meistern. Osiris nimmt diese Herausforderung erfolgreich an.

Die Lösung des Konflikts resultiert nicht aus der Leistung eines Einzelnen, sondern aus dem gemeinschaftlichen Entschluss der Götter, Horus das Recht auf sein Erbe zu gewähren. Am Ende müssen wir dem Leben zugestehen zu beenden, was wir möglicherweise unfertig zurückgelassen haben. Wir müssen einem wie auch immer vorgestellten Gott oder einer inneren Kraft vertrauen, unsere Vorhaben weiterzuführen. Sind unsere Anliegen, wie bei Horus, gerecht, dann mag das Böse zwar nicht gleich und für immer besiegt werden. Man nimmt ihm aber die Macht, das Gute zu zerstören. Auch innerhalb unserer Familie kann das Vertrauen auf die heilende Wirkung der Zeit und auf innere Aufrichtigkeit schließlich Glück ermöglichen: Wir lernen, das Unabänderliche zu akzeptieren, und denen, die uns verletzt haben, zu vergeben. So gewinnen wir neues Vertrauen in die Zukunft.

Die Geschichte von Poia

Großvater und Enkel machen Vergangenes wieder gut

Die letzte Geschichte dieses Kapitels stammt vom Stamm der nordamerikanischen Schwarzfuß-Indianer. Sie lehrt uns, wie dank der heilenden Kraft der Liebe der Sprung über eine ganze Generation hinweg, von den Enkeln zu den Großeltern, gelingen kann: auf dass die leidvollen Zerwürfnisse zwischen Eltern und Kindern überwunden werden – und altes Wissen für zukünftige Generationen zugänglich.

Eines Tages blickte Morgenstern vom Himmel hinunter auf die Erde und bemerkte dort Soatsaki, ein Mädchen der Schwarzfuß-Indianer von großer Schönheit. Er verliebte sich in sie, heiratete sie und nahm sie mit in den Himmel. Dort wohnten sie mit seinen Eltern, der Sonne und dem Mond. Soatsaki schenkte ihm einen Sohn, Kleiner Stern.

Der Mond, Soatsakis Schwiegermutter, nahm die junge Frau mit offenen Armen auf, warnte sie aber eindringlich, nicht die magische Rübe auszugraben, die in der Nähe wuchs. Schließlich überwog Soatsakis Neugier jedoch. Sie riss die Rübe aus dem Boden und entdeckte, dass sie durch das entstandene Loch die Erde unten sehen konnte. Beim Anblick ihrer Heimat bekam sie Heimweh und ihr Herz war voll Kummer. Als Strafe für ihre Unfolgsamkeit verbannte ihr Schwiegervater sie mit ihrem Sohn Kleiner Stern aus dem Himmel. Er schickte sie, in ein Elchfell eingepackt, zurück auf die Erde. Aus Trauer über die Trennung von ihrem geliebten Mann starb Soatsaki bald. Ihr Sohn blieb allein und arm auf der Erde zurück.

Das Kind hatte eine Narbe im Gesicht, daher der Spitzname Poia – Narbengesicht. Als er heranwuchs, verliebte sich Poia in die Tochter des Häuptlings. Wegen seiner Narbe wies sie ihn zurück. Völlig verzweifelt entschloss er sich, seinen Großvater, die Sonne, aufzusuchen, da nur er diese Entstellung beseitigen konnte. So brach Poia in Richtung Westen auf. Beim Erreichen des Pazifischen Ozeans machte er Halt und fastete und betete drei Tage lang. Am Morgen des vierten Tages entrollte sich vor ihm ein leuchtender Pfad über den Ozean. Mutig betrat Poia den wundersamen Pfad. Beim Erreichen der Heimat von Großvater Sonne im Himmel sah er seinen Vater, Morgenstern, mit sieben riesigen Vögeln kämpfen. Er eilte ihm zu Hilfe und erschlug die Bestien. Als Belohnung für seine Tat entfernte Großvater Sonne die Narbe von seinem Gesicht. Darüber hinaus brachte er Poia das Ritual des Sonnentanzes bei. Als Beweis seiner Verwandtschaft mit der Sonne schenkte er ihm Rabenfedern sowie eine magische Flöte, mit der er das Herz seiner Geliebten gewinnen konnte. Auf einem anderen Weg – Milchstraße genannt – kehrte Poia zur Erde zurück. Er lehrte den Stamm der Schwarzfuß-Indianer das Geheimnis des Sonnentanzes und bekam tatsächlich die Häuptlingstochter zur Frau. Nach ihrer Hochzeit nahm er sie mit in den Himmel, um mit seinem Vater Morgenstern und seinen Großeltern Sonne und Mond zu leben.

Kommentar

Der Held dieser bezaubernden Geschichte heißt Narbengesicht – und in der Tat erleiden viele Kinder seelische Wunden durch Eheprobleme, Trennung und Entfremdung der Eltern. Hier löst Poias Mutter den Konflikt aus, die nicht nach den Regeln der göttlichen Familie ihres Mannes zu leben vermag. Aufgrund ihrer Rebellion gegen die Familie muss sie leiden, sie wird von ihrem Mann getrennt und damit auch ihr Sohn Poia von seinem Vater.

Szenarien dieser Art sind auch im menschlichen Alltag vorstellbar, zum Beispiel wenn jemand in eine recht eng definierte Familie einheiratet und aufgrund von Anpassungsschwierigkeiten emotional oder sogar buchstäblich verjagt wird. In so genannten Mischehen, in denen ein wirtschaftlicher, religiöser oder ethnischer Hintergrund eine große Rolle spielt, kann das Risiko, dass sich ein Partner als »Außenseiter« nur schwer integrieren kann, sehr hoch sein. Es sind die Kinder, die allzu oft die Narben davontragen.

Poia, der Enkel von Sonne und Mond, weigert sich indes, sein Schicksal einfach hinzunehmen. Er verlangt Zugang zum Königreich seines Großvaters, von dem er weiß, dass er seine Entstellung heilen kann. Auf psychologischer Ebene lehrt die Geschichte, dass eine liebevolle Beziehung zu den Großeltern oft den durch eine schlechte Ehe der Eltern hervorgerufenen Schaden heilen kann. Poia muss sich beweisen – durch das Töten der wilden Vögel rettet er das Leben seines Vaters Morgenstern. Manchmal müssen wir die Initiative ergreifen und mutig und mit emotionaler Kraft auf entfremdete Verwandte zugehen, selbst wenn sie für die Spaltung verantwortlich sind. Da Poia dazu auch auf die Gefahr, dass sein Stolz verletzt wird, bereit ist, erwartet ihn eine großzügige Belohnung. Er wird nicht nur seine Narbe los, sondern er darf auch das Wissen der Sonne zum Volk seiner Frau bringen und so unter den Menschen verbreiten. Damit gibt er die Errungenschaften seiner Vorfahren an die folgenden Generationen weiter.

Dieser Mythos handelt von der Bereitschaft, seinen Stolz zu überwinden und Verbindungen wieder herzustellen, die durch anderer Leute Fehler durchtrennt wurden. Aufgrund von Konflikten zwischen Eltern und Großeltern fühlen sich manchmal auch die Enkel ihren Großeltern entfremdet. Die Zeit jedoch heilt alte Wunden und der größere Abstand zwischen Enkeln und Großeltern, aber auch unzerstörte Gefühle von Liebe und Verbundenheit können die Überwindung aller Zerwürfnisse ermöglichen und die Wiedervereinigung der Familie bewirken. Wie in Poias Geschichte, gilt es, eine Brücke zu überschreiten, die Generationen wieder zusammenzuführen, und auf diesem Wege altes Wissen an die künftigen Generationen weiterzureichen.

Die Geburt ist eine universelle menschliche Erfahrung. Die schwangere Madonna ist ein archetypisches Bild für freudige Erwartung.

Piero della Francesca (ca. 1410/20–92): *Madonna del Parto* (Ausschnitt)

Da Thetis den Gedanken an ein sterbliches Kind nicht erträgt, taucht sie ihren neugeborenen Sohn Achilles in die Wasser des Styx, um ihm ewiges Leben zu garantieren.

ANTONIO BALESTRA (1666–1740):
Thetis taucht den kleinen Achilles in die Wasser des Styx

Der begabte, aber hässliche Hephaistos schuf durch schwere Arbeit schöne und nützliche Dinge.

Diego Velazquez (1599–1660):
Die Schmiede des Vulkan
(Ausschnitt)

Nur unter der Bedingung, das Land von den wilden, gefährlichen Tieren zu befreien, wollte Oinopion dem Jäger Orion seine Tochter zur Frau geben.

Friedrich Gauermann (1807–62):
Wildschwein und Wolf

Nachdem Theseus seinen Sohn verflucht hatte, schickte Poseidon eine riesige Welle mit einem gigantischen Stier darauf, der Hippolytos' Pferde scheuen und ihn tödlich stürzen ließ.

Peter Paul Rubens (1577–1640):
Der Tod des Hippolytos

Der dunkle Gott Seth war neidisch auf seinen mächtigen Bruder Osiris. Er lud ihn zu einem Bankett und brachte ihn um. Die Leiche schloss er in eine Truhe und warf sie in den Nil.

Bernardino di Betto, genannt Pinturicchio (1454–1513): *Der Tod des Osiris* (Ausschnitt)

Weil Gott Abels Opfer bevorzugt und Kains Opfer abgelehnt hatte, erschlägt Kain im Zorn seinen Bruder.

Peter Paul Rubens (1577–1640):
Kain erschlägt seinen Bruder Abel

Obwohl sie seinem Bruder Ares versprochen war, bekam der hässliche Hephaistos die wunderschöne Göttin der Liebe zur Braut.

Jan Bruegel (1568–1625):
Venus in der Schmiede des Vulkan

Nachdem Romulus und Remus, Kinder des Gottes Mars, ausgesetzt und von einer Wölfin gesäugt worden waren, wurden sie von einem Schäfer und seiner Frau gefunden und aufgenommen.

Charles de Lafosse (1636–1716):
Romulus und Remus

In ihrer todesmutigen Treue zu ihrem toten Bruder
ist Antigone ein Bild für das Edle, Ehrenhafte
und Tapfere im Menschen schlechthin.

Lord Leighton (1830–96):
Antigone (Ausschnitt)

Trotz König Kreons Verbot streute Antigone Erde
auf die Leiche ihres Bruders, damit seine Seele
die Reise in die Unterwelt antreten konnte.

Marie Spartali Stillman (1844–1927):
Antigone aus Sophokles' ›Antigone‹

Auf dem geflügelten Pferd Pegasus reitend, stieß Bellerophon der Feuer speienden Chimäre den in Blei getauchten Speer ins Maul, so dass das Ungeheuer an dem geschmolzenen Blei erstickte.

Giovanni Battista Tiepolo (1696–1770):
Auf Pegasus reitend, tötet Bellerophon die Chimäre

Ödipus fand die Lösung für das Rätsel der Sphinx und rettete so die Stadt Theben vor dem Ungeheuer.

Jean-Auguste Ingres (1780–1867):
Ödipus und die Sphinx (Ausschnitt)

Nach Entdeckung seiner Tat blendete sich Ödipus selbst und wanderte mehrere Jahre mit seiner Tochter und Schwester Antigone umher, die ihn führte.

CHARLES FRANÇOIS JALABERT (1819–1901):
Ödipus und Antigone

Nach seiner siegreichen Rückkehr aus dem Trojanischen Krieg hackten Klytämnestra und ihr Liebhaber Agamemnon in Stücke.

Klytämnestra tötet ihren Mann Agamemnon, Illustration aus ›Opus de claris mulieribus‹ von GIOVANNI BOCCACCIO (15. Jahrhundert)

2. *Geschwister*

Die mächtigen und komplexen Geschwisterbande nehmen ebenso stark Einfluss auf unsere Persönlichkeit wie jene zwischen Eltern und Kindern – und zwar im Guten wie im Schlechten. In unseren Geschwistern erkennen wir uns selbst; unsere Liebe oder Abneigung ihnen gegenüber kann unbekannte Aspekte unserer eigenen Persönlichkeit spiegeln. Die Psychologie hat einiges über Geschwisterkonkurrenz zu sagen. Schon lange davor aber berichten die Mythen darüber, in Geschichten über Streit und Rivalität, aber auch über die positive Kraft der Liebe unter Geschwistern und ihre heilende und erlösende Wirkung.

Kain und Abel

Wer ist der Liebling des Vaters?

Die Geschichte aus dem Alten Testament kennen wir alle und dennoch haben wir vielleicht noch nicht ausreichend bedacht, dass wir als Eltern oft selbst Konflikte zwischen Geschwistern verursachen. Die Geschichte von Kain und Abel handelt von Geschwisterrivalität – von Wettbewerb und Eifersucht, die unter Geschwistern auftreten. Diese Rivalität ist natürlich und unabwendbar wie der Aufgang der Sonne – und ebenso alt. Wenig davon verhilft zu gesunder Selbstentwicklung. Zu viel davon verursacht Schmerz und Zerstörung innerhalb der Familien.

Adam und Eva hatten zwei Söhne. Abel, der jüngere, war ein Schäfer, Kain, der ältere, arbeitete auf dem Feld. Kain opferte einen Teil seiner Ernte, die Frucht seiner Felder, Abel von seinem feinsten und fettesten Vieh. Mit Abels Opfer war Gott zufrieden, nicht aber mit Kains. Da Kain keinen guten Grund für diese Bevorzugung erkennen konnte, wurde er wütend und bitter gegen Gott wie auch gegen Abel. Gott sah

Kains Groll und sagte: »Warum bist du wütend? Wenn du hart arbeitest, wirst du belohnt werden. Falls nicht, liegt die Schuld bei dir selbst.«

Diese Worte vermochten Kain nicht zu beruhigen. Seine Wut wuchs. Da offenes Hadern mit Gott unklug ist, wandte Kain seine Wut gegen seinen jüngeren Bruder. So folgte er Abel in die Felder, griff ihn an und ermordete ihn.

»Kain, wo ist dein Bruder?«, fragte ihn Gott.

»Ich weiß es nicht«, antwortete Kain. »Ich bin nicht der Hüter meines Bruders.«

Gott wusste natürlich, was geschehen war. »Warum hast du diese furchtbare Tat begangen?«, fragte Gott Kain. »Das Blut deines Bruders schreit zu mir vom Ackerboden, wie eine Stimme, die nach Rache ruft. So bist du verflucht, du wirst den Boden nicht mehr bestellen, der vom Blut deines Bruders durchtränkt ist, da du ihn getötet hast. Wenn du den Acker bestellst, wird er fruchtlos bleiben. Rastlos und ruhelos wirst du auf der Erde sein.«

Kain sagte zu Gott: »Diese Strafe ist unerträglich. Du vertreibst mich von deinem Land und aus deiner Gegenwart. Ich werde ein Ausgestoßener sein, und wer mich findet, wird mich erschlagen.«

Gott aber antwortete: »Nein. Wenn dich jemand tötet, wird ihn siebenfach Rache treffen.« So machte Gott Kain ein Zeichen auf die Stirn als Warnung an jedermann, ihn nicht zu erschlagen. Und Kain ging weg von Gott und ließ sich im Land Nod östlich von Eden nieder.

Kommentar

Strenggläubige Menschen werden das zweifelhafte Verhalten Gottes in dieser Geschichte vermutlich nicht in Frage stellen. Bei einer näheren Betrachtung mag man sich schon über Gottes Bevorzugung Abels wundern, zeigt Kain doch genauso viel Hingabe. In der Tat ist Gottes Urteil nicht gerecht. Beide Brüder geben ihr Bestes; als Ackerbauer kann Kain nun einmal kein Schaf opfern. Hier kommt ein allzu bekannter Aspekt des Familienlebens zum Vorschein: die Rivalität zwischen Geschwistern, die gerade bei der Bevorzugung eines Kindes durch die Eltern voll durchschlägt.

Kain vermag keinen Grund für seine Zurückweisung durch Gott zu erkennen. Seine Wut ist, objektiv betrachtet, gerechtfertigt. Dennoch vermag er seinen Ärger nicht direkt an Gott auszulassen – genauso wenig wie ein Kind seine Wut bei seinen übermächtigen Eltern abreagieren kann.

Eine derart geäußerte Wut könnte in Vernichtung enden. Kinder haben eine tiefe und archetypische Ehrfurcht vor ihren Eltern, nicht unbedingt, weil die Eltern das »verdient« hätten, sondern weil sie in der kindlichen Wahrnehmung gottähnliche Figuren mit Macht über Leben und Tod sind.

Deshalb wendet Kain seine Wut gegen seinen Bruder. Aus Mangel an Mut bringen wir unseren Zorn einer geliebten oder gefürchteten Person gegenüber oft gar nicht erst zum Ausdruck. Der Zorn wird dann auf das Geschwisterteil übertragen, das die elterliche Liebe gewonnen zu haben scheint. In den meisten Fällen führt dies zu verdeckten Formen von Gewalt, Kälte und Böswilligkeit. Selbst körperliche Gewalt ist in so genannten normalen Familien nicht ausgeschlossen.

Der Schlüssel zu dieser Geschichte ist letztlich nicht Geschwisterkonkurrenz, sondern Gott, der ungerecht und aus persönlicher Vorliebe eine Partei bevorzugt. Offensichtlich mag Gott Lämmer lieber als Getreide – weshalb Kain und nicht Abel zurückgewiesen wird. Ein Vegetarier mag diese Entscheidung anzweifeln! In Familien finden sich die Gründe für eine Bevorzugung einzelner Kinder meist in allgemeinen Vorlieben der Eltern. Ein sportlicher Vater mag einen athletischen Sohn einem musikalischen gegenüber bevorzugen; eine Mutter, die viel auf Äußerlichkeiten gibt, wird vielleicht eine hübsche Tochter der klugen, aber unscheinbaren vorziehen. Das Leben kann auch innerhalb der Familie ungerecht sein.

Diese Geschichte bietet keine Lösung. Kain wird heimatlos und verstoßen. Aber Gott verschont ihn. Vielleicht hat Gott ein schlechtes Gewissen, weil der Ursprung für die Konkurrenz der Brüder bei ihm liegt. In echten Familien ist die Voraussetzung für die Lösung des Konflikts eine offene und ehrliche Auseinandersetzung, bei der die Gründe für etwaige Verletzungen offen gelegt werden. Die beleidigte oder zurückgewiesene Partei muss ihren Ärger über den verletzenden Elternteil zum Ausdruck bringen können. Die größte Verantwortung liegt bei dem Elternteil, der sich, wie Gott in der Geschichte, eindeutig ungerecht oder irrational verhält. Gott mag das Recht zu einem solchen Verhalten haben, Eltern jedoch nicht. Die Geschwisterkonkurrenz zwischen Kain und Abel entspringt keiner angeborenen Abneigung der Geschwister gegeneinander. Sie gründet vielmehr auf komplexer Familiendynamik. Mit etwas Großzügigkeit und einer offenen Herangehensweise an das Problem können wir das Kainsmal von unserer eigenen Stirn und der unserer Kinder entfernen.

Ares und Hephaistos
Wer bekommt die Frau?

Dieser griechische Mythos handelt vom Streit zweier Brüder um eine Frau und dem geheimen Ursprung des Zwistes: der Einmischung durch die Eltern. Die Rivalität zwischen Ares und Hephaistos entsteht nicht aus schicksalhaftem Hass der Brüder aufeinander, sondern weil die Eltern sie wie Figuren in einem Spiel für ihre Zwecke missbrauchen. In der Psychologie bezeichnet man dieses Phänomen als »bedingte Liebe«. Elterliche Liebe erhält das Kind nur unter bestimmten Voraussetzungen, z. B. im Austausch für ein bestimmtes Verhalten.

Ares und Hephaistos waren beides Kinder von Zeus und Hera, dem König und der Königin des Himmels. Von Hephaistos' schwieriger Kindheit und der Versöhnung mit seinen Eltern haben wir bereits erfahren (siehe Seite 16–18). Auch in dieser Episode tauchen ähnliche Grundmuster auf, obwohl die Geschichte eine völlig andere ist.

Die Kindheit des Ares unterschied sich stark von der seines Bruders. Mit seiner Geburt ging ein neuer Stern im Olymp auf. Denn anders als Hephaistos war Ares körperlich makellos. Die Schönheit seiner Gesichtszüge und seine Körperkraft verdankten sich der unvergleichlichen Macht seines Vaters und der Anmut seiner Mutter.

Hera fragte Zeus, was für ein Geschenk er seinem schönen Sohn zur Geburt machen würde. Sonne und Mond, Meer und Unterwelt waren bereits vergeben. Zeus fiel kein Geschenk für seinen Sohn ein, den Hera doch so sehr anbetete. Als Hera aber auf einem Geschenk bestand, schickte Zeus schließlich seinen Boten Hermes aus, um Himmel und Erde nach etwas Passendem abzusuchen. Aber Hermes, selbst ein Sohn von Zeus, war seinem Halbbruder Ares nicht sehr wohl gesonnen. Bei all seiner Schönheit war er, in Hermes' Augen, dumpf und grob von Natur. Halb aus Treue zu Zeus, halb auch aus Boshaftigkeit, brachte er schließlich Aphrodite, die bezaubernde, dem Meer entstiegene Göttin der Liebe und des Begehrens, als Geschenk auf den Olymp. Ihre Schönheit und Anmut waren dem Kind angemessen. Ihre Neigung, Verwüstung hervorzurufen, ebenfalls. Doch davon wusste zunächst nur Hermes.

Während der Geburtstagsfeier führte Hermes Ares die schöne Aphrodite vor. Obgleich noch ein Kind, reagierte der mit unverkennbaren Zeichen nackter Lust. Auf der Feier wurde Hera nun aber auf ihren erstgeborenen Sohn Hephaistos aufmerksam gemacht, der im Königreich der Meeresgöttin Thetis lebte. Denn auf Ares' Geburtstagsfeier auf dem Olymp trug Thetis eine wunderschöne Brosche – und Hera wollte unbedingt den Urheber dieses begehrenswerten Schmuckstücks kennen lernen. Etwas widerstrebend ließ Thetis Hephaistos also auf den Olymp rufen. Begierig auf die Schätze, die er allein herzustellen vermochte, lud Hera Hephaistos ein, auf dem Olymp zu bleiben. Schließlich fragte man ihn, was er sich als Geschenk wünschte anlässlich dieser überfälligen Wiedervereinigung mit seiner Mutter, die ihn damals so gedankenlos verletzt hatte.

Hephaistos fiel nichts ein, was er sich nicht selbst hätte machen können. Da erblickte er das Geschenk für Ares und sofort wusste er, was er wollte: Er erbat sich Aphrodite als Braut. Trotz Zeus' Protesten angesichts dieses unpassenden Paares setzte sich Hera durch. Von nun an verlagerte sich ihre Vorliebe vom attraktiven Kriegsgott Ares auf den verkrüppelten Handwerker-Gott, der so wunderbare Dinge herzustellen vermochte. Tatsächlich bekam Hephaistos nun Aphrodite – während sein übergangener Bruder Ares wütend und voller Hass weinend auf dem Boden kauerte.

Zeus blickte auf sein schönes Kind, dessen Herz aus Kummer und Enttäuschung nun so missgebildet wurde, wie der Körper seines Bruders dies bereits war. Da schrie Zeus voller Zorn: »Hass! Zwietracht! Gewalt! Das soll dein Geburtstagsgeschenk sein! Wofür sonst bist du geschaffen?« Mit diesen Worten stürmte er aus der Halle. Unterdessen tröstete der verschlagene Hermes das wütende Kind, das nun plötzlich mit lautem Geschrei die Erde selbst als Geburtstagsgeschenk forderte. Geduldig erklärte Hermes, dass die Erde keinem Gott gehören konnte, denn sie gehöre sich selbst. Ares wollte keine weitere Enttäuschung hinnehmen. So schwor der junge Kriegsgott beim Fluss Styx, er würde jeden, der die Erde erhalten sollte, in Stücke reißen und zerhacken. Erstaunt vernahm Hermes diese Worte. Wem würde die Welt eines Tages gehören? Das war die Frage – denn in jener Zeit der erst anbrechenden Herrschaft der Götter war die Menschheit noch nicht erschaffen.

Kommentar

Aus Stolz über Ares' Schönheit fordert Hera ein Geschenk für ihren Neugeborenen. Mit den Bedürfnissen des Kindes selbst hat das wenig zu tun. Nicht von Liebe, sondern von Eitelkeit ist Hera getrieben. Zeus wiederum wimmelt die Verantwortung für die Wahl des Geschenkes ab. So wie viele Eltern, die nur mit ihren eigenen Angelegenheiten beschäftigt sind, aus Mangel an Zeit und Interesse jemand anderen bitten, ein Geburtstagsgeschenk für ihr Kind auszusuchen oder zur Schulaufführung ihrer Kinder zu gehen. Als Hera plötzlich merkt, dass Hephaistos mit Hilfe seiner Talente zur Vergrößerung ihres Ruhmes beitragen kann, bevorzugt sie plötzlich ihn. Der anfangs umhegte Ares wird schnell abgeschoben. Da verwundert es kaum, dass die beiden Brüder zu erbitterten Rivalen werden und der Gedemütigte an der ganzen Welt Rache nehmen will.

In diesem Mythos geht es vor allem um die emotionale Gleichgültigkeit von Zeus und Hera ihren Kindern gegenüber. So ungestüm und eigensinnig Ares sein mag, so verdienen seine positiven Eigenschaften – Stärke, Mut, Energie – Anerkennung. Hätte man ihm liebevoll etwas zu seiner Persönlichkeit Passendes geschenkt, wäre seine Entwicklung vielleicht insgesamt ganz anders verlaufen. Diese olympischen Eltern erkennen ihre Kinder nicht als Persönlichkeiten an. Am meisten beschäftigt sie die Frage, was ihre Kinder für sie tun können. Traurigerweise ist diese Gleichgültigkeit in Familien keine Seltenheit, auch wenn sie sich nicht auf so brutale Weise äußert wie hier. Normalerweise bleibt diese Gleichgültigkeit unbewusst und ist auch nicht verletzend gemeint. Oft bieten Eltern ihre Liebe im Austausch für »gutes Benehmen« der Kinder. Leider wollen viele durchaus wohlmeinende, aufgrund eigener früher Enttäuschungen jedoch verbitterte Eltern sich schlicht im Ruhm ihrer Kinder sonnen. »Wenn du meinen Wünschen entsprichst, wirst du mein Liebling!«, lautet die unausgesprochene Botschaft.

Die Angst und Anspannung, die mit »bedingter Liebe« einhergeht, wird den meisten Kindern irgendwann unerträglich. Manche Kinder können die guten Leistungen, die von ihnen erwartet werden, erbringen. Anderen, wie dem kleinen Ares, fehlt es an Schläue und besonderer Begabung. Sie fühlen sich herabgesetzt und grollen. Weil sie sich minderwertig fühlen, reagieren sie ihre Wut später an anderen ab. Das anerkannte, begabte Kind, das den Anforderungen der Eltern entspricht, leidet ebenso. Früh setzt es sein Selbstwertgefühl mit der Bestätigung durch andere, mit der Befriedigung ihrer Wünsche gleich. Es verbringt möglicherweise sein Leben damit, anderer Leute Vorstellung zu entsprechen. Hephaistos muss – ob er will oder nicht – weiterhin schöne Dinge herstellen, denn sobald er damit aufhört, ist es um die mütterliche Liebe geschehen.

Als Göttin der Liebe symbolisiert Aphrodite zugleich die Liebe selbst. Letztlich ist es also Liebe, die Ares zunächst angeboten, dann aber entzogen und Hephaistos unter der Bedingung, die mütterlichen Erwartungen zu erfüllen, gegeben wird. Kluge Eltern schenken ihren Kindern ihre Liebe offenherzig und bedingungslos. Jedes Kind ist an sich und so, wie es ist, liebenswert. Dies schließt Forderungen wie etwa die nach Disziplin nicht aus, wohl aber Manipulationen, die dem Kind sehr viel mehr schaden als eine ehrliche und gerechte Strafe. Welche Enttäuschungen auch immer wir im Leben erlebt haben, Kinder sollen ihr Leben nicht nach unseren Entwürfen leben oder etwas für uns kompensieren müssen. Hätten Zeus und Hera diese einfache Wahrheit erkannt, dann gäbe es, dem Mythos zufolge, keinen Krieg auf dieser Welt.

Romulus und Remus
Wer ist der Größte und Beste?

Viele Mythen thematisieren die Rivalität zwischen Zwillingen und viele dieser Mythen enden böse. In dieser Geschichte aus dem alten Rom geht die Feindschaft der Zwillinge nicht auf die Eltern zurück. Sie entsteht schlicht aus der Frage, wer der Erste und der Beste ist. An der nüchternen Art, in der die Römer die Eifersucht zwischen Romulus und Remus schildern, wird das Archetypische dieser Geschwisterkonkurrenz deutlich.

Eines schönen Nachmittags machte Kriegsgott Mars (bei den Griechen Ares genannt) einen Spaziergang durch den Wald auf einem der sieben Hügel der späteren Stadt Rom. Auf einer Lichtung sah er eine wunderschöne junge Frau schlafen. Es war Rea Silvia, Tochter des Königs von Alba und eine der geweihten Vestalischen Jungfrauen. Mars vergewaltigte sie. Rea wurde schwanger – und schließlich brachte sie Zwillinge zur Welt. Auf Anweisung ihres Vaters wurden die Zwillinge in einen Getreidekorb gelegt und auf dem Tiber ausgesetzt, damit die Schande der Tochter nicht entdeckt würde. Denn der Vater glaubte nicht, dass ein Gott der Vater dieser Kinder war.

Der Flussgott des Tibers kannte jedoch die Wahrheit. So ließ er den Tiber über seine Ufer treten und die beiden Jungen wurden in eine Grotte unter einem Feigenbaum geschwemmt. Die Babys weinten lange vor Angst und Hunger, aber kein Mensch reagierte auf ihr Geschrei. Nur eine Wölfin hörte die Kleinen, kam herbei und säugte sie.

Schließlich fanden ein Schäfer und seine Frau die Zwillinge, hatten Mitleid und nahmen sie auf. So wuchsen die Jungen in bescheidenen Verhältnissen und ohne Wissen um ihre Herkunft auf. Der Schäfer nannte sie Romulus und Remus.

Als sie herangewachsen waren, erwiesen sich die beiden jungen Männer als ebenso stark, mutig und hitzköpfig wie ihr leiblicher Vater. Sie beschlossen die Gründung einer Stadt, beobachteten deshalb sorgfältig den Flug der Vögel und berieten sich mit Auguren über die beste Vorgehensweise. In dem Himmelsabschnitt, den der Stab des Auguren bei der Weissagung für Romulus bezeichnet hatte, erschienen zwölf Geier. In Remus' Abschnitt waren nur sechs zu sehen. Der Augur nannte Romulus den rechtmäßigen Gründer der neuen Stadt. Als Markierung der zukünftigen Stadtgrenze zog Romulus mit einem Pflug, bespannt mit einer weißen Kuh und einem weißen Ochsen, eine Furche. Trotzig und zum Hohn seines Bruders sprang Remus über die Furche. Es kam zu einem heftigen Streit, in dem zunächst Remus Romulus zu töten versuchte. In Notwehr und vom Zorn seines Vaters Mars übermannt, tötete schließlich Romulus seinen Bruder.

Die Stadt, die Romulus nun allein gründete, wurde nach ihm Rom benannt. Um seine Stadt auch zu bevölkern, richtete er eine Art Asyl zwischen den Schutzwällen ein, in dem sich Gesetzlose, Schurken und heimatlose Vagabunden aller Art anzusiedeln begannen. Da die Frauen der benachbarten Stämme die Männer dieser Ansiedlung nicht heiraten wollten, entführten Romulus und seine Gefolgschaft die Töchter eines dieser Stämme zur Sicherung der zukünftigen Bevölkerung Roms. Nachdem alle Arbeit getan und die Stadtgründung gesichert war, rief Mars seinen Sohn heim. So verschwand Romulus während eines furchtbaren Sturms – und wurde von den Römern fortan als Gott verehrt.

Kommentar

Zwar gipfelt Geschwisterrivalität gewöhnlich nicht in Mord und Totschlag. Dennoch können Kälte und Feindseligkeit aus einer Kindheit hervorgehen, in der Konkurrenz stärker als Zusammenhalt kultiviert wurde, Neid stärker als Zuneigung. Oft sind Streitereien um Geld oder Besitz – vor allem bei Erbschaftsfragen – der Grund für Geschwisterzwist. Auch Romulus und Remus streiten um weltliche Macht, nicht um elterliche Gunst und Zuneigung.

Können Eltern angesichts solcher Rivalität zwischen ihren Kindern überhaupt irgendetwas tun? Zu dieser Art von Geschwisterstreitereien kommt es meist zwischen zwei Brüdern oder zwei Schwestern. Während in manchen Familien das Zusammengehörigkeitsgefühl überwiegt, können in anderen Eifersüchteleien und Feindseligkeiten die Atmosphäre völlig vergiften und tiefe Narben bei den Beteiligten hinterlassen. Die Geschichte von Romulus und Remus enthält möglicherweise den Schlüssel zu diesem Problem. Eifersüchtig wird Remus erst, als die Weissagung der Auguren für ihn weniger günstig ausfällt als für seinen Bruder – mit anderen Worten: dadurch dass sein Wert in den Augen eines anderen gemindert scheint. Diese Art von Rivalität unter Geschwistern entsteht – dessen sollten sich Eltern stets bewusst sein –, wenn Eltern ihre Kinder einem Vergleich aussetzen.

»Warum kannst du nicht so gut in der Schule sein wie dein Bruder?«, sagt der gedankenlose Vater zu seinem Sohn. »Warum kannst du dich nicht so schön anziehen wie deine Schwester?«, fragt die Mutter ihre Tochter. »Warum sitzt du hier und liest, während die anderen Kinder draußen spielen?«, fragt der achtlose Lehrer. »Warum spielst du nicht mit und findest Freunde wie die anderen Kinder?«

In der Geschichte von Romulus und Remus spielt der Augur diese Rolle. Mit seinem Vergleich sät er unvermeidlich Zwietracht – wenn man den Vergleich als ein Werturteil versteht. Und vielleicht hat Mars als Vater versagt, da er, nachdem er Rea Silvia geschwängert hat, nicht da war, um seine Kinder in ihrer eigenen Entwicklung zu fördern.

Wir können auch darüber spekulieren, wie anders die Dinge hätten laufen können, wenn Romulus und Remus sich zur Gründung zweier Städte entschlossen hätten, weit genug voneinander entfernt, um keinen Vergleich zu provozieren. Als Kinder des Kriegsgottes sind sie für Kompromisse und Kooperation aber ungeeignet. Das ist eine Tatsache, eine Lebenserfahrung, weniger ein Charakterurteil. Einem Kind, das den Wettkampf liebt, sollte man Raum für die Entwicklung seiner Talente lassen, ohne dass es im Schatten eines älteren Geschwisterteils stehen muss. Jedes Kind muss seinen Raum definieren und seine eigene Identität ausbilden. Zur Förderung dieser natürlichen und normalen Entwicklung sollte alles getan werden. Dann können Liebe, gegenseitige Unterstützung und Freundschaft wachsen. Ein gewisses Maß an Rivalität zwischen Geschwistern mag normal sein. Mit etwas Klugheit und Feingefühl zur rechten Zeit sollte man den Geist des Kriegsgottes dort, wo er einzudringen droht und Unheil bringt, verhindern.

ANTIGONE
Treue bis in den Tod

Der griechische Mythos über Antigone berichtet von tiefer Liebe und Solidarität unter Geschwistern. Er zeigt, wie segensreich Geschwisterbindungen trotz allen Konfliktpotenzials sein können. Antigones Geschichte konfrontiert uns mit einer Grundsatzfrage: Was zählt mehr für uns – Familienloyalität oder gesellschaftliche Konventionen?

Antigone, Tochter von Ödipus, dem König von Theben, war der tragischen Verbindung ihres Vaters mit seiner eigenen Mutter Iokaste entsprungen. Trotzdem ihre Geburt mit diesem Makel behaftet war, war Antigones Charakter von Redlichkeit und Liebe geprägt, ihr Verhalten untadelig. Nachdem Ödipus die Schande seiner Ehe entdeckt hatte, sich selbst blendete und, von den Furien gejagt, aus Theben fliehen musste, war es Antigone, die den Vater führte und ihm auf seiner jahrelangen, rastlosen Wanderschaft treu zur Seite stand.

Ödipus' Zwillingssöhne Polyneikes und Eteokles wurden nach seiner Verbannung als Herrscher der Stadt gewählt. Sie einigten sich auf eine Regierung im jährlichen Turnus. Am Ende der ersten Regierungsperiode, die Eteokles zugefallen war, weigerte sich dieser jedoch, vom Thron zu steigen, und verjagte seinen Bruder Polyneikes aus der Stadt. Die beiden führten einen erbitterten Krieg gegeneinander. Um weiteres Blutvergießen zu vermeiden, bot Polyneikes seinem Bruder schließlich einen Zweikampf um das Königreich an. Eteokles ging darauf ein. Im Verlauf des Kampfes wurden beide tödlich verwundet.

Daraufhin übernahm ihr Onkel Kreon den Oberbefehl über die Armeen und erklärte sich zum König von Theben. In einem Edikt verbot er die Beerdigung seiner Neffen – wodurch ihre Schatten dazu verurteilt waren, auf ewig an den Ufern des Styx umherzuirren. Wer sich Kreons Anweisung widersetzte, lief Gefahr, bei lebendigem Leib begraben zu werden.

Antigone hatte ihren Bruder Polyneikes sehr geliebt und wusste, dass die Schuld am Krieg bei Eteokles gelegen hatte. Heimlich baute sie nachts einen Scheiterhaufen, legte Polyneikes' Körper darauf und bedeckte ihn mit Erde, damit die Seele befreit werde und ihre Reise in die Unterwelt antreten konnte.

Vom Palastfenster aus erblickte König Kreon ein entferntes Glimmen und als er seinem Verdacht nachging, entdeckte er Antigone beim Akt des

Ungehorsams. Er befahl seinem Sohn Haimon, Antigones Verlobtem, sie bei lebendigem Leib zu begraben. Haimon täuschte die Befehlsausführung nur vor, heiratete Antigone heimlich und schickte sie zu seinen Schäfern, die sie vor Kreon versteckten. In ihrem Versteck brachte Antigone seinen Sohn zur Welt. Am Ende entstand so, inmitten der tragischen Ereignisse, neues Leben.

Kommentar

Die Figur der Antigone erscheint uns als Symbol absoluter Treue auch angesichts des Todes. Weit davon entfernt, eifersüchtig auf den Bruder zu sein, erkennt sie vielmehr sein ungerechtes Schicksal und weigert sich, selbst unter Lebensgefahr, es zu akzeptieren. Mit aller Kraft stellt sie sich Machtmissbrauch und grausamer Willkür entgegen. Ihr Sinn für Gerechtigkeit ist ansteckend, denn nach ihrem Vorbild verweigert ihr Verlobter Haimon seinem Vater gegenüber den Gehorsam und rettet sie. Antigones beispielhafte Treue zu ihrem Bruder lässt interessante Deutungsmöglichkeiten zu.

Kreon, selbst ernannter König von Theben, steht für die damaligen gesellschaftlichen Konventionen. Mitunter rigide durchgesetzte Regeln spiegeln oft persönliche Willkür und egoistische Interessen der Machthaber wider. Sie müssen also durchaus auf ihre Legitimität hin befragt werden. Wer wie Kreon sklavisch nur auf den Chor der herrschenden Meinung hört, verfolgt lediglich sein Interesse an weltlicher Machtentfaltung und ist innerlich leer.

Was zu einer bestimmten Zeit in einer bestimmten Gesellschaft als gerecht gilt, kann sich bei einer späteren Deutung als falsch erweisen. Klarsichtige Leute reinen Herzens wie Antigone können über dieses gesellschaftlich opportune Verhalten hinaussehen und dank einer inneren Stimme wirkliche Gerechtigkeit erkennen.

Nur selten muss man in einer solch extremen Situation zu seinen Geschwistern stehen. Doch spiegelt Antigones Entscheidung auch allgemein die enorme moralische und emotionale Autorität einer Person wider, die ihr Herz sprechen lässt. Nicht nur erlöst sie Polyneikes' umherirrenden Geist. Sie verändert auch Kreons Sohn und macht damit die bösen Taten des Vaters wieder gut bzw. nimmt ihnen ihre Wirkung. Diese tiefe Geschwisterliebe ist eine der großen Freuden und Geschenke des Familienlebens. Sie trägt auch dann, wenn der Rest der Familie völlig versagt. Der Mythos vom Hause Theben ist düster und beginnt sogar noch vor Ödipus' Geschichte.

In dieser Familie sind Verfehlungen an der Tagesordnung, schlimmer als in jeder Fernsehserie, und immer wieder sprechen diverse beleidigte Götter einen Fluch aus. Das Haus Theben ist die ultimative »zerrüttete Familie«. Doch inmitten dieses Chaos kann das Band der Liebe und Treue zwischen Antigone und Polyneikes halten.

Solche Liebe vermag auch ein sehr schweres psychologisches Erbe zu bewältigen, Vergangenes wieder gutzumachen und eine Perspektive für die Zukunft zu eröffnen.

3. Das Familienerbe

Mythen handeln ausführlich von den geheimnisvollen Wegen der Vererbung über Generationen hinweg. Anders als heute, da wir »Familienerbe« vor allem unter finanziellen oder genetischen Gesichtspunkten betrachten, liefern uns Mythen lebendige Bilder eines geistigen Erbes. Über Generationen werden Zwänge und Konflikte weitergereicht, bis ein besonders mutiges und ehrliches Familienmitglied das Thema bewusst angeht. In den Mythen erweist sich dieses Erbe teils als positiv, teils auch als negativ. Stets ist es mit den Gaben der Götter verbunden, die eine Generation entweder konstruktiv oder auf zerstörerische Art und Weise nutzt.

Die Kinder des Windes
Intelligenz und Überheblichkeit

Mit einem der großen Geheimnisse der Familie setzt sich dieser Mythos auseinander: Woher kommen unsere Begabungen und Talente? In dieser Geschichte gibt ein Gott ein Talent an seine menschlichen Nachkommen weiter. Dem Mythos zufolge gehören unsere Talente nicht uns, sondern den Göttern. Sie manifestieren sich also nur über die Menschen, die gleichsam Gefäße und Hüter der göttlichen, kreativen Macht sind. Der Missbrauch ererbter Gaben kann katastrophale Folgen haben. Es liegt bei uns, ob wir mit bestimmten Talenten bescheiden dem Leben dienen oder es selbstsüchtig beherrschen wollen.

Der Herr der Winde hieß Äolus. Er war schlau und einfallsreich, Erfinder etwa des Schiffsegels. Da er auch fromm und gerecht war und die Götter ehrte, ernannte ihn Poseidon, Gott des Meeres, zum Wächter der Lüfte. Äolus' Sohn Sisyphos erbte seine Intelligenz, seine Fähigkeiten und Erfindungsgabe, doch leider nicht seine Gottesfurcht. Sisyphos war ein verschlagener Gauner und ein Viehdieb, der ein Königreich durch Verrat gewann. Nach seiner Machterlangung erwies er sich als grausamer Tyrann. Seine Feinde – und reiche Reisende, die unbesonnen genug waren, seine »Gastfreundschaft« in Anspruch zu nehmen – tötete er, indem er sie am Boden festband und dann mit Steinen erschlug.

Am Ende ging Sisyphos zu weit, denn er versuchte Zeus zu überlisten. Als Zeus einmal ein Mädchen aus ihrem Hause entführt und versteckt hatte, kannte allein Sisyphos ihren Aufenthaltsort. Er versprach Zeus, das Geheimnis zu wahren. Dann ließ er sich aber vom Vater des Mädchens bestechen und verriet ihm das Versteck der Liebenden. Dafür strafte ihn Zeus mit dem Tod.

Der kluge Sisyphos trickste aber den Totengott Hades aus, fesselte ihn und sperrte ihn in ein Verließ. Mit der Gefangennahme des Herrn der Unterwelt konnte der Tod keinen Sterblichen mehr ereilen. Insbesondere Ares, den Kriegsgott, ärgerte dies, da nun überall auf der Welt die in Schlachten getöteten Menschen stets gleich wieder aufsprangen und weiterkämpften. Schließlich befreite Ares Hades und die beiden schleppten Sisyphos in die Unterwelt.

Sisyphos wollte seine Niederlage nicht anerkennen und versuchte, seinem Schicksal mit einer weiteren List zu entgehen. Gleich nach seiner Ankunft in der Unterwelt wandte er sich an die Königin der Unterwelt, Persephone, und klagte, er sei lebendig und unbegraben hierher gebracht worden, er benötige indes drei Tage auf der Erde, um sein Begräbnis zu organisieren. Arglos gab ihm Persephone die Erlaubnis. Sisyphos kehrte in die Welt der Lebenden zurück und setzte dort sein Leben genauso fort wie zuvor. In seiner Verzweiflung schickte Zeus nun den schlauen Hermes, um Sisyphos seinem beschlossenen Schicksal zuzuführen.

Schließlich doch noch festgesetzt, war Sisyphos' Strafe sowohl seiner Betrügerei als auch seinen grausamen Morden angemessen: Die Götter ließen einen riesigen Stein auf dem Gipfel eines steilen Berges platzieren, und Sisyphos direkt darunter. Sisyphos' einzige Möglichkeit zu verhindern, dass ihn der Stein, sobald er erst einmal ins Rollen kam, einfach zerquetschte, bestand darin, sich ständig dagegenzustemmen und ihn mit seiner ganzen Kraft den Berg hochzurollen. Hades versprach Sisyphos Straferlass, sollte es ihm gelingen, den Stein über die Bergspitze und auf der anderen Seite wieder hinunterzumanövrieren. Mit großer Mühe schob Sisyphos den Felsblock also zum Gipfel. Aber jedes Mal schlug ihm der Fels ein Schnippchen, im letzten Moment entglitt er ihm und verfolgte ihn dann den ganzen Weg den Berg hinunter. Bis in alle Ewigkeit sollte dies das Schicksal des Sisyphos sein.

Auf der Erde hatte Sisyphos Söhne und Enkel hinterlassen. Sie alle hatten die sprühende Intelligenz seines Vaters Äolus, Herrscher des Windes, geerbt. Auch sie bewiesen aber keinerlei Weisheit im Umgang mit ihren Talenten. Sisyphos' Sohn hieß Glaukos. Er war ein geschickter Pferdehalter und liebte Wagenrennen. Törichterweise nahm er die Macht der Aphrodite nicht ernst und hielt seine Stuten von den Hengsten fern. Er hoffte, durch eine verhinderte Paarung würden sie feuriger und somit schneller beim Wagenrennen. Aus Ärger über diese Manipulation der Natur befreite Aphrodite die Stuten nachts und ließ sie auf einer Wiese mit besonderen Kräutern grasen. Kaum hatte Glaukos sie am nächsten Tag vor seinen Wagen gespannt, da gingen sie durch. Wild rasten sie los, kippten den Wagen um, schleiften den im Geschirr verwickelten Glaukos am Boden entlang – und fraßen ihn schließlich bei lebendigem Leib auf.

Glaukos hinterließ einen Sohn namens Bellerophon. Dieser ansehnliche junge Mann hatte die Erfindungsgabe und Intelligenz seines Ur-Großvaters geerbt, das aufbrausende Temperament seines Großvaters Sisyphos – und seines Vaters Glaukos' Überheblichkeit. In einem furchtbaren Streit tötete Bellerophon eines Tages seinen Bruder. Entsetzt über seine eigene Tat, legte er das Gelübde ab, sich nie mehr von Gefühlen leiten zu lassen, und floh aus seinem Heimatland.

Er durchquerte viele Länder und kam schließlich an der Felsburg von Tiryns an. Die dortige Königin fand Gefallen an ihm und bot ihm an, ihr Geliebter zu werden. Bellerophon wollte jegliche emotionale Verstrickung vermeiden und lehnte ab. Nie zuvor hatte jemand der Königin von Tiryns einen Wunsch abgeschlagen. Aus Zorn über diese Demütigung klagte sie Bellerophon vor ihrem Mann der versuchten Vergewaltigung an. Dem König widerstrebte die Bestrafung Bellerophons, denn mit dem Mord an einem Gast konnte man die Rache der Furien auf sich ziehen. Deshalb schickte er Bellerophon an den Hof seines Schwiegervaters, des Königs von Lykien. Mit auf den Weg gab er ihm einen versiegelten Brief an den König. Die Botschaft lautete: »Töte den Überbringer dieses Schreibens. Er hat versucht, deine Tochter zu schänden.«

Daraufhin entsandte der König von Lykien den jungen Helden auf mehrere tödliche Missionen. Bellerophon musste die Chimäre töten, ein Feuer speiendes Ungeheuer aus den nahe gelegenen Bergen, das die Menschen terrorisierte und das Land versengte. Er war klug genug zu erkennen, dass er hier Hilfe brauchte, und konsultierte einen Seher. Von ihm erhielt der Held einen Bogen, einen Köcher mit Pfeilen und einen Speer, der allerdings statt mit herkömmlicher Spitze mit einem großen Bleiblock versehen war. Weiterhin hieß der Seher Bellerophon zu einem magischen Brunnen gehen, wo er das geflügelte Pferd Pegasus finden würde. Dieses Pferd müsse Bellerophon zähmen, anzäumen und auf ihm sollte er in den Kampf gegen die Chimäre ziehen.

Bellerophon tat wie ihm befohlen. Im Kampf mit dem Feuer speienden Ungeheuer schleuderte er ihm den Speer mit der Bleispitze in den Rachen, so dass das Blei schmolz, in die Lungen lief und die Bestie erstickte. Bei seiner Rückkehr nach Lykien schließlich besiegte er die Kämpfer, die der König gegen ihn ausgesandt hatte, indem er sie aus großer Höhe von Pegasus' Rücken herab mit Steinen bewarf. Am Ende musste der König Bellerophon als Sieger anerkennen. Er gab ihm seine Tochter zur Frau und die Hälfte seines Königreichs.

Bislang hatte Bellerophon seine ererbte Intelligenz benützt und seine Arroganz und sein hitziges Temperament im Zaum gehalten. Als er aber am Ende herausfand, dass die Königin von Tiryns für alle seine Schwierigkeiten verantwortlich war, überkam ihn der Zorn. Auf seinem geflügelten Pferd flog er nach Tiryns, ergriff die Königin, beförderte sie in die Lüfte und stürzte sie in die Tiefe. Außer sich und begeistert durch seinen Ritt in den Lüften – schließlich war er Äolus' Ur-Enkel –, entschloss er sich, noch höher zu steigen bis hinauf zum Sitz der Götter. Auf den Olymp dürfen Sterbliche nun aber nur auf göttliche Einladung. So schickte Zeus ein Insekt aus, Pegasus zu stechen. Das geflügelte Pferd scheute und Bellerophon stürzte in den Tod.

Kommentar

Die Debatte über die Vererbbarkeit von Intelligenz ist alt. Erklärt wird sie unter anderem durch Erziehung, kulturelle Hintergründe und Umwelteinflüsse. Ob Intelligenz vererbbar ist oder nicht – Charakter und Reife, Eigenschaften, die uns ermöglichen, sie sinnvoll zu nutzen, sind es nicht. Sie liegen in der Hand jedes Einzelnen – und in der Hand der Eltern, die ihren Kindern bestimmte Werte vermitteln.

Die Griechen glaubten an die Vererbung von Talenten. Bei einem Gott oder Halbgott wie Äolus, der am Anfang eines Menschengeschlechts stand, würden, so die Annahme, einige seiner Eigenschaften weitervererbt – wenngleich von Generation zu Generation etwas weniger ausgeprägt. Im griechischen Mythos reiht sich Intelligenz neben Begabungen wie Musikalität, Kampfkraft oder Seherfähigkeit ein. Vergessen die Sterblichen törichterweise ihre menschlichen Grenzen und beleidigen die Götter, sind sie ganz allein für ihr schlimmes Ende verantwortlich, und nicht die Götter.

Halb Gott, halb Windgeist, wurde Äolus wegen seiner Frömmigkeit verehrt. Sein Sohn Sisyphos hingegen wurde aufgrund seiner blinden Anmaßung zu ewiger Strafe verurteilt. Wie können wir unseren Kindern einen Wertekanon vermitteln, einen Rahmen, in dem sie ihre Talente entwickeln, ohne überheblich, eingebildet oder gar größenwahnsinnig zu werden? Ein zu strenger Rahmen erstickt Talente, fehlt er jedoch, begünstigt das ihren Missbrauch. Auffällig an der Geschichte von Äolus' Nachkommen ist, dass die Väter fehlen, die ihren Söhnen diesen Rahmen geben könnten. Sie könnten die Ausbildung ihrer Begabungen unterstützen und so fördern, dass sie ein menschliches Antlitz erhalten. Aber Äolus ist zu sehr mit den Lüften beschäftigt, um sich um Sisyphos zu kümmern; Sisyphos ist zu sehr darauf erpicht, Reisende zu hintergehen, um auf Glaukos zu achten; Glaukos zu sehr auf Wagenrennen fixiert, um an Bellerophon zu denken; und letztlich vermag auch Bellerophon, der Angenehmste aus dieser Familie und seinem Vorfahren Äolus am ähnlichsten, seine Leidenschaften nicht zu zügeln – weil es ihm schlicht niemand beigebracht hat. Erst als er seinen Bruder im Zorn tötet, wird er sich dieser großen Schwäche überhaupt bewusst. Bereits erwachsen, fällt es ihm schwer, Selbstbeherrschung zu erlernen. Er *weiß* durchaus um das richtige Verhalten. Als es darauf ankommt, kann er zwar den Versuchungen einer Frau widerstehen, nicht aber dem Hang zu grenzenloser Selbstüberschätzung.

Diese Geschichte einer mit Intelligenz gesegneten, aber mit Überheblichkeit gestraften Familie verrät uns einiges über Willensfreiheit und Verantwortung. Die mythischen Helden, ob Mann oder Frau, symbolisieren bestimmte Eigenschaften, die wir alle in uns tragen, und vermitteln uns ein Gefühl für Bedeutung und Bestimmung. Da jeder Mensch über ein individuelles und einzigartiges Talent verfügt, sind wir – im weiteren Sinn der alten Griechen – alle göttlicher Abstammung. Wir können unsere Talente entweder zum Guten oder zum Schlechten verwenden. Vielleicht entwickeln sich unsere Begabungen aus einer uns zuträglichen Umgebung. Vielleicht erben wir sie zusammen mit der Farbe unserer Augen und Haare. Vielleicht trifft auch beides zu. Dieser Mythos lehrt uns, dass Intelligenz, die die Einzigartigkeit des anderen nicht achtet, eine zweischneidige Angelegenheit ist: ein Geschenk, das sich letztlich gegen den Besitzer wendet. Wo können wir erlernen, was die Griechen als Gottesfurcht bezeichneten? Obzwar jede große Religion Verhaltensregeln gemäß dem »Willen Gottes« anbietet, bedarf es keines spezifischen religiösen Rahmens. Frömmigkeit im Sinne der alten Griechen bedeutet, die Einzigartigkeit und den Wert jedes Lebens zu achten. Letztlich stehen die Götter symbolisch für die vielen verschiedenen Facetten des Lebens selbst. Von Bellerophon können wir lernen, dass wir – so talentiert wir auch sein mögen – nicht auf den Olymp gelangen werden. Wir bleiben immer Menschen und als solchen steht uns Bescheidenheit gut.

Das Haus Theben
Beleidigung der Götter

Die Götter zu beleidigen hieß bei den Griechen der Antike, ihren Fluch auf sich und seine Familie zu laden – ein Fluch, der Sühne über mehrere Generationen verlangte. Um mit den Begriffen der modernen Psychologie zu sprechen, können wir das als das Weiterreichen von Familienkonflikten bezeichnen. Auf diese Weise kann es geschehen, dass wir uns mit den ungelösten Problemen unserer Eltern konfrontiert sehen und diese »Erblast« wieder an unsere Kinder weiterreichen, wenn wir uns nicht mit ihr auseinander setzen. Mitglieder des Hauses Theben beleidigen die Götter in einem fort – durch Fehleinschätzungen, Überheblichkeit, mangelndes Feingefühl oder einfach durch Dummheit. Der Fluch erlischt erst mit dem endgültigen Niedergang der Dynastie und damit ist auch die Stadt Theben befreit. Da keiner die Lektionen aus der Vergangenheit lernen will oder sich den Göttern gegenüber demütig zeigt, gibt es auch keine Erlösung.

Laios, König von Theben, sorgte sich wegen seiner Kinderlosigkeit. Heimlich suchte er deshalb Apolls Orakel von Delphi auf. Dort wurde ihm offenbart, dass sein vermeintliches Unglück in Wahrheit ein Segen sei, denn jeder Nachkomme, den seine Frau Iokaste zur Welt brächte, würde zu seinem Mörder werden. Von nun an wies der König Iokaste in der Liebe zurück, allerdings ohne sich ihr anzuvertrauen. Aus Zorn über die Zurückweisungen machte Iokaste Laios eines Abends betrunken und verführte den Berauschten.

Als Iokaste neun Monate später einen Sohn gebar, entriss Laios der Amme das Kind, durchstach seine Füße mit Nägeln und setzte es in den Bergen aus. Dies war die erste Sünde des Hauses Theben gegen die Götter. Apoll und seine Schwester Artemis, beides Schutzgötter der Kinder, wurden Zeugen dieser grausamen Tat.

Durch ihr Betreiben überlebte das Kind in den Bergen. Ein korinthischer Schäfer fand den Kleinen, nannte ihn aufgrund seiner durch die Nägel deformierten Füße Ödipus (griech. »Schwellfuß«) und brachte ihn nach Korinth. Das kinderlose Königspaar von Korinth nahm den Jungen auf und zog ihn wie den eigenen Sohn groß. So wuchs Ödipus mit dem Selbstbewusstsein des Thronerben auf. Eines Tages verspottete ihn aber ein korinthischer Junge, weil er seinen Eltern gar nicht ähnelte. Daraufhin fuhr er nach Delphi, um das Orakel über seine Zukunft zu befragen. Apoll warnte ihn, er würde seinen Vater töten und seine Mutter heiraten.

Entsetzt durch diese Prophezeiung, kehrte Ödipus nicht nach Korinth zurück. Er war fest entschlossen, sich Apolls Weissagung zu widersetzen. Dies war die zweite Sünde des Hauses Theben gegen die Götter. Denn nicht ungestraft begehrt man gegen den Willen Apolls auf, so grausam und unverständlich dieser auch scheinen mag. An einer Wegenge kam dem Wanderer Ödipus der Wagen von König Laios entgegen (den er natürlich nicht erkannte). Laios forderte den jungen Mann auf, aus dem Weg zu gehen, und verwies auf seinen höheren Stand. Ärgerlich antwortete Ödipus, er erkenne niemand Höhergestellten außer seinen Eltern und die Götter an. (Um die Ironie seiner Aussagen wusste er nicht.) Als Antwort fuhr Laios mit seinem Wagen über Ödipus' Fuß und riss dabei die alte Wunde auf. Zornentbrannt warf Ödipus Laios zu Boden, trieb die Pferde über ihn hinweg und ließ seinen zerschundenen Körper unbeerdigt im Dreck liegen.

Tatsächlich war Laios bei seiner tödlichen Begegnung mit Ödipus auf dem Weg nach Delphi gewesen, um das Orakel zu befragen, wie sich die Stadt Theben vom Fluch der entsetzlichen Sphinx befreien könnte. Hera hatte das Ungeheuer zur Strafe für Laios' gewaltsame Entführung und Vergewaltigung eines jungen Knaben geschickt. (Dies war die dritte Sünde des Hauses Theben gegen die Götter, denn Hera war die Beschützerin der Familie.) Nun saß die Sphinx vor dem Stadttor und gab jedem, der des Weges kam, ein Rätsel auf: »Welches Lebewesen mit nur einer Stimme hat manchmal zwei Füße, manchmal drei, manchmal vier und ist am schwächsten, wenn es die meisten hat?« Wer das Rätsel nicht lösen konnte, wurde auf der Stelle erwürgt – der Weg war bereits übersät von halb zerfressenen Leichen.

Ödipus, der nach dem Mord an Laios gerade nach Theben kam, erriet die Antwort. »Der Mensch«, sagte er, »denn als Kind krabbelt er auf allen vieren, steht in seinen jüngeren Jahren sicher auf zweien – und auf einen Stock gestützt im Alter.« Tief gekränkt stürzte sich die Sphinx von der Stadtmauer in das Tal zu Tode. Aus Dankbarkeit machten die Thebaner Ödipus zu ihrem König und er heiratete Iokaste, nicht ahnend, dass sie seine Mutter war.

Als nach einiger Zeit eine gottgesandte Plage Theben heimsuchte, befahl das abermals befragte Orakel von Delphi: »Verstoßt den Mörder des Laios!« Ödipus, der nicht wusste, wem er da auf der Straße begegnet war, verfluchte den Mörder des Laios in Abwesenheit und verbannte ihn. Unbewusst hatte er damit sich selbst verflucht.

Bald darauf kam ein blinder Seher nach Theben und erklärte, König Ödipus selbst sei der Mörder des Laios. Zunächst wollte ihm niemand Glauben schenken, bis die Königin von Korinth die Wahrheit über Ödipus' Herkunft verriet. Daraufhin erhängte sich Iokaste aus Kummer und Scham und Ödipus blendete sich mit einer Nadel. Iokastes Bruder Kreon vertrieb den von Furien geplagten Ödipus aus Theben. Vor seiner Verbannung verfluchte Ödipus indes noch seine Söhne (zugleich seine Brüder) Eteokles und Polyneikes. So kam noch ein Fluch auf das Haus Theben. Nach Jahren der Wanderschaft mit seiner Tochter und Schwester Antigone kam Ödipus schließlich in Attika an. Hier gaben ihn die Furien frei und er konnte in Frieden sterben.

Das Haus Theben aber fand keinen Frieden. In einem vorherigen Kapitel haben wir bereits erfahren, wie Antigone, Tochter des Ödipus, gegen ihren Onkel Kreon aufbegehrte, um den Geist ihres verstorbenen Bruders Polyneikes zu befreien, und dafür selbst zum Tode verurteilt wurde (siehe Seite 59–61). Vom Tod der beiden Söhne des Ödipus in einem Erbfolgekrieg um Theben haben wir gehört. Aber auch mit ihrem Tod und dem des Königs Kreon war der Konflikt nicht beendet. Der Sohn des Polyneikes hatte es auf den Thron abgesehen, der ihm als Enkel des Ödipus zustand. Aber er und seine Verbündeten verloren den Krieg um Theben und erst nachdem die Stadt geplündert war, wurde der Fluch, der auf Laios und seinen Nachkommen lastete, gelöst.

Kommentar

Was bedeutet diese Erzählung in psychologischer Hinsicht? Jede Familie überträgt ihre ungelösten Konflikte auf die nächste Generation. Sie wird alle ungelösten Probleme, solange sie diese nicht erkennt und anpackt, den Nachkommen aufbürden. So sind wir zwar eigenständige Individuen, doch trotzdem alle vom Vermächtnis unserer Eltern – ihren Werten und Einstellungen – geprägt. Und wir laufen Gefahr, solange wir uns diese ererbten psychologischen Muster nicht klar machen, noch unsere Kinder damit zu belasten.

In diesem Mythos beginnen die Probleme mit Laios, der seine Frau wegen Apolls Warnung zurückweist. Dies allein ist kein Vergehen gegen die Götter, doch sagt Laios Iokaste nicht die Wahrheit und indem er ungewollt ihren Stolz beleidigt, besiegelt er seinen eigenen Untergang. Kommunikationsschwierigkeiten in Partnerschaften sind also keineswegs ein modernes Problem. Laios verschlimmert alles dadurch, dass er seiner Frau jegliche Möglichkeit vorenthält, sein Verhalten zu verstehen. Seine Angst ist nachvollziehbar, aber der kaltblütige Mordversuch an seinem Sohn und der

Missbrauch eines jungen Knaben sind natürlich schwere Verbrechen. Nicht einmal mit seinem Tod hat der Fluch, der auf Laios lastet, ein Ende, denn der unwissende Ödipus trägt ihn gewissermaßen weiter.

Ödipus selbst hat zwei fatale Fehler: Er hat seine Wut nicht im Griff und wie Laios vermag auch er die Prophezeiung nicht mit Würde anzunehmen. Vater und Sohn ähneln sich in ihrer Unbeugsamkeit den Göttern gegenüber, in ihrer Egozentrik und Selbstüberschätzung. Diesem Hang zur Macht sind nicht nur Laios und Ödipus verfallen, sondern auch Iokastes Bruder Kreon sowie Ödipus' Söhne und Enkel. Liebe, Mitgefühl und Menschlichkeit scheinen in dieser Familie Fremdwörter zu sein.

Die Blutrünstigkeit und Gewalt dieser Geschichte sollte uns nicht den Blick darauf versperren, wie sehr wir selbst, wenn auch nicht im buchstäblichen Sinne, so doch auf psychologischer Ebene, geneigt sind, die gleichen Fehler zu begehen. Wie viele Ehemänner und Frauen verschweigen ihren Partnern die Gründe für ihre Entscheidungen und Handlungen. Wie viele Partner suchen erst gar nicht nach den wahren Gründen für eine Zurückweisung, sondern sind sofort wütend und verärgert. Wie viel Täuschung und Lüge gibt es in jeder Familie, in der Eltern die Wahrheit manipulieren und verheimlichen, um vor ihren Kindern großartig und fehlerfrei dazustehen. Wie oft zerstören blinde Wut und Gewalt den Familienfrieden. Und wie oft geraten Familienbande und Geschwisterliebe aus Neid und Rivalität in Vergessenheit.

Für gewöhnlich fallen unsere Vergehen weniger schlimm aus als die des Hauses Theben. Auch sind wir hoffentlich ehrlich und verständig genug, uns für unser verletzendes Benehmen zu entschuldigen oder in einem Streit nachzugeben. In der Geschichte hätten etwas Freundlichkeit, Mitgefühl, Geduld oder Kompromissbereitschaft bei jeder der Parteien und zu wiederholter Gelegenheit eine Befreiung vom Familienfluch bewirken können. Der Niedergang des Hauses Theben verdankt sich nicht wirklich dem Zorn der Götter. Ausschlaggebend sind vielmehr menschliches Fehlverhalten aus mangelndem Feingefühl – und zwar über Generationen hinweg: Schließlich wird die Schuldenlast zu groß und die Familie ist unwiderruflich verloren.

Atreus

Die Wiedergutmachung eines Familienfluches

Glücklicherweise neigen wir nicht wie in dieser griechischen Geschichte dazu, unsere Verwandten zu ermorden, ja gar die eigenen Kinder zu verspeisen. Negatives Verhalten in der Familie kann sich jedoch wie ein Fluch in den Generationen fortsetzen und sich von den Großeltern auf die Eltern und Enkel übertragen. Psychologen und Sozialarbeitern ist als Phänomen geläufig, dass Kinder gewalttätiger Eltern später selbst häufig brutal zu ihren Kindern sind. Wer Kinder missbraucht, wurde oft selbst als Kind missbraucht. Wir alle müssen letztlich mit den ungelösten psychischen Problemen unserer Familien klarkommen. Die Geschichte von Orest und dem Hause Atreus lehrt uns, wie wir von einem Familienfluch erlöst werden können – durch Bescheidenheit, Ehrlichkeit und die Bereitschaft, unverdientes Leid zu ertragen und trotzdem am Glauben an die Götter und das Leben festzuhalten.

Tantalus, König von Lydien, unterhielt ein freundschaftliches Verhältnis zu den Göttern und wurde von Zeus selbst zu den Banketten auf dem Olymp geladen, wo Nektar und Ambrosia gereicht wurden. Um die Götter zu beeindrucken, wollte Tantalus daraufhin in seinem eigenen Palast ein Bankett für die Götter ausrichten. Alles, was jedoch an Speisen vorrätig war, erschien ihm zu gering für die hohen Gäste. Aus Angst, die Götter könnten sich durch die schlechte Bewirtung gekränkt fühlen, tötete er, Status über Liebe stellend, seinen Sohn Pelops, schnitt ihn in Stücke und fügte diese einem Eintopf hinzu. Als die Götter bemerkten, was auf ihren Tellern war, erschraken sie. Für dieses schreckliche Verbrechen straften sie Tantalus mit ewigen Qualen und belegten darüber hinaus seine Familie mit einem Fluch. Pelops ließen die Götter wieder auferstehen. Er bekam später drei Söhne. Aus Neid auf ihren jüngeren Bruder, den Liebling des Vaters, ermordeten die zwei älteren Brüder Atreus und Thyestes den Jüngsten. Als Pelops das Verbrechen entdeckte, verfluchte er seine Söhne und ihre Nachkommen. Dies war der zweite Fluch, mit dem Tantalus' Nachkommen belegt wurden.

Atreus heiratete. Wenig später fand er heraus, dass seine Frau mit seinem Bruder Thyestes geschlafen hatte. Wut stieg in ihm auf, aber er verbarg sie vor seinem Bruder. Dann weissagte ein Orakel, einer der beiden Brüder würde König von Mykene werden. Wie nicht anders zu erwarten, entbrannte ein Kampf und Atreus, getrieben durch den Zorn auf seine untreue Frau, verjagte Thyestes aus der Stadt und riss die Krone an sich. Auch der

Machtgewinn konnte Atreus' Wut auf seinen Bruder nicht verringern und er sann weiterhin auf Rache. Unter dem Vorwand, er wolle Versöhnung, lud er Thyestes zu einem Abendessen ein. Der Hauptgang war wie ein Nachhall auf die kulinarische Neigung seines Großvaters Tantalus: Atreus hatte Thyestes' Söhne ermordet, sie gekocht und ihrem unwissenden Vater serviert. Als er bemerkte, was er gegessen hatte, verfluchte Thyestes Atreus und seine Nachkommen. Dies war der dritte Fluch, der auf der Familie des Tantalus lasten sollte.

Auf Befehl des Gottes Apoll sollte Thyestes nun den Mord seiner Kinder rächen. Thyestes lauerte im Dunkeln seiner eigenen Tochter Pelopeia auf, vergewaltigte sie und versteckte sich. Die geschwängerte Pelopeia hatte keine Ahnung, wer der Täter gewesen war, der einzig ein Schwert bei ihr zurückgelassen hatte. Sie heiratete schließlich Atreus, der sich von seiner untreuen Frau getrennt hatte und hoch erfreut war, dass Pelopeia so schnell einen Sohn, Ägisth, zur Welt brachte. Törichterweise nahm er an, es handle sich um seinen von alten Familiengeschichten unbelasteten Sohn. Gegen den Fluch der Götter hilft jedoch kein Wunschdenken. So brachte eine Dürre Verwüstung über das Königreich. Einem Orakel zufolge ließ sich die Verwüstung nur durch die Rückkehr des Thyestes von der Stadt abwenden.

Man fand Thyestes und setzte ihn gefangen. Atreus befahl Ägisth, seinem vermeintlichen Sohn, seine erste mannhafte Tat zu vollbringen: Mit dem Schwert der Mutter Pelopeia sollte er den Gefangenen Thyestes töten (der ja der echte Vater des Knaben war). Als der Knabe die Zelle betrat, erkannte Thyestes sofort sein Schwert und ließ nach seiner Tochter Pelopeia rufen. Als sie die Wahrheit erfuhr, tötete sie sich mit dem Schwert. Der junge Ägisth aber, nachdem er die wahre Geschichte seiner Eltern erfahren hatte, rächte sich an Atreus und tötete ihn mit dem blutbefleckten Schwert seines Vaters Thyestes. An seines Bruders statt wurde nun Thyestes König von Mykene.

Atreus' Sohn Agamemnon entrann dem blutrünstigen Abschlachten durch seine Amme und wuchs sicher im Exil auf. Als er volljährig war, heiratete er Klytämnestra, Tochter des Königs von Sparta, der ihm bei der Geltendmachung seiner Ansprüche auf den mykenischen Thron half. Thyestes und sein Sohn Ägisth wurden beide ins Exil geschickt, wo Thyestes bald starb.

Damit war der Fluch noch nicht gelöst. Klytämnestra schenkte Agamemnon einen Sohn und drei Töchter. Als einer der griechischen Heerführer im Trojanischen Krieg war Agamemnon, um gutes Wetter für seine Flotte zu garantieren, bereit, der Göttin Artemis eine seiner Töchter zu opfern. Er belog seine Frau und sagte ihr, die Tochter würde weggeschickt, um zu heiraten. Tatsächlich wurde sie heimlich getötet. Als Klytämnestra den Verrat ihres Mannes entdeckte, nahm sie sich einen Liebhaber. Der war aber kein anderer als Ägisth, Sohn des Thyestes, der verkleidet im Palast erschienen war und der Königin in Abwesenheit ihres Mannes den Hof gemacht hatte. Gemeinsam planten sie nun die Ermordung des Agamemnon. Nach seiner Rückkehr aus Troja überwältigten sie ihn beim Baden und hackten ihn in Stücke.

Agamemnons Sohn Orest, den man weggeschickt hatte, während Klytämnestra und ihr Liebhaber den Mordplan ausgeheckt hatten, bekam nun von Apoll Besuch. Er verriet dem Jüngling die Wahrheit über den Tod seines Vaters und forderte ihn auf, diesen zu rächen. Orest protestierte heftig, er wolle nichts von den Streitereien seiner Eltern wissen und sei des Blutvergießens müde. Apoll aber erklärte, dass er als Sohn des Agamemnon die Pflicht habe, seinen Vater zu rächen, ob es ihm gefalle oder nicht. Und sollte Orest nicht gehorchen, werde er, Apoll, dafür sorgen, dass er an seinem Leben keine Freude mehr haben würde. Orest wusste, ein Mord an seiner Mutter würde bedeuten, von den Furien (die Göttinnen der Unterwelt, die die Rechte der Mütter verteidigen) mit Wahnsinn und Raserei gestraft zu werden. Was immer er auch tun würde, er würde verdammt sein. Widerstrebend entschied er, dass als Mann seine Bindung zum Vater stärker sei. So tötete er seine Mutter und ihren Liebhaber.

Wie erwartet, kamen die Furien, um Orest mit Wahnsinn zu schlagen. Nach einem Jahr geistiger Pein und Folter suchte er Zuflucht am Altar der Göttin Athene. Zusammen mit den ersten menschlichen Geschworenen überhaupt befand sie ihn für unschuldig und befreite ihn von dem Fluch, der auf der Familie lastete. Er heiratete und als König von Sparta gründete er eine Dynastie, die unbelastet von den Verwicklungen seiner familiären Vergangenheit war.

KOMMENTAR

In dieser düsteren und blutrünstigen Geschichte nimmt das Grauen mit Tantalus seinen Anfang, der skrupellos seinen Sohn tötet, um die Götter zu beeindrucken bzw. sie zu überlisten. Auf Alltagsverhältnisse übertragen, mag man an Eltern denken, die ihren eigenen Ehrgeiz über das Wohlergehen und Glück ihrer Kinder stellen. Pelops' Gleichgültigkeit seinen eigenen Kindern gegenüber verwundert daher kaum. In anderen Geschichten haben wir gesehen, wie elterliche Bevorzugung Wut und Feindschaft unter Geschwistern säen kann. In dieser Geschichte werden sowohl Atreus als auch Thyestes durch ihren Vater Pelops verflucht. Wo Eifersucht zwischen Geschwistern ausbricht, können Eltern durchaus Abhilfe schaffen, falls sie bereit sind, nach den tieferen Quellen dafür zu suchen. Pelops indes gießt noch Öl ins Feuer. Im Alltag entspricht dieses Verhalten wohl elterlichen Kommentaren ihren Kindern gegenüber wie: »Wenn du dich so benimmst, liebe ich dich nicht mehr. Dann bist du nicht mehr mein Kind. Du wirst die Quittung schon noch erhalten und unglücklich werden.«

Durch die gesamte Menschheitsgeschichte hindurch haben Eltern ihren Kindern bereitwillig Schlimmes angetan, sei es im Affekt oder aus rein materiellen Gründen. Auch heute – wie im alten Griechenland – gibt es konkrete Gewalt und sexuellen Missbrauch in den Familien. Noch öfter aber wird Gewalt auf sehr subtile Weise angewandt – und kann sogar mit Liebe und elterlicher Sorge einhergehen. Übergehen wir die kindlichen Gefühle und die Persönlichkeit des Kindes und laden ihm stattdessen rücksichtslos unsere eigenen Wünsche und Erwartungen auf, sind wir der Familie des Atreus näher, als wir glauben.

Trotzdem endet diese Geschichte nicht tragisch wie etwa die des Hauses Theben. In Orest finden wir ein Bild für die Lösung schwerer Konflikte. Wie die meisten von uns wäre Orest lieber nicht mit den Sünden seiner Familie belangt. Er hat jedoch keine andere Wahl. Gefangen zwischen den göttlichen Befehlen wird er bei jeder Entscheidung, die er trifft, leiden. Was können wir daraus lernen? Wenn sich die Eltern trennen oder in Feindschaft zusammenleben, fühlen sich Kinder oft gezwungen, sich auf eine Seite zu schlagen. Der Versuch des Kindes, den Konflikt der Eltern zu lösen, indem es sich einem Elternteil gegenüber loyal verhält, dem anderen dagegen seine Liebe verweigert, wird von manchem Elternteil sogar unterstützt, um das Kind dazu zu missbrauchen, den jeweils anderen Elternteil zu verletzen. Wie viele Mütter, die sich von ihrem Mann hintergangen fühlen, bläuen ihren Kindern ein, ihr Vater sei ein Charakterschwein und ihrer Liebe unwürdig. Wie viele Väter, die die emotionalen Wünsche ihrer Frau nicht befriedigen können, schaffen eine Fantasiewelt mit der geliebten Tochter als Ersatzfrau und unter Ausschluss der Mutter.

Manchmal mag es unumgänglich sein, sich zwischen streitenden Eltern zu entscheiden. Aber welchem Elternteil schulden wir nun die Treue? Und wie gehen wir mit unseren Schuldgefühlen dem jeweils anderen Elternteil gegenüber um? Möglicherweise werden wir bei elterlichen Auseinandersetzungen Partei ergreifen müssen, um den inneren und äußeren Konflikt zu überstehen. Haben wir uns für eine Partei entschieden, werden wir ganz unvermeidlich leiden, bis wir reif genug sind, unsere Eltern aus der Distanz neu zu beurteilen. Wir werden sie als Menschen erkennen, die selbst in einer Falle aus unbewusstem, sich über Generationen fortsetzendem Fehlverhalten gefangen gehalten sind.

Diese Geschichte voll brutaler Gewalt zeigt eine Familie, in der statt Liebe und echter Fürsorge allein der Wille zur Macht regiert. Orest fühlt sich gespalten, weil er beide Eltern liebt und keinen von beiden töten kann, ohne eigene innere Qualen zu erleiden. Wie Orest würden wir alle die Vergangenheit gerne verleugnen und das Wiederholen elterlicher Fehler vermeiden, indem wir uns der Familie entziehen. Und wie Orest müssen wir vielleicht unter der Verbundenheit zu beiden Elternteilen leiden. Wir müssen den unvermeidlichen Gewissenskonflikt meistern und vor allem uns selbst treu bleiben.

Dieser Mythos hält noch eine andere Erkenntnis für uns bereit. Erlösung verdankt Orest zum Teil seiner eigenen Geduld, seinem Leiden und der Anerkennung des göttlichen Willens. Aber es sind die Götter selbst, die ihn erlösen, allen voran Athene, die hier Menschen zu Geschworenen beruft und zwischen Apoll und den Furien vermittelt. Was hat das zu bedeuten? Der Zusammenschluss Athenes, der Göttin der Weisheit, mit den Menschen (hier einer menschlichen Jury) soll die geistige Fähigkeit des Menschen verkörpern, zu abstrahieren, zu reflektieren und den Standpunkt beider Streitparteien in einem inneren oder äußeren Konflikt zu sehen. Athene ermöglicht nicht nur einen neuen Blick auf das Problem, sondern verleiht den verschiedenen Beteiligten auch eine Stimme. Kurz, sie verkörpert nicht nur Bewusstheit, sondern auch Kommunikation und den Willen, beiden Seiten zuzuhören. Die Göttin erinnert uns daran, unsere Emotionen nicht immer gleich zwanghaft auszuagieren: Über den durchaus mühsamen Prozess der Reflexion und Kommunikation lässt sich dann sogar eine Familie wie die des Atreus von ihrem Fluch befreien.

Bewusstheit erlangt man durch Leiden, diesen Preis müssen wir bezahlen. Reue und Sühne mögen zur Wiedergutmachung innerhalb der Familie nötig sein. Möglicherweise müssen wir auch für Taten und Fehler büßen, die lange vor unserer Geburt liegen. Das Leben ist nicht immer gerecht und an Orests Schicksal ist sicher gar nichts gerecht. Aber die Entwicklung, die er durchläuft und an deren Ende sich seine Probleme endlich lösen, zeigt uns, dass wir alle die Möglichkeit haben, die Sünden der Vergangenheit aufzuheben. Nur so können wir Liebende werden, die sich ihrer Familie mit ganzem Herzen zuwenden.

II

Die Entwicklung zur Persönlichkeit

Aus einem geheimnisvollen Impuls heraus wollen wir unser ganz eigenes Selbst entwickeln, eine einzigartige Persönlichkeit ausbilden jenseits von Familie, Partnerschaft und anderen Gemeinschaften, die uns ein Gefühl der Zugehörigkeit vermitteln. Die Mythen lehren uns jedoch, wie schwierig und manchmal schmerzhaft diese Entwicklung sein kann. Nicht nur innere und äußere Prüfungen gilt es zu bestehen, sondern auch den richtigen Umgang mit dem Neid und der Feindseligkeit anderer zu finden, die diese Reise noch nicht angetreten haben. Mythen erzählen von den Schwierigkeiten, die uns erwarten, wenn wir unser Zuhause verlassen, von Ungeheuern, die sich uns auf unserem Weg zur Selbstständigkeit entgegenstellen. Nicht zuletzt unterstreichen mythische Geschichten die Bedeutung persönlicher Ziele und Sinnfindung – dem vielleicht tiefsten Mysterium auf unserem Weg zu uns selbst. Wir bemerken oft nicht, wie sehr wir die Herausforderung der Individuation meiden und im Alltag, etwa angesichts falscher Autoritäten, unsere innersten Werte verraten, nur um uns irgendwo zugehörig zu fühlen. Hier gewähren Mythen tiefe Einblicke – auch in die Tatsache, dass die Entwicklung einer eigenen Persönlichkeit nicht mit Selbstbezogenheit gleichzusetzen ist. Was wir in uns selbst noch nicht ausgebildet haben, können wir anderen nicht anbieten.

1. Sein Zuhause verlassen

Sein Zuhause zu verlassen ist eine ebenso archetypische Erfahrung wie die des Familienlebens selbst. Zur Entwicklung unserer Persönlichkeit müssen wir uns psychisch von unserer vertrauten und angestammten Umgebung lossagen. Um dies zu erreichen, bedarf es möglicherweise auch eines physischen Abstands von unseren Eltern und unserem Zuhause. Schließlich wollen wir unsere eigenen Gedanken, Gefühle, Glaubensinhalte, Werte, Begabungen und Bedürfnisse kennen lernen. Von zu Hause fortzugehen bedeutet nicht etwa, dass das Familienleben »schlecht« ist. Vielleicht haben sogar diejenigen, die sich besonders davor fürchten, den Schritt hinaus ins Leben zu tun, häufiger unter Familienproblemen zu leiden gehabt als diejenigen, die mit Zuversicht und Hoffnung in die Welt hinausgehen. Den normalen und unvermeidlichen Trennungsschmerz verschlimmern unsere zurückbleibenden Lieben noch, wenn sie uns nur widerwillig ziehen lassen. Dabei sollte es immer auch eine Freude für sie sein zu sehen, wie wir endlich unsere eigenen Entscheidungen treffen und Verantwortung für unser eigenes Leben übernehmen.

Adam und Eva
Das Paradies verlassen

Die biblische Geschichte von Adam und Eva erzählt von Trennung und Verlust. Wir mögen sie für buchstäblich wahr halten, als moralisches Paradigma oder als Allegorie für den ersten Trennungsschmerz bei unserer Geburt sehen. Alle diese Betrachtungsweisen sind möglich. Wichtig ist vor allem die Erkenntnis, dass wir nicht für immer im Paradies verweilen können, sondern die Last des irdischen Lebens auf uns nehmen müssen. Die Vertreibung aus dem Garten Eden ist die Geschichte vom Verlassen der heimischen Geborgenheit schlechthin.

Im Osten, in Eden, schuf Gott einen Garten und füllte ihn mit zahlreichen Lebewesen. In seiner Mitte standen zwei Bäume: der Baum des Lebens und der Baum der Erkenntnis. Gott schuf Adam und setzte ihn in den Garten. Er sagte ihm, alle Früchte dürfe er essen, außer der Frucht vom Baum der Erkenntnis. Gott sandte alle Tiere zu Adam, der jedes von ihnen benannte.

Dann ließ er ihn in einen tiefen Schlaf versinken. Während er schlief, nahm Gott eine Rippe von Adam und formte daraus eine Frau, damit Adam nicht mehr allein wäre. Und Adam und Eva waren nackt und glücklich im Garten Eden, sie lebten in Frieden mit Gott.

Eines Tages fragte das schlaueste aller Tiere, die Schlange, Eva, ob sie denn jede Frucht, die sie wolle, essen dürfe. »In der Tat«, antwortete Eva, »können wir jede Frucht essen außer der vom Baum der Erkenntnis. Das würde unseren Tod bedeuten.«

»Im Gegenteil«, sagte die Schlange. »Wenn ihr vom Baum der Erkenntnis esst, werdet ihr den Unterschied zwischen Gut und Böse erkennen und sein wie Gott. Deshalb hat er euch verboten, von den Früchten zu essen.«

Lange blickte Eva den Baum an und war versucht, von der saftigen Frucht zu kosten, die ihr Weisheit verschaffen würde. Schließlich hielt sie es nicht länger aus, pflückte eine Frucht und aß davon. Dann gab sie Adam ein Stück und er aß davon. Nun aber, als sie einander anblickten, bemerkten sie ihre Nacktheit und die Unterschiede zwischen dem männlichen und dem weiblichen Körper und schämten sich. Hastig sammelten sie Feigenblätter auf, um sich zu bedecken.

Als sie in der Kühle der Abenddämmerung die Stimme Gottes vernahmen, der im Garten war, versteckten sie sich vor ihm. Gott rief nach Adam und fragte ihn, wo er sei und warum er sich verstecke. Adam antwortete, er habe Gottes Stimme gehört, sich aber gefürchtet. Gott sagte: »Wenn du dich fürchtest, musst du von der Frucht gegessen haben, die ich dir verboten hatte.«

Adam zeigte auf Eva und sagte: »Es war die Frau, sie gab mir die Frucht.«

»Ja«, sagte Eva, »aber es war die Schlange, die mich verführt hat.«

So verfluchte Gott die Schlange und verbannte Adam und Eva aus dem Garten: »Nun da ihr Gut und Böse kennt, müsst ihr Eden verlassen. Wenn ihr bleibt, könntet ihr vom Baum des Lebens essen und ewiges Leben erhalten. Das werde ich nicht zulassen.« So vertrieb Gott sie aus dem Paradies hinein in die Welt. Er verfluchte sie mit den Worten, von nun an müsse Adam im Schweiße seines Angesichts leben und Eva die Schmerzen des

Kindergebärens erleiden. Den Eingang zum Garten Eden mit dem Baum des Lebens ließ Gott durch einen Cherub mit einem Flammenschwert bewachen.

Kommentar

Der Name Adam bedeutet im Hebräischen »Mensch« und Eva ist das »Leben«. So erfahren wir gleich zu Anfang, worum es in dieser Geschichte geht: um den Eintritt in die irdische Welt und den Beginn unseres sterblichen Daseins. Als Strafe für ihren Ungehorsam müssen Adam und Eva zwei Lasten auf sich nehmen, wie sie jeder Erwachsene auf die eine oder andere Art kennen lernt: Arbeit für den Lebensunterhalt und die Elternschaft.

Auf einer Ebene beschreibt diese Geschichte den ersten Verlust, den wir alle erleben – die Trennung vom Mutterleib und den Beginn einer eigenständigen Existenz. In der Gebärmutter ist das Leben stressfrei und bequem. Es bedarf keiner Kleidung, es gibt weder Hitze noch Kälte, noch die Erfahrung von Hunger und Durst. Das Leben ist friedlich, konfliktfrei, ohne Einsamkeit und Leid. Und dann kommt der Schock der Geburt. So wie Adam und Eva unsanft aus dem Garten Eden befördert werden, so bekommt das Baby bei seiner Geburt einen ersten Geschmack von Einsamkeit und körperlichem Schmerz.

Doch bleibt die Geburt nicht auf das Verlassen der Gebärmutter beschränkt. »Geboren« werden wir auch, wenn wir uns als unabhängige Lebewesen wahrzunehmen beginnen – mit Gedanken, Gefühlen, Träumen und Zielen, die sich von denen unserer Eltern unterscheiden. Die Familie selbst ist eine Art Garten Eden, in dem die Kinder sich in der Liebe und im Schutz der Eltern sonnen können, ohne die Last weltlicher Herausforderungen und ohne den Schmerz des Alleinseins als Erwachsener ertragen zu müssen. Wir denken, was man uns zu denken heißt, fühlen, was wir fühlen sollen, und handeln, ohne das Handeln zu hinterfragen, nach den vorgegebenen Regeln und Werten. Es herrscht Frieden in der Familie, solange bis das Kind sich im Pubertätsalter und an der Schwelle zum Erwachsenwerden sein eigenes Wissen um die Welt aneignen will – die verbotene Frucht, die uns Gott ähnlich sein lässt. Das bedeutet mit anderen Worten, dass wir uns, sobald wir Lebenserfahrung »kosten« und unsere eigene körperliche, emotionale und geistige Kraft entdecken, damit das Recht verdienen, unsere eigenen Entscheidungen zu treffen, Verantwortung zu übernehmen und auf diesem Weg unseren Eltern ebenbürtig zu werden. Wir müssen unseren eigenen Weg finden, auch wenn wir uns vielleicht fürchten oder gar schämen. Ein bisschen wie Gott in der Geschichte, empfinden das viele Eltern als furchtbare Herausforderung und einen direkten Angriff auf ihre Autorität. Der junge Mensch wird aus dem schützenden Familienzusammenhang in die harte, kalte Welt der Unabhängigkeit gestoßen und der Zutritt zur magischen, liebevollen Welt einer Einheit von Kind und Eltern ist ihm für immer versperrt.

Sexuelle Gefühle und Erfahrungen sind wichtige initiatorische Prozesse, in denen wir von der Frucht kosten und unsere Persönlichkeit kennen lernen. Diese Geschichte handelt nicht nur von Sex. Das Wissen um Gut und Böse meint hier eigentlich Entscheidungen zu treffen nach unseren eigenen, individuellen Werten. Im Grunde spiegelt jede Wahl, die wir treffen, einschließlich der sexuellen, wider, wer wir als Individuen sind. Doch schon mit dieser Erfahrung geht der Trennungsschmerz einher, denn auch mit den Menschen, die wir am meisten lieben, werden Konflikte nicht zu vermeiden sein.

Früher oder später müssen wir die Vorstellungen unserer Eltern anzweifeln, unsere eigenen Entscheidungen treffen und die Konsequenzen tragen. Diese können beruflicher Art sein, z. B. sich für oder gegen ein Studium zu entscheiden. Es kann um eine Beziehung gehen, die wir gegen den elterlichen Willen führen, oder um Ideen und Gefühle, die innerhalb unserer Familie Konflikte verursachen. Was auch immer das Thema sein mag – an einem bestimmten Punkt müssen wir die seelische Trennung und die Einsamkeit eines Lebens jenseits von Eden riskieren.

Unser Übergang ins Erwachsenendasein kann Gefühle des Verlustes, der Isolierung, der Scham und Schuld verursachen. Vielleicht leiden auch deshalb so viele Studenten vor Prüfungen unter Depressionen, haben Zusammenbrüche und Suizidgedanken. Der Moment für den Schritt hinaus in die Welt ist gekommen und der Schmerz beim Zurücklassen der Kindheit und Unschuld kann mitunter recht stark sein. Für den jungen Menschen hängt an einer solchen Schwelle viel von der Reaktion der Eltern auf das Drängen der Schlange in ihrem Kind ab. Sehen die Eltern den Lebensdurst ihres Kindes als Sünde gegen die eigene Autorität, werden sie ihren Kummer nur verstärken, ihren Kindern ein Gefühl der Schuld und des Ausgestoßenseins vermitteln. Wie auch immer unsere persönlichen Moralvorstellungen aussehen mögen, wir werden anerkennen müssen, dass unsere Kinder ihre eigenen entwickeln müssen. Wir können nur versuchen, ein möglichst gutes Beispiel zu geben und uneingeschränkt Liebe, Unterstützung und Verständnis zu gewähren. Wir müssen auch die Schlange als Geschöpf Gottes anerkennen. Ihre Aufforderung, von der Frucht zu kosten, ist als treibende Kraft zu verstehen, die junge Erwachsene dazu bewegen soll, ihr eigenes Potenzial zu entdecken und ihren Platz im Leben zu suchen. Dann werden wir uns auch freundlicher verhalten als der Gott des Alten Testaments. So können wir unseren Kindern auch vermitteln, dass sie Einheit und Frieden letztlich auf der inneren, emotionalen und spirituellen Ebene finden können, auch außerhalb des Gartens Eden.

Buddhas Abschied von zu Hause
Das Leben lässt sich nicht vermeiden

Die Geschichte des Buddha ist für den Westen ebenso von Bedeutung wie für den Osten. Ob wir nun an einen historischen Buddha glauben oder nicht – in jedem Fall ist die Figur des Buddha auch eine mythische. Der folgende Abschnitt ist der Bericht von seiner Geburt, seiner Kindheit und dem Moment seiner Berufung. Diese tiefe und bewegende Geschichte enthält eine Botschaft für jeden Menschen, der den Ruf in seinem Innersten, in die weite Welt hinauszuziehen, verstehen will.

Buddhas Geburt war ein wundersames Ereignis. Schon bei seiner Empfängnis brachte das gesamte Universum seine Freude durch Wunder zum Ausdruck: Musikinstrumente spielten von selbst, Flüsse standen still, nur um ihm zu gedenken, und Bäume und Pflanzen waren von Blüten übersät. Der Spross einer königlichen Familie wurde geboren, ohne der Mutter dabei Schmerzen zu bereiten. Vom ersten Tag an konnte er laufen und wo sein Fuß die Erde berührte, keimte ein Lotus. Er bekam den Namen Siddharta. Am siebten Tag nach seiner Geburt starb seine Mutter vor Freude, doch ihre Schwester wurde eine hingebungsvolle Adoptivmutter. So verbrachte der junge Prinz seine Kindheit in Liebe, Glück und Überfluss.

Als Prinz Siddharta zwölf Jahre alt wurde, berief der König einen Rat von Brahmanen ein. Ihrer Prophezeiung zufolge würde der Prinz, sobald er Alter, Krankheit und Tod zu Gesicht bekäme, den Weg des Asketen wählen. Der König wollte seinen Sohn als Thronerbe und Herrscher sehen und nicht als Eremiten. So ließ er den ganzen prachtvollen Palast mit einer gut bewachten, dreifachen Mauer einfassen. Der Gebrauch der Wörter »Tod« und »Kummer« war verboten.

Als Siddharta die Mannesreife erreicht hatte, entschied der König, der beste Weg, seinen Sohn zu binden, wären Heirat und Familienleben. So wurde Siddharta mit der Tochter eines der königlichen Minister verheiratet und bald war die junge Braut schwanger. Fast zur selben Zeit jedoch verspürte der Prinz, trotz des Vaters Anstrengungen, seine göttliche Berufung. Musik und Tänzerinnen rührten ihn nicht mehr, schienen ihm vielmehr die Vergänglichkeit und Eitelkeit des menschlichen Lebens aufzuzeigen. Eines Tages rief er seinen persönlichen Diener zu sich und sagte, er wolle der Stadt einen Besuch abstatten. Von dem Vorhaben unterrichtet, befahl der König, dass die ganze Stadt gereinigt und festlich geschmückt werde und alles Hässliche oder Traurige vor ihm verborgen werde. Diese

Vorkehrungen erwiesen sich als nutzlos. Denn als Siddharta durch die Stadt ritt, erblickte er einen alten, zitternden Mann mit faltiger Haut, der ohne Stock kaum gehen konnte. Mit Erstaunen erkannte Siddharta den Altersverfall als unvermeidliches Schicksal des Menschen. Zurück im Palast fragte er, ob es irgendeine Möglichkeit gäbe, das Altern zu vermeiden, aber darauf konnte niemand Antwort geben. Bald darauf besuchte er die Stadt erneut. Dieses Mal traf er eine kranke Frau, die sich vor Schmerzen krümmte. Dann erblickte er einen Begräbniszug und erfuhr so von Trauer und Tod. Schließlich traf Siddharta einen Bettelasketen. Der erklärte ihm, er habe der Welt entsagt, um Freude und Leid hinter sich zu lassen und inneren Frieden zu finden.

Nach und nach kam Siddharta zu der Überzeugung, dass er von seinem bequemen und selbstgefälligen Leben Abstand nehmen und Asket werden sollte. Inständig bat er seinen Vater, ihn ziehen zu lassen. Beim Gedanken an den Verlust seines Sohnes war der König von Kummer erfüllt, denn auf ihn hatte er all seine Hoffnungen gesetzt. So ließ er die Palastwachen verdoppeln und fortwährend Unterhaltungsveranstaltungen abhalten, um den Prinzen von seinen Gedanken an Weggang abzulenken. Aber nicht einmal die Geburt eines Sohnes konnte den Prinzen von seiner Mission abhalten. Eines Nachts fasste er den endgültigen Entschluss. Er warf einen letzten Blick auf seine schlafende Frau und sein Kind und ging hinaus in die Nacht. Er bestieg sein Pferd und rief seinen persönlichen Diener zu sich. Komplizenhaft stellten die Götter sicher, dass die Wächter schliefen und die Hufe seines Pferdes keinen Lärm machten. Am Stadttor gab Siddharta seinem Diener das Pferd und verabschiedete sich. Von da an gab es keinen Prinz Siddharta mehr, denn der Buddha hatte seine wahre Seelenreise angetreten.

Kommentar

Normalerweise erfordert die Reise weg vom Zuhause unserer Kindheit und hin zu unserer Berufung nicht gleich die Aufgabe sämtlicher Freuden des Lebens und strenge Askese – wenngleich jene mit einer religiösen Berufung durchaus diesen Weg gehen mögen. Einige Motive dieser Geschichte besitzen jedoch auch allgemeinere Bedeutung. Wie bei so vielen Familien ist Prinz Siddharta die Quelle sämtlicher Hoffnungen und Träume seines Vaters. Er wünscht sich ihn als seinen Thronfolger. Ähnlich träumen heutige Väter davon, dass ihr Sohn ihre Firma oder ihr Geschäft übernimmt oder auch nur den gleichen Beruf ergreift. Letztlich will Siddhartas Vater nicht, dass sein Kind das Leben kennen lernt, denn ein Leben außerhalb des elterlichen Bannkreises verändert, weckt ganz eigene innere Bedürfnisse und bringt Eigenschaften zum Vorschein, die nicht unbedingt mit den elterlichen Vorstellungen zusammenpassen. Im Besonderen möchte der König Siddhartas Begegnung mit dem Leid dieser Welt vermeiden – was ja in hohem Grade bedeutet, erwachsen zu werden. Verbleibt der Prinz in diesem kindlichen Zustand, kann ihn der Vater nach seinen Vorstellungen formen. Sich als Eltern solchen Träumen hinzugeben ist zwar nicht an sich als negativ oder schlecht zu bewerten, letztlich aber vergeblich und sinnlos. Jeder junge Mensch muss seine eigene Persönlichkeit und Identität entwickeln, um sein inneres Gleichgewicht zu erlangen.

Nicht einmal Ehe und Elternschaft können Siddharta von seiner Reise abhalten. Diese harte Lektion müssen viele junge Leute lernen. Wenn wir eine eigene Familie gründen, bevor wir wissen, wer wir sind und wohin wir gehen, wird uns das Leben, früher oder später, doch in eine andere Richtung lenken. Dies trifft vor allem dann zu, wenn die Wahl der Partner in Wahrheit die Wahl der Eltern war oder eine, die wir jemand anderem zum Gefallen getroffen haben oder gar um uns abzusichern. Schmerz und Trauer, die eine Trennung mit sich bringt, begleiten dann die Selbstfindung.

Um solch dramatischen Brüchen vorzubeugen, sollten wir als Eltern unsere Kinder nicht zwingen, sich zu »etablieren«, bevor sie sich nicht selbst kennen und wissen, was sie wirklich wollen. Je mehr wir versuchen, unsere Kinder am Weggehen zu hindern, desto mehr Schmerzen fügen wir ihnen, wenn sie versuchen zu gehen, zu. Umgekehrt sollten wir als Kinder, wenn wir auf die Stimme unseres Herzens hören, auch die Enttäuschung oder Wut unserer Eltern aushalten, um späteren größeren Schmerz zu vermeiden.

Wäre Siddhartas Vater nicht so versessen darauf gewesen, seinen Sohn durch eine Ehe zu binden, hätte er Siddharta wenigstens die schmerzhafte Trennung von seiner Frau und seinem Kind erspart. Die Frau und das Kind gehören zur Welt des Vaters, nicht zu der Siddhartas. Leider kann Siddharta nicht seiner Berufung folgen und zugleich Kind seines Vaters, Mann seiner Frau und Vater seines Kindes bleiben.

Oft reagieren wir mit Zorn und Spott auf jemanden, der seiner Berufung auch gegen unseren Willen folgt – besonders wenn dadurch Distanz entsteht oder die Person mit einer Welt zu tun bekommt, von der wir nichts wissen. Zwar schlagen viele junge Menschen später in ihrem Leben eine neue Richtung ein und wir können von niemandem um die zwanzig erwarten, dass er weiß, was er den Rest seines Lebens machen will; obwohl es junge Menschen gibt, die dies, wie Siddharta, sehr wohl wissen. Ob es sich nun um eine langfristige Berufung handelt oder nur um eine Phase – kommt sie von Herzen, dann soll kein Familienmitglied, kein Lehrer, kein Freund oder Berater die Person aus äußerlichen Gründen davon abzubringen versuchen. Siddhartas Berufung ist eine spirituelle und verlangt die Aufgabe aller weltlichen Bindungen und Freuden. Man kann sich auch berufen fühlen, sich der Musik, der Malerei oder dem Schreiben zu widmen, eine Firma zu gründen, die Welt zu bereisen, Arzt, Buchhalter oder Landwirt zu werden. Oder die große Liebe, Ehe und Familiengründung sind das Thema. Worauf es ankommt, ist der Ruf des Herzens. Mag dieser nicht bei jedem jungen Menschen erfolgen, die Wahrscheinlichkeit, ihn zu hören, ist jedenfalls größer, wenn die Stimmen anderer ihn nicht von vornherein übertönen.

Eltern, die ihre Kinder als eigenständige Persönlichkeiten anerkennen, werden eben nicht, wie Siddhartas Vater, schon von vornherein über den Weg des Kindes entschieden haben. Sie werden bildlich gesprochen, keine Mauern errichten, Wachen aufstellen und dem Kind, falls es die Hoffnungen enttäuscht, offen oder verdeckt, mit Ablehnung oder Bestrafung drohen.

In der Geschichte von Buddhas Auszug liegt etwas sehr Trauriges, denn der Vater, die Frau und das Kind haben ihn für immer verloren. Ein großer Teil der Weltbevölkerung glaubt immerhin, dass er sein Heil dieser Entscheidung Siddhartas verdankt, sein persönliches Glück geopfert zu haben, zur Erlösung von Millionen. So bleibt zu hoffen, dass dadurch, dass wir unsere Kinder dazu ermutigen, auf die Stimme ihres Herzens zu hören, ihr zu folgen, das zukünftige Leben für Eltern und Kinder bereichert wird und durch einen erweiterten, offenen Horizont, unter dem es sich gemeinsam leben lässt. Die Geschichte Siddhartas zeigt uns, dass jeder Mensch eine Bestimmung hat, ob groß oder klein. Durch die Bereitschaft, zuzuhören und den Unterschied zwischen Selbstgefälligkeit und Berufung zu erkennen, wo nötig auch loszulassen, tragen wir zur Bereicherung nicht nur unseres eigenen Lebens, sondern dessen vieler anderer bei.

Peredur, Sohn des Evrawc

Den Mut finden, die Mutter zu verlassen

Der keltische Mythos von Peredur ist eine lange Geschichte, deren Ursprünge im frühen Mittelalter liegen, als Heidentum und Christentum noch enger verschlungen waren. Es ist eine der vielen Geschichten, die schließlich mit der Legende vom Heiligen Gral verwoben wurde. Wie dies auch bei seinen französischen und deutschen Gegenstücken Perceval und Parzival der Fall ist, findet Peredur am Ende den Gral. Uns interessiert hier der erste Teil der Geschichte, als sich der junge Peredur der Herausforderung stellen muss, sein Recht einzufordern, in die Welt hinauszuziehen, um ein Mann zu werden.

Peredur war einer der sieben Söhne des Earl Evrawc. Sein Vater und alle seine Brüder waren im Kampf gefallen. Peredurs Mutter zog den Jungen in der Wildnis auf, wo sie ihn in Unwissenheit ließ über Rittertum und Kriege. Peredur kannte weder den Namen seines Vaters noch dessen ritterlichen Stand. Aus Furcht, auch noch Peredur zu verlieren, versuchte seine Mutter, ihn auf diese Weise bei sich zu halten.

Peredur liebte es, in den Wäldern umherzustreifen. Eines Tages ritten drei Ritter vorbei und grüßten den Jüngling. Er war geblendet von ihren edlen, stolzen Gesichtern, dem Glanz ihrer Rüstungen im Sonnenlicht, den prächtigen Farben ihrer Wimpel und Satteldecken. Später fragte er seine Mutter, wer diese Gestalten gewesen seien. Voller Furcht erklärte sie, das seien Engel gewesen und es zieme sich für einen Menschen einfacher Herkunft nicht, Verbindung zu ihnen aufzunehmen.

Mit dieser Täuschung konnte die Mutter die Bestimmung Peredurs nicht übergehen. Eines Tages, als Peredur lange gewandert war, erblickte er ein Schloss an einem See. Am Seeufer saß ein ehrwürdiger, alter Mann, in Samt gekleidet, und fischte. Der alte Mann lud Peredur ein, mit ihm zu essen. Er fragte ihn, ob er mit dem Schwert kämpfen könne. »Ich kann es nicht«, antwortete Peredur, »doch würde man es mir beibringen, könnte ich es zweifellos.« Daraufhin enthüllte ihm der alte Mann, dass er in Wahrheit sein Onkel sei, der Bruder seiner Mutter.

»Nimm Abschied von der Lebensweise und der Redensart deiner Mutter«, sprach der alte Mann. »Ich werde dir ein Pferd geben, dir das Reiten beibringen und dir helfen, in den Rang eines Ritters aufzusteigen.«

Sofort entschloss sich Peredur, Ritter zu werden. Am nächsten Morgen erhielt er von seinem Onkel ein Pferd und mit seiner Erlaubnis ritt er los.

Er kam zu einem weiteren prächtigen Schloss, das mitten auf einer Wiese stand. Wieder grüßte ihn ein alter Mann, lud ihn ein und fragte ihn, ob er mit dem Schwert kämpfen könne. Wieder antwortete Peredur: »Würde man es mir beibringen, dann, denke ich, könnte ich es.« Woraufhin ihm der Mann ein Schwert gab und es ihn ausprobieren ließ.

Dann sagte der alte Mann zu Peredur: »Jüngling, du hast zwei Drittel deiner Kraft erreicht. Sobald du über die volle Kraft verfügst, wirst du unbesiegbar sein. Ich bin dein Onkel, Bruder deiner Mutter und Bruder des Mannes, der in dem Schloss am See lebt.« Der Mann lehrte Peredur, mit dem Schwert zu kämpfen.

Am nächsten Morgen ritt Peredur, mit Erlaubnis seines Onkels, bewaffnet mit seinem neuen Schwert, weiter. Als er in einen Wald kam, hörte er ein Jammern und erblickte eine wunderschöne Frau mit kastanienbraunem Haar. In ihrer Nähe stand ein Pferd und neben ihr lag eine Leiche. Jedes Mal wenn sie den Leichnam in den Sattel zu heben versuchte, fiel er auf den Boden, worauf sie wieder zu weinen begann. Peredur fragte sie, was passiert sei: »Verfluchter Peredur!«, antwortete sie, »wenig Mitgefühl hast du jemals für mein Schicksal gezeigt.« Auf seine Frage, warum sie ihn verfluche, erwiderte sie: »Du bist der Grund für den Tod deiner Mutter. Als du weggeritten bist, um Ritter zu werden und Unterweisungen von deinen Onkel zu erhalten, wurde ihr Herz von Kummer erfasst und sie starb. Deshalb bist du verflucht. Dieser Leichnam war einst mein Gemahl, erschlagen wurde er von einem Ritter auf der Lichtung in diesem Wald. Nähere dich ihm nicht, sonst wirst du das gleiche Schicksal erleiden.«

»Hör auf zu weinen«, antwortete Peredur, »denn ich werde den Leichnam deines Mannes begraben und den Ritter suchen und Rache üben. Zuerst muss ich aber um meine Mutter trauern, die ich nie wieder sehen werde und deren Tod auf meinem Gewissen lastet.«

Nachdem er getrauert hatte und den Gemahl der Frau begraben, fand er den Ritter und besiegte ihn mühelos. Als der Ritter ihn um Gnade anflehte, sprach Peredur: »Du sollst begnadigt sein, musst aber die Frau, deren Mann du erschlagen hast, heiraten. Und zu König Artus' Hof musst du ziehen und ihm berichten, wie ich dich zu seiner Ehre besiegte und dass ich zu seinen Diensten stehe.« Denn nichts wünschte sich Peredur sehnlicher als ein Leben an König Artus' Hof.

Der Ritter tat, wie ihm befohlen. Und nach einigen anderen Prüfungen und Abenteuern wurde Peredur schließlich einer der berühmtesten Ritter am Hof von König Artus.

Kommentar

Den merkwürdig umstandslosen Entschluss Peredurs, seine Mutter zu verlassen und Ritter zu werden, mag man einer typisch jugendlichen Rücksichtslosigkeit zuschreiben. Viele junge Leute richten ihren Blick ausschließlich auf die Zukunft und vernachlässigen dabei die Vergangenheit und ihre Eltern, die bei der Erziehung ihrer Kinder ihr Bestes gegeben haben. In dieser Geschichte geht es indes um mehr als nur jugendliche Undankbarkeit. Peredurs Mutter hat einige schmerzvolle Verluste erlitten – ihr Mann und all ihre anderen Söhne wurden getötet. Da überrascht es wenig, wenn sie ihr einziges Kind von der schlechten Welt fern zu halten versucht. So verständlich ihre Versuche, den Sohn an sich zu binden, auch sein mögen, die Welt dringt dennoch in das behütete Leben ein – in diesem Fall in Gestalt der drei Ritter, denen Peredur im Wald begegnet. Durch sie erhascht Peredur einen Blick auf die Art Mannhaftigkeit, die er zu erlangen sucht, die ihm seine Mutter jedoch verwehrt. In der Würde und Größe der Ritter liegt seine Zukunft – wovon er zu dem Zeitpunkt noch nichts weiß. Die Ritter symbolisieren auch Peredurs Vergangenheit, sein Erbe, denn sein Vater war ein edler Ritter. Darin steckt der Hinweis, dass Söhne ein männliches Vorbild für das Erwachsenwerden brauchen – ob in Gestalt eines echten oder eines Ersatzvaters. Früher oder später muss der junge Mann seine Mutter auf der Suche nach seiner Bestimmung zurücklassen.

In den zwei ehrwürdigen Onkeln findet Peredur den Vater, der ihm in seiner Kindheit fehlte. Beide erkennen seine Qualitäten als Kämpfer und beide unterstützen ihn auf seinem Weg. Sie geben ihm ein Pferd – Symbol für den Schritt hinaus in die Welt – und ein Schwert, mit dem er um einen Platz, für seine Rechte und seinen Status kämpfen kann. Beim Auszug eines jungen Menschen von zu Hause erlangen Figuren wie Onkel, Tanten, Familienfreunde, Lehrer und ältere Mentoren immer mehr Bedeutung, denn sie können als Ersatzeltern und als eigenständige Persönlichkeiten den jungen Menschen helfen, die Welt besser begreifen zu lernen. Eltern müssen unbedingt erkennen, dass ihr Kind Wissen und Lebenserfahrung, die von außerhalb der Familie stammen, braucht, denn Eltern können nicht alles für ihre Kinder sein. Ihre Rolle verändert sich, sobald das Kind Beziehungen zu Personen aus der weiteren Umgebung aufbaut und somit Perspektiven geboten bekommt, die ihm im engeren Familienrahmen fehlen.

So weit, so gut. Peredur verspürt weder Kummer noch Verlustgefühle, als er von zu Hause fortgeht. Keinen Gedanken verschwendet er an die zurückgelassene Mutter – bis er eine andere Frau trifft, die, wie seine Mutter, ihren Mann verloren hat. Häufig wird sich ein junger Mann erst durch erste sexuelle Erfahrungen seiner wahren Gefühle für seine Mutter bewusst. Die schöne, hilflose Frau rührt Peredurs Herz und verursacht ihm Gewissensbisse, als sie ihn vom Tod seiner Mutter unterrichtet. Diese Frau mit dem geheimnisvollen Wissen über das Schicksal seiner Mutter ist in Wahrheit Peredurs Mutter – in anderer Gestalt. Peredurs Jagd nach dem Ritter, Mörder des Mannes der schönen Unbekannten, ist zugleich ein Akt der Vergeltung für den Tod seines Vaters. Seine Bereitschaft, sein Leben aufs Spiel zu setzen, ist gleichbedeutend damit, die Prüfungen des Lebens auf sich zu nehmen. Für die Frau einzutreten ist eine Geste der Treue zu seiner Mutter, die er zurückgelassen hatte. Durch diese Taten sühnt Peredur die Vergangenheit, betrauert die erlittenen Verluste und feiert seinen ersten Sieg im Kampf, der ihm ermöglicht, sich am Hof Artus' bekannt zu machen und Anerkennung in der Welt der Männer zu erlangen.

Was können wir aus dieser frühen Episode aus Peredurs Leben lernen? In gewisser Weise ist das Verlassen der Eltern ein kleiner Tod. Denn obgleich Eltern dabei für gewöhnlich nicht an gebrochenem Herzen sterben, erleben sie dennoch ein Gefühl endgültigen Verlusts. Es gibt kein Zurück in die Kindheit – und ebendiese mächtige emotionale Realität wird durch den Tod von Peredurs Mutter symbolisiert. Erfahrungen in der Welt da draußen verändern uns und durchtrennen die Nabelschnur, die uns innerlich mit der Familie verbindet und verschmilzt. Wenn wir mit etwas Glück eine gute und liebevolle Beziehung zu unseren Eltern bewahren, nachdem wir sie einmal verlassen haben, hat sich das Verhältnis doch gewandelt und wir sind nunmehr gleichberechtigte Erwachsene. Dadurch sind neue, andere Anforderungen an uns gestellt und es ist möglich, dass wir Sorge und Verantwortung für unsere Eltern tragen müssen. So ist es bei Peredur, als er der Frau, der er begegnet, hilft, ihren Mann zu beerdigen. Peredurs Trauer ist ein Übergangsritus, Voraussetzung für die erfolgreiche Reise von der Kindheit zum Erwachsenendasein. Mit dieser Begegnung verliert er auch seine Unschuld. Er blickt dem Tod ins Auge, trauert und vergießt Blut. Nie wieder kann er das unschuldige Kind sein, das seine Mutter vom Leben abschirmen wollte.

Zu Eltern, die ihrem Kind, anders als Peredurs Mutter, ein unabhängiges Leben zugestehen, wird das erwachsene Kind gerne Kontakt halten. Man wird eine fruchtbare Beziehung unter Erwachsenen pflegen und weiter ausbauen. Dies muss allerdings freiwillig und ohne Druck, Täuschung, emotionale Erpressung und Schuldgefühle vonstatten gehen. Eltern wie Peredurs Mutter, die nicht ehrlich mit ihren Ängsten, Verlusten und Bedürfnissen umgehen und ihr Kind abhängig zu halten versuchen, wird es das Herz brechen, wenn ihre Kinder sich auf und davon machen. Dazu bedarf es keiner besonderen jugendlichen Gedankenlosigkeit, denn die Trennung ist richtig und notwendig. An einem bestimmten Punkt müssen wir uns eingestehen, dass die Welt möglicherweise etwas für unsere Kinder bereithält, das wir selbst ihnen nicht bieten können. Peredur kann seine Bestimmung – die Ritterschaft und Suche nach spirituellem Wissen (symbolisiert durch den Gral) – nicht erfüllen, wenn er vom Leben fern gehalten wird. Diese Geschichte zeigt, dass Eltern, wie mächtig sie auch sein mögen, den Lauf der Dinge nicht aufhalten können. Wahrscheinlich haben sie nicht einmal das Recht, es zu versuchen.

2. *Der Kampf um Unabhängigkeit*

Persönlichkeitsentfaltung beinhaltet nicht nur das Zurücklassen der Kindheit. Es geht auch um die Auseinandersetzung mit den Kräften des Regressiven, das heißt der Zerstörung und Stagnation in uns, die es nicht mit den Beschränkungen des irdischen Lebens aufnehmen wollen. Dieser Kampf um Autonomie ist ein Übergangsritual, dem sich jeder junge Menschen stellen muss, der möglicherweise mehrmals und auf unterschiedlichen Ebenen ausgefochten sein will: beginnend mit der Pubertät bis wir uns Ende dreißig, selbstbewusst und stark genug fühlen, die eigene Kreativität umzusetzen. In ihren unterschiedlichen Ausprägungen kann man diese Übergangsphasen oft nicht als solche erkennen. Drücken wir uns aber vor dem Unabhängigkeitskampf, bleiben wir für immer unreif und verletzlich. Die kleinste Enttäuschung kann dann unsere porösen Schutzmauern zum Einsturz bringen.

Siegfried

Der Kampf mit der Trägheit

Der großen Sagengestalt des Siegfried begegnet man in Mythen von Deutschland bis nach Island. Er ist der nordeuropäische Held schlechthin. In skandinavischen Geschichten heißt er Sigurd und seine Abenteuer werden in den schönsten epischen Dichtungen besungen. Im Folgenden geht es um den Teil der Geschichte, in dem der junge Siegfried mit dem Drachen Fafnir, dem Wächter des Nibelungenschatzes, kämpft.

Siegfried entsprang der verbotenen Verbindung zwischen Siegmund und seiner Schwester Sieglinde. Die Geschwister erlitten ein tragisches Ende. Siegmund hinterließ seinem Sohn, den er niemals zu sehen bekommen sollte, ein großes und schönes Schwert. Das Schwert war zwar zerbrochen, einmal repariert, würde es seinen Besitzer jedoch unbesiegbar machen. Das Waisenkind Siegfried wuchs bei dem Nibelungenzwerg Mime auf. Der sorgte nur widerwillig für ihn – und nur, weil er hoffte, der starke, mutige Jüngling würde eines Tages den Drachen Fafnir töten und das Gold zurückholen, das Gott Wotan den Nibelungen vor langer Zeit gestohlen hatte. Dann würde Mime Siegfried töten und das Gold für sich selbst behalten.

Die Götter waren Siegfried gewogen, denn als er eines Tages durch den Wald spazierte, hörte er einen Vogel singen und bemerkte, dass er den Gesang verstand. Der Vogel warnte ihn, dass Mime ihn töten wollte, und teilte ihm auch mit, warum. Als Siegfried zu Mimes Schmiede zurückkehrte, verriet er zunächst nichts von dem, was er gehört hatte. Er ließ sich Zeit, wartete ab und beobachtete aufmerksam, was geschehen würde. Bald bat ihn Mime, das Schwert seines Vaters neu zu schmieden, und Siegfried tat, wie ihm geheißen. Seine ganze Kraft und Ausdauer verwandte er auf diese Aufgabe. Dann erzählte ihm Mime von dem Goldhort, der tief in einer Höhle versteckt war und vom Drachen Fafnir bewacht wurde. Teil des Schatzes, den Mime am meisten begehrte, war der zauberkräftige Ring der Nibelungen. Der Zwerg hielt den jungen Siegfried dazu an, den Schatz zu bergen und mit dem erbeuteten Gold zu ihm zurückzukehren. Siegfried aber hatte genug gehört. Er tötete den verräterischen Mime mit seinem Schwert.

Nun brach der Held auf, den Drachen Fafnir zu suchen. Dieser Drache war einst ein Riese gewesen, nicht sehr intelligent, aber außerordentlich groß und bedrohlich. Erst mit Hilfe des Ringes hatte sich Fafnir in das riesige, schreckliche, Schuppenwesen verwandelt, das er nun war. Dieser Drache schlief die ganze Zeit und träumte dabei von dem Gold, das unter seinem schlangenartig gewundenen Schwanz begraben lag. Der Vogel, der Siegfried von Mimes geplantem Verrat erzählt hatte, führte den jungen Mann nun auch zur Höhle des Drachen. Siegfried erschlug den Drachen und fand den Goldhort. Unempfänglich für die Versuchungen des Reichtums, wählte er aus dem Schatz nur zwei Dinge für sich aus: eine Tarnkappe und den Ring der Nibelungen, dessen Kräfte er noch nicht verstand. Und so brach er zu weiteren Abenteuern auf.

Kommentar

Wie so viele Mythenhelden kennt Siegfried seine Eltern nicht und auch von seinem wahren Potenzial weiß er zunächst nichts. Er besitzt nur ein zerbrochenes Schwert, ein Erbstück seines früh verstorbenen Vaters. Auch wenn es neu geschmiedet werden muss, ist das Schwert doch ein Vermächtnis der Stärke und des Mutes, weitergereicht durch die Generationen. So müssen auch wir die Gaben unserer Eltern und Großeltern unseren eigenen Fähigkeiten und Werten entsprechend kultivieren, um sie für unsere eigene Bestimmung nutzen zu können. Dieser erste Kampf Siegfrieds mit einem Feind steht für die frühe Erkenntnis: Nicht alle Welt ist auf unserer Seite und wir müssen uns der Tatsachen wie Neid, Niedertracht und Zerstörung – ob nun in unserer Familie, in der Ausbildung, im Beruf oder in uns selbst – bewusst sein, wenn wir unser Leben meistern wollen.

Siegfried wird bewusst, dass es notwendig sein wird, sich selbst zu schützen, als er einem Vogel lauscht. Was bedeutet dieses merkwürdige Bild? Der Vogel ist die Stimme der Natur und der Instinkte, die uns vor Gefahr warnen und den richtigen Weg zeigen, sobald die Zeit für unsere eigene Suche gekommen ist. Vielleicht könnten wir alle diese innere Stimme verstehen, wenn wir uns nur die Zeit nehmen würden zuzuhören. Da Siegfried einhält, lauscht und sich der Weisheit des Vogels öffnet, erfährt er nicht nur, wo das Gold versteckt ist, sondern auch, wer ihm nach dem Leben trachtet.

Siegfried tötet Mime in Notwehr, denn andernfalls hätte der Zwerg ihn getötet. Wir müssen normalerweise niemanden töten, um Selbstständigkeit zu erlangen. Die Tötung Mimes zeigt symbolhaft, dass wir auch zu einer gewissen Rücksichtslosigkeit bereit sein müssen, um uns etwa von Leuten loszusagen, die uns schaden wollen. Für einen jungen Menschen ist dies eine harte Lektion. Denn sofern wir nicht in einer verbitterten Atmosphäre aufgewachsen sind, glauben wir ganz idealistisch, alle Türen würden sich uns öffnen und alle Menschen seien freundlich und liebten uns. Dies ist sowohl die Gabe als auch die Schwäche der Jugend. Wie Siegfried müssen wir, lieber früher als später, die Erfahrung machen, dass es auf der Welt Liebe und Hass gibt und dass uns manche Menschen gut gesinnt sind, andere möglicherweise nicht.

Der Drache Fafnir ist ein merkwürdiges Geschöpf – zum Teil Riese, zum Teil Drache. Er ist ein Bild für menschliche Gier und Trägheit. Zufrieden, das Gold zu besitzen, will Fafnir es gar nicht verwenden – weder in guter noch böser Absicht. Er will es einfach nur unter Kontrolle haben. Anders als andere Drachen, meist wild und gefährlich, steht Fafnir für Verschwendung, für ungenutzte Kraft und brachliegende Potenziale. Gold symbolisiert hier Werte und Energie. Als Symbol für die faulen, trägen, gierigen und stagnierenden Aspekte der menschlichen Natur liegt der Drache selbstzufrieden auf diesen wertvollen Ressourcen und schläft. Er bleibt untätig, unentwickelt und hält die Kräfte des Lebens gefangen. Indem er den Drachen tötet, setzt Siegfried diese Potenziale frei und lässt sie wieder ins Leben zurückfließen.

Der Held will aber weder großen Reichtum noch was man sich sonst mit Gold kaufen kann. Dank der bereits durchlaufenen Prüfungen kennt er die Weisheit der Intuition, kennt auch die Schlechtigkeit des Menschen und hat vor allem sein Erbe wieder an sich genommen und reaktiviert – das Schwert, das ihm die Kraft zum Siegen verleiht. Noch etwas anderes hat er gefunden: Integrität. Siegfried weiß nun, was er wirklich schätzt, und das sind eben nicht wahlloser Luxus und weltliche Macht, die ihm das Gold verschaffen könnte. Er wählt die Tarnkappe und den Ring. Ihre Geschichte kennt er gar nicht. Er wählt sie aufgrund ihrer Schönheit und weil sein Instinkt ihm sagt, dass sie von größerem Wert sein werden, als jede Münze oder jeder Goldschmuck dies jemals sein kann.

Und diese Objekte haben große Bedeutung, denn sie sind Träger magischer Kräfte. Schon bei den alten Griechen ist die Tarnkappe ein wichtiges Symbol. Dort gehört sie Hades und erlaubt ihrem Träger, unerkannt unter den Lebenden zu wandeln. Sie ist ein Bild für weltliches Wissen: Durch sie merken wir, wann wir ruhig sein müssen, um zu beobachten und vom Leben zu lernen, ohne anderen unsere eigenen Sichtweisen, Wünsche und Meinungen aufzudrängen. Sie ist auch ein Bild für die Fähigkeit, Geheimnisse zu wahren. Eine Fähigkeit, ohne die wir Kinder bleiben, die einfach immer alles, was sie fühlen und denken, rausposaunen und jedem mitteilen, der es hören will oder nicht.

Und der Ring der Nibelungen? Ganze Bücher wurden über seine Bedeutung verfasst. Der goldene Ring der Macht taucht nicht nur in germanischen und skandinavischen Mythen auf, sondern auch in J. R. R. Tolkiens klassischem Märchen des 20. Jahrhunderts, »Der Herr der Ringe«. Zunächst einmal kommt der Ring der Nibelungen aus den Tiefen des Wassers, ein Bild für die Naturmagie und die Macht, die in den Tiefen der menschlichen Seele schlummert. Erst stiehlt ihn der Zwerg Alberich, der die Macht über die Welt will, dann nimmt ihn der große Gott Wotan an sich. Dieser Ring hat die Macht, andere zu versklaven oder aber sie zu fördern. Er ist den Tiefen des Unbewussten entwunden und wurde zum Werkzeug geschmiedet, das zum Guten wie zum Bösen verwendet werden kann – denn ebendiese Macht liegt in der menschlichen Erfindungsgabe und kreativen Inspiration. Alberich führt mit diesem Werkzeug Böses im Schilde. Das Gleiche gilt für Mime. Wotan hat keine böse Absicht, doch nährt er damit seine Eitelkeit und setzt das Böse ungewollt in Gang. Siegfried will den Ring indes nur wegen seiner Schönheit. Er weiß noch gar nicht, welche Kräfte der Ring birgt. Letztendlich stürzt der Ring ihn ins Verderben, verschuldet durch seine eigene Dummheit. Für unseren Zusammenhang hier sollten wir uns zunächst daran erinnern, dass der Ring alles menschliche Potenzial zur Schaffenskraft und Führerschaft beinhaltet. Diese Eigenschaften sind in jedem jungen Mann zu entdecken, sobald der Drache der Trägheit, Unbeweglichkeit und Unbewusstheit erst einmal überwunden ist.

Der Schöne Unbekannte
Eine Identität finden

Der mythische Held verkörpert das menschliche Bestreben, seine sichere, gewohnte und bequeme Umgebung zu verlassen und in unbekannte, sogar gefährliche Bereiche vorzustoßen. Unter den vielen Gefahren, denen die fahrenden Ritter der Artus-Mythen begegnen, sind die zwei größten Ehrlosigkeit und Tod. Anders gesagt, für das Ideal, dem sich der Ritter verschrieben hat, riskiert er sein Leben. Guinglain ist der Name des Helden der folgenden Geschichte. Wie Peredur und Siegfried kennt auch er anfangs weder seinen Namen noch seinen Vater. Seine Mutter hat ihn allein großgezogen und ihn wegen seines ungewöhnlich guten Aussehens Schöner Sohn genannt.

Als Guinglain volljährig wurde, verließ er das Haus seiner Mutter und machte sich auf zum Hof von König Artus. Dort angelangt, betrat er forsch den großen Saal und forderte vom König, ihm einen Wunsch zu gewähren. Diese ungewöhnliche Mischung aus Selbstvertrauen und Naivität amüsierte Artus und so stimmte er zu. Aufgrund seiner schönen Gesichtszüge nannte der König den jungen Namenlosen den Schönen Unbekannten.

Während der Unterhaltung erschien eine Fremde in der Halle – eine junge Frau namens Helie. Sie flehte Artus an, einen Ritter zur Errettung ihrer Herrin, der Blonden Esmeree, Königin von Wales, auszusenden. Zwei böse Zauberer hatten sie in einen Drachen verwandelt und nun konnte die arme Königin nur durch einen Kuss von ihrer Gestalt befreit werden. Sofort bat Guinglain Artus, einspringen zu dürfen, und der, durch sein eigenes Versprechen gebunden, erteilte ihm also den Auftrag. Helie war verärgert, einen so unerfahrenen Mann, der sich noch keinen Namen gemacht hatte, für eine derartig wichtige Mission zugeteilt zu bekommen. Wütend ritt sie davon und nur mit Mühe konnte Guinglain sie einholen.

Schon bald änderte Helie indes ihre Meinung, denn der Schöne Unbekannte erwies sich als schlauer und mutiger Weggefährte. Er besiegte einen schrecklichen Ritter an der Gefährlichen Furt, er rettete ein Mädchen vor zwei Riesen und besiegte drei Ritter, die ihn angriffen. Bald näherten sich Helie und der Schöne Unbekannte der Goldenen Insel, die man über einen Damm betreten konnte. Die Insel aber wurde von einem Furcht erregenden Ritter verteidigt, der die Lady der Goldenen Insel zur Frau haben wollte. Die Lady liebte ihn nicht und wollte nur dann in die

Ehe einwilligen, wenn es dem Ritter gelingen sollte, den Damm sieben Jahre lang zu halten. Fünf Jahre lang war es dem Ritter bereits gelungen und eine Reihe von auf Pfählen gespießten abgeschlagenen Köpfen bezeugte seine Kampfkraft. Guinglain kämpfte und tötete den Ritter ohne viel Aufhebens.

Die Frau von der Insel war eine atemberaubend schöne Fee, genannt Jungfrau der Weißen Hände. Sie wohnte in einem Schloss aus Kristall, umgeben von einem Garten mit Gewürzen und immer blühenden Blumen. Die Fee liebte Guinglain schon lange insgeheim und wollte ihn heiraten. Sie hieß ihn auf der Insel willkommen und erklärte sich ihm. Auch Guinglain fühlte sich stark von ihr angezogen. Helie erinnerte ihn jedoch an seinen Auftrag und so schlichen sie sich am nächsten Morgen davon.

Abends kamen sie an ein Schloss, wo es Brauch war, mit dem Kastellan um eine Übernachtung zu kämpfen. Guinglain gewann den Zweikampf und der Kastellan nahm die beiden herzlich auf. Am nächsten Tag führte er sie zu der Verlassenen Stadt von Senaudon, wo Helies Herrin, die Blonde Esmeree, gefangen gehalten wurde. Der Kastellan schärfte Guinglain noch ein, er solle auf jeden Willkommensgruß in der Stadt mit einem Fluch antworten.

Die Stadt von Senaudon hatte glanzvolle Zeiten erlebt, aber nun lag sie in Trümmern. Guinglain ritt durch das zerstörte Tor und an verlassenen Turmruinen vorbei. Zuletzt kam er zum Palast. Dort sah er im Kerzenlicht in den Fenstern blasse Minnesänger spielen. Sie hießen ihn willkommen. Guinglain befolgte indes den Rat des Kastellans und erwiderte die Grüße mit Flüchen. Beim Betreten der großen Halle wurde er von Äxten angegriffen, die wie von selbst durch die Lüfte tanzten, denn die Arme, die sie schwangen, waren unsichtbar. Gleich darauf erschien ein riesiger Ritter auf einem Feuer speienden Pferd. Trotz großer Furcht kämpfte Guinglain tapfer und tötete den Ritter, dessen Körper vor seinen Augen auf rätselhafte Weise zu Staub zerfiel.

Die Minnesänger flohen mit ihren Kerzen und Guinglain blieb allein in der Dunkelheit zurück. Mit den Gedanken an die schöne Jungfrau mit den Weißen Händen versuchte er sich Mut zu machen. Plötzlich glitt eine hässliche, Feuer speiende Schlange mitten aus der Dunkelheit auf ihn zu – und küsste ihn auf die Lippen. Eine geheimnisvolle Stimme verkündete: »Dein Name ist Guinglain, Sohn des Gawain.« Nach Erfüllung seiner Mission verfiel Guinglain direkt vor Ort in einen tiefen Schlaf, völlig erschöpft und zugleich überglücklich über das Wissen um seine Herkunft.

Beim Erwachen war die Halle hell erleuchtet und neben ihm stand eine wunderschöne Frau, wenngleich nicht ganz so schön wie die Jungfrau mit den Weißen Händen. Diese Frau war die Blonde Esmeree – nun wieder in ihrer menschlichen Gestalt. Sie erzählte Guinglain, wie die zwei Zauberer Mabon und Evrain sie samt der Stadt verhext hatten, um sie zur Ehe mit Mabon zu zwingen. Der Fluch hatte alle Einwohner der Stadt vertrieben. Mabon war der riesige Ritter auf dem Feuer speienden Pferd gewesen, den Guinglain die Nacht zuvor getötet hatte. Vom Fluch befreit, wollte Esmeree nun Guinglain heiraten.

Guinglain stimmte zunächst zu, merkte jedoch, wie er sich nach der wunderschönen Fee, der Jungfrau mit den Weißen Händen, sehnte. So kehrte er noch einmal zu der Goldenen Insel zurück, wo die beiden schließlich ihre Liebe besiegelten. Nun offenbarte sie ihm, wie sie sein ganzes Leben lang über ihn gewacht hatte. Sie war es gewesen, die Helie in dem Wissen um Guinglains Hilfsbereitschaft an König Artus' Hof geschickt hatte. Ihre Stimme hatte auch seinen Namen ausgesprochen und ihm seine wahre Identität enthüllt.

Als die Nachricht von einem Turnier am Hof von König Artus eintraf, wusste die Fee aber, dass ihr Geliebter nun nicht mehr zu halten war. Als Guinglain nach einer Nacht in ihren Armen erwachte, fand er sich allein im Wald, allerdings in voller Rüstung und mit einem Pferd an seiner Seite. Wieder und wieder bewies er beim Turnier seine Tapferkeit. Und schließlich kam er wieder mit der Blonden Esmeree zusammen, die ihm gefolgt war. Zusammen reisten sie dann nach Senaudon. Überglücklich stellten sie fest, dass die Einwohner der Stadt zurückgekehrt waren. Zur Freude aller wurden sie dort vermählt und zum Königspaar gekrönt.

Kommentar

Die Geschichte vom Schönen Unbekannten schildert die Suche nach Identität und zeigt, dass nur bestandene Schwierigkeiten und durchlaufene Gefahren uns ermöglichen, unser wahres Selbst zu finden. Zu Beginn der Geschichte weiß Guinglain wie die meisten anderen jungen Leute noch nicht, wer er ist. Um sich selbst kennen zu lernen, muss er verschiedene Gefahren auf sich nehmen. Im Alltagsleben muss jeder die Sicherheit des Zuhauses hinter sich lassen und allein aufbrechen. In vielen Mythen ist der Kampf mit einem Drachen die Voraussetzung für den Sieg über das Böse. Drachen symbolisieren oft eine alles verschlingende menschliche Gier, Chaos und

Zerstörungskraft. Guinglains Aufgabe besteht aber nicht im Töten des Drachen, er muss ihn vielmehr küssen, um den Fluch zu brechen und Leben in die Stadt zurückzubringen. Im Kampf gegen eine innere Zerstörungskraft können Mitgefühl und Verständnis also viel mehr bewirken als Wut und reine Kampfkraft. Die beiden Zauberer, Mabon und Evrain, stehen für eine lebensfeindliche Kraft, für Stillstand und Verfall. Durch die Vertreibung der Einwohner lähmen sie die Stadt. Die Minnesänger mit ihren Kerzen, die Guinglain so eifrig willkommen heißen, sind lebende Tote, Menschen, die innerlich abgestorben sind, weil sie der Verzweiflung und Dunkelheit nachgegeben haben. Auch Mabon ist innerlich tot – er hat keine Liebe, kein Mitgefühl, keine Freude in seinem Herzen. Deshalb zerfällt er auch sofort zu Staub.

Diese Bilder des Bösen, die Guinglain besiegt, stehen nicht nur für die Dinge »da draußen« in der Welt, sondern auch für das Innenleben des Schönen Unbekannten. Es sind dunkle, zerstörerische, regressive Impulse, mit denen alle jungen Menschen zu kämpfen haben auf der Suche nach einem Platz im Licht, nach dem Sinn ihres Daseins und nach einem produktiven Leben. Die Zauberer vermitteln einen kleinen Eindruck von der Verbitterung und Hoffnungslosigkeit junger Leute, die etwa drogensüchtig oder kriminell werden. Wie die Königin und ihre Stadt sehen sie nichts als Hoffnungslosigkeit und die Welt als schrecklichen toten Ort. Diese lebensfeindlichen Kräfte lassen sich nicht einfach nur auf »die Gesellschaft« oder »die Regierung« schieben. Sie sind vielmehr in uns selbst und die Suche nach Identität beinhaltet, sich ihnen ehrlich zu stellen und sie zu überwinden.

Guinglain erweckt die Verlassene Stadt wieder zum Leben, indem er die Königin heiratet und selbst König des Lebens statt des Todes wird. Auch gewinnt er die Liebe der Fee und sie ist es, die ihm seinen Namen sagt. Man glaubte einmal, dass der Name einer Person auch ihrem innersten Wesen entspräche, und in diesem Sinne bedeutet das Geschenk des Namens, dass Guinglain nun weiß, wer und was er wirklich ist. Durch seinen Mut und seine Schönheit gewinnt er die Liebe der Fee, letztlich handelt es sich dabei aber um eine Verzauberung – und sein Pflichtbewusstsein, das sich in seiner Treue zu König Artus spiegelt, kann die Verzauberung lösen. Statt bei der Fee zu bleiben, heiratet er eine menschliche Königin und regiert in der Stadt der Menschen, nicht im Reich der Fee. Dies ist ein wichtiger Teil der Geschichte, denn durch die Ehe mit einer echten Frau statt einer Fantasiegestalt erlangt Guinglain seine ganze Integrität. Er muss sich abwenden von Fantasieliebschaften und einem Leben in der Welt der Träume. Sein Weg führt in die wirkliche Welt, nicht in die verlockende Welt immer blühender Blumen. In diesem Sinn steht die Fee für einen inneren Tod Guinglains – sollte er länger bei ihr bleiben, denn immerhin ist der Weg zu ihrem Reich mit abgetrennten Köpfen markiert. Die magische Insel der Fee ist das Reich der vom Leben getrennten Imaginationskraft, das uns bei der Entfaltung unserer Kreativität helfen kann. Sie kann auch unsere Ideale repräsentieren, die uns im Leben leiten und die uns nach dem Guten suchen lassen, dem Wahren und Schönen. Ideale kann man aber, per Definition, nicht völlig verwirklichen und bei einem zu langen Aufenthalt im Reich der Vorstellung laufen wir Gefahr, die äußere Welt aus dem Blick zu verlieren, die unserer Anstrengungen und Aufmerksamkeit bedarf. Wir brauchen sowohl Ideale als auch Wirklichkeitssinn. Denn jeder muss schließlich mit dem Leben hier und jetzt klarkommen und seine oder ihre Identität in den Grenzen eines Menschenlebens finden.

Gilgamesch und der Baum des Lebens
Die Sterblichkeit akzeptieren

Das 4000 Jahre alte babylonische Epos handelt von den Abenteuern des ersten der großen mythischen Helden. Wie seine späteren Gegenstücke ist auch Gilgamesch ein Bild für den heroischen Aspekt in jedem von uns, der seine Persönlichkeit entwickeln will, sich in den Lebenskampf und die Suche nach einem Platz in dieser Welt stürzt. In dem Teil der Geschichte, der uns hier betrifft, will Gilgamesch Unsterblichkeit erlangen und macht sich auf die Suche nach dem Baum der Unsterblichkeit auf dem Meeresgrund. Natürlich erfährt er, was wir alle früher oder später erfahren müssen, wenn unsere Jugendträume und Wünsche auf die Realität des Lebens prallen.

Stets kehrten der junge Gilgamesch und sein Freund Enkidu von ihren schweren Kämpfen mit Ungeheuern und Dämonen siegreich nach Hause zurück. Einmal erzürnte Enkidu jedoch die Göttin Ischtar und sie überzeugte die anderen Götter davon, dass Enkidu sterben müsste. Als Gilgamesch von dem unerwarteten, ungerechten Tod seines tapfersten und hoch geliebten Kameraden erfuhr, verfiel er in tiefe Trauer. Nicht nur weil er seinen Freund vermisste, sondern auch weil ihn Enkidus Tod an seine Sterblichkeit erinnerte.

Als wahrer Held konnte Gilgamensch nicht einfach herumsitzen und über das Schicksal der Menschheit grübeln. Er beschloss, nach der Unsterblichkeit zu suchen. Er wusste, dass sein Vorfahr Utnapischtim, der Überlebende der Großen Flut, von den Göttern zur Bestrafung der Menschen geschickt, das einzige Lebewesen auf Erden war, das jemals Unsterblichkeit erlangt hatte. Er war entschlossen, diesen Mann zu finden, um etwas über die Geheimnisse des Lebens und des Todes zu erfahren.

Am Anfang seiner Reise kam er zum Fuße eines großen Gebirges, bewacht vom Skorpion-Mann und seiner Frau. Der Skorpion-Mann erklärte Gilgamesch, kein Sterblicher habe jemals das Gebirge überquert und den vielen Gefahren getrotzt. Doch als ihm Gilgamesch vom Grund seiner Suche erzählte, ließ ihn der Skorpion-Mann voller Bewunderung passieren. Gilgamesch reiste zwölf Wegstunden in der Dunkelheit und gelangte schließlich zum Wohnsitz des Sonnengottes. Trotzdem der Sonnengott Gilgamesch vor der Vergeblichkeit seines Unterfangens warnte, war er nicht von seinem Vorhaben abzubringen und zog weiter seines Weges.

Zu guter Letzt erreichte Gilgamesch die Wasser des Todes. Dort traf er den Wächter, eine Frau mit einem Krug voll Ale. Auch sie versuchte ihn, wie der Skorpion-Mann und der Sonnengott, von seinem Plan abzubringen. Die Frau mit dem Ale erinnerte ihn daran, dass man das Leben genießen soll:

»Gilgamesch, wo wanderst du?
Du wirst nicht finden, wonach du suchst.
Als die Götter den Menschen erschufen,
Teilten sie den Tod den Sterblichen zu,
Behielten das Geheimnis des Lebens für sich.
Füll deinen Bauch, Gilgamesch,
Und mache jeden Tag zu einem wunderbaren Fest.
Tag und Nacht, tanze und spiele.
Bade dich und achte auf das Kind, das deine Hand hält,
Und lass deine Frau Freude an dir haben.
Denn dies ist die Aufgabe der Menschen.«

Doch Gilgamesch konnte Enkidu und sein eigenes mögliches Ende nicht vergessen. So setzte er seine Reise fort. Am Ufer traf er einen alten Bootsmann, der einst Steuermann auf Utnapischtims Boot gewesen war, als die Große Flut den größten Teil der Welt zerstört hatte. Er befahl dem alten Mann, ihn über die Wasser des Todes zu setzen. Der Bootsmann aber hieß ihn, das Boot selbst zu steuern. Er warnte ihn, beim Rudern niemals auch nur einen Tropfen des Todeswassers zu berühren. Gilgamesch befolgte den Rat und kam schließlich auf eine Insel, auf der der Überlebende der Großen Flut wohnte.

Utnapischtim wiederholte indes nur, was auch alle anderen gesagt hatten: Sich selbst haben die Götter als unsterblich erklärt und dem Menschen haben sie den Tod zugeteilt. Nun gab Gilgamesch die Hoffnung auf. Er bereitete sich auf seine Heimreise vor. Da hatte Utnapischtim jedoch Mitleid mit ihm und erzählte ihm von dem geheimnisvollen Baum, der am Meeresgrund wachse und die Macht habe, Alte wieder jung zu machen. Gilgamesch ruderte hinaus auf das offene Meer. Er tauchte in die Wasser des Todes und fand den Baum, von dem er einen Zweig zu seinem Boot zurückbrachte. Sicher erreichte er das Ufer und trat nun, den Schatz in einem Sack versteckt, seinen Heimweg an. Auf seinem Weg nach Hause machte er bei einem Teich Rast, um sich zu baden und seine Kleider zu wechseln. Vom starken Geruch des Baumes der Unsterblichkeit angezogen, kroch eine Schlange herbei. Sie nahm den Zweig an sich und aß die Blätter auf. Seither kann sich die Schlange erneuern, indem sie sich häutet.

Gilgamesch kniete an dem Teich nieder, er legte sein Gesicht in seine Hände und weinte. Nun hatte er die Wahrheit dessen, was man ihm gesagt hatte, erkannt: Selbst die mächtigsten und mutigsten Helden sind menschlich und müssen lernen, den Augenblick zu genießen und das unvermeidliche Ende zu akzeptieren.

Kommentar

Diese Geschichte bedarf eigentlich keiner Deutung, die Botschaft ist klar und heute ebenso gültig wie vor 4000 Jahren. Nach zahlreichen Siegen und Eroberungen lernt der junge Held Gilgamesch die Ungerechtigkeit des Lebens kennen. Er verliert seinen Freund und die einzige Erklärung dafür ist der Wille der Götter. Auf ähnliche Weise machen wir beim Verlust unserer Geliebten alle früher oder später Bekanntschaft mit der grausamen Seite des Lebens. Wir verlieren einen Elternteil, geliebte Großeltern oder das Schicksal ereilt einen Schulfreund oder Arbeitskollegen. Es muss aber nicht unbedingt der Tod sein, der uns an das Los des Menschengeschlechts erinnert. Es kann die Erfahrung von Armut sein, in der so viele Menschen leben, eine Krankheit, tragische Ereignisse oder Umstände, die das Leben zerrütten und Pläne und Träume durchkreuzen.

Wie die jugendliche Seite in uns will Gilgamesch das Schicksal zunächst nicht akzeptieren. Schließlich ist er etwas Besonderes; er ist ein Held; er hat Ungeheuer besiegt, er hat der Welt seinen Stempel aufgedrückt. Wenn wir vom Unglück eines anderen erfahren, sagen wir uns: »Wie traurig. Aber mir wird das schon nicht passieren!« In jüngeren Jahren ist man voller Vertrauen und vom Gefühl der eigenen Besonderheit geprägt. Dies ist eine der Gaben der ersten Lebenshälfte und mit etwas Glück mögen wir uns dieses Gefühl – in einer subtileren, gemäßigten Form – auch später im Leben bewahren. Doch eines Tages kollidiert das Vertrauen in die eigenen Fähigkeiten, alles schaffen zu können, unvermeidlich mit der Wirklichkeit. Gilgamesch wird von zwei Wächtern und seinem Vorfahren Utnapischtim gewarnt, dass Unsterblichkeit allein den Göttern vorbehalten ist. Er schlägt deren guten Rat aus und unter großer Gefahr stiehlt er einen Zweig vom Baum der Unsterblichkeit. Das Epos von Gilgamesch ist älter als die Genesis und den babylonischen Held trifft auch nicht die Strafe Gottes, wie das bei Adam und Eva der Fall ist. Hier ist es die Natur selbst, die, in Gestalt einer Schlange, die Botschaft auf subtile Weise vermittelt.

So liegt in dieser alten Geschichte schon der tiefe Widerspruch verwurzelt. Wie Gilgamesch müssen wir in jungen Jahren das Leben herausfordern und unsere Stärke mit einer gewissen Risikobereitschaft bis an unsere Grenzen austesten. Wie Gilgamesch mögen wir oft siegen und viele unserer Ziele erreichen. Feigheit in den jungen Jahren bedeutet, den Sinn des Lebens zu verpassen, und aus Konfliktscheu an der Kindheit festhalten heißt, sich vor seiner wahren Bestimmung zu drücken. Wenngleich man aber als junger Mensch das Leben mit all seinen Ungerechtigkeiten herausfordern soll und sein Schicksal auf die Probe stellen, müssen wir uns schließlich doch an die Unüberwindbarkeit mancher Hindernisse erinnern. Wir mögen mehr oder weniger religiös oder spirituell ausgerichtet sein, vom Willen Gottes oder der begrenzten menschlichen Natur sprechen – oder einfach »so ist das Leben nun einmal« dazu sagen. In keinem Fall können wir beanspruchen, übermenschlich zu sein. Wir müssen unseren Anteil am Leid ebenso wie den am Glück annehmen, Versagen ebenso wie Erfolg. Der Baum des Lebens, der Alter in Jugend verwandelt, mag aus jeder Gesundheitsfarm oder Klinik für Schönheitschirurgie grüßen und viele von uns neigen ab dreißig dazu, die Jugend verlängern zu wollen. Vielleicht ist das nötig und angebracht. Gilgameschs Entdeckung stellt jedoch einen der großen Wendepunkte im Reifungsprozess dar. Wer sein Potenzial zu erkennen vermag und weltliche Herausforderungen annimmt, ist wirklich ein Held – und innerhalb der Grenzen unserer Begabungen und Persönlichkeitsstrukturen besitzen wir alle diese Fähigkeit. Wer dabei die Grenzen respektiert und das wie auch immer ungerechte Leben hier und jetzt zu leben weiß – der ist wirklich erwachsen.

3. Die Sinnsuche

Die Suche nach dem Sinn gestaltet sich für junge Menschen anders als für ältere. In der Blüte unserer Jugend wollen wir unsere Persönlichkeit definieren und trachten danach, ein einzigartiges Profil zu entwickeln, das unser ganz persönliches Streben und unsere Bestimmung spiegelt. Lebenssinn kann man im beruflichen Erfolg sehen, in der Liebe oder in allem, was uns Freude macht. Öfter jedoch wächst uns Bedeutung nicht durch bewusste Suche nach dem tieferen Lebenssinn zu, sondern durch Erfahrungen, die uns bislang unbekannte Dimensionen des Lebens eröffnen. Anders gesagt, geht Sinnfindung bei jungen Menschen eher mit Erfahrungen einher als mit der gezielten Suche danach. Später im Leben werden wir uns dann des größeren Ganzen bewusst, an dem wir teilhaben, und darüber, dass wir nur ein kleines Glied sind in der Kette aufeinander folgender Generationen. Für die Älteren mag Sinn also in der bewussten Erforschung tieferer Geheimnisse des Lebens liegen sowie im Gefühl von Ganzheit, das Mitgefühl, Offenheit und die Wahrnehmung spiritueller Realitäten mit einschließt. Der Sinn des Lebens wird ganz bewusst zum Thema, wenn die Faszination der äußeren Welt an Bedeutung verliert. Für die Jugend ist der Sinn des Lebens eine sehr egozentrische Angelegenheit – und das soll auch so sein: ein diffuses, aber lockendes Licht, das dem Leben Magie verleiht, Leidenschaft, Antrieb und Richtung.

Wäinämöinen und der Talisman
Die Relativierung von Idealen

Wäinämöinen, Held des großen finnischen Epos Kalevala, *halb Mensch, halb magische Figur, ist des Leidens fähig wie jeder Sterbliche. In der Episode, die hier erzählt wird, will er mit Hilfe eines magischen Talismans die Frau seiner Wahl gewinnen, wobei der Talisman am Ende größere Bedeutung gewinnt als die Frau. Wäinämöinens Fehler wie auch sein Mut zeigen, dass wir oft nur glauben, etwas zu wollen, dann aber feststellen, dass es etwas anderes ist, was wir suchen müssen.*

Wäinämöinen, Sohn der Jungfrau der Lüfte, wollte eine wunderschöne Lappländerin heiraten. Die aber wollte sich lieber ins Meer stürzen, als ihn heiraten. Traurig verließ der Held darauf sein Zuhause und ging auf Wanderschaft. Er beschloss, eine Frau aus einem fernen Land zu heiraten. Louhi, die Regentin jenes Landes, versprach Wäinämöinen die Hand ihrer einzigartig schönen Tochter, wenn er den Sampo schmieden könnte, einen Talisman, der dem Land ewigen Reichtum bringen würde. Angespornt durch die Aussicht, das schöne Mädchen zur Frau zu bekommen, setzte sich Wäinämöinen daran, den Talisman zu fertigen. Aber Planung, Vorbereitung und die harte Arbeit langweilten ihn bald und er bat seinen Freund, den Schmied Ilmarinen, den Sampo für ihn herzustellen. Ilmarinen tat sein Bestes. Als die Tochter der Louhi den magischen Talisman erblickte, war sie von der großen Kunstfertigkeit und Erfindungskraft des Schmieds so beeindruckt, dass sie ihn Wäinämöinen vorzog. Einmal mehr ging Wäinämöinen leer aus.

Aber die Ehe des Freundes Ilmarinen endete tragisch, denn seine Frau wurde von einem Bären zerrissen. Der Schmied wollte nun Louhis zweite Tochter heiraten und entführte sie mit Gewalt, als sie sein Ansinnen ablehnte. Aber sie entkam ihm, als sie unbeobachtet war, und gab sich einem anderen Mann hin. Erniedrigt und beschämt erklärte Ilmarinen seinem Freund Wäinämöinen, welchen Reichtum ihr Talisman diesem Land gebracht hatte und dass Wäinämöinen ihn lieber für sich und sein Volk hätte behalten sollen, statt seinen Freund damit ins Unglück zu stürzen. Beschämt und wütend auf sich selbst ersann Wäinämöinen einen Plan, den Talisman zu stehlen, der mittlerweile auf einer geheimen Insel versteckt war.

Auf dem Weg zu dieser Insel rammte Wäinämöinens Boot einen riesigen Fisch, der das Boot beinahe zum Kentern brachte. Er tötete den Fisch und aus seinen Knochen baute Wäinämöinen ein wunderbares Musikinstrument, ein fünfsaitiges Hackbrett mit magischen Kräften. Mit diesem Instrument lullte Wäinämöinen die Wächter des Talismans ein, bis sie schließlich in Schlaf sanken. Dann stahl er den Talisman und segelte davon. Die Wächter erwachten zu früh und Louhi, die Regentin, ließ ein furchtbares Gewitter aufziehen. Wäinämöinens Musikinstrument wurde über Bord gespült und weggeschwemmt. Der Talisman brach in Stücke und Wäinämöinen konnte nur noch einzelne Teile aus den Wassern retten. Aber schon diese Bruchstücke des Talismans reichten aus, seinem Volk nach seiner Heimkehr einen gewissen Wohlstand zu sichern. Die zornentbrannte Louhi ließ manche Plage auf Wäinämöinens Volk niedergehen und sperrte sogar Sonne und Mond in eine Höhle. Aber am Ende triumphierte Wäinämöinen und sein Land war sicher.

Kommentar

Diese eigenartige Geschichte voll magischer Momente konfrontiert uns mit dem typischen Dilemma der Jugend. Was suchen wir im Leben und worin sehen wir unser zukünftiges Glück? Wie für Wäinämöinen ist die Partnersuche für die meisten jungen Leute zunächst der wichtigste Antrieb und all unsere Probleme scheinen gelöst, ein Platz an der Sonne garantiert, sobald wir die große Liebe finden.

Von seiner ersten Liebe wird Wäinämöinen zurückgewiesen. Daraufhin beschließt er, seine Heimat zu verlassen und eine Frau in der Fremde zu heiraten. Wie für so viele liegt auch für unseren Helden der Sinn in einem hübschen Gesicht und der Aussicht auf sinnliche Genüsse begründet. So lassen wir uns von unserer vermeintlichen Bestimmung leiten, doch in Wahrheit sind wir getrieben von unseren enttäuschten Träumen und dem Wunsch nach Befriedigung unserer emotionalen und körperlichen Bedürfnisse. Wäinämöinen kennt und liebt die Frau, die ihm Louhi verspricht, gar nicht wirklich. Sie ist einfach schön und stammt aus einer mächtigen Familie. Man bittet ihn um die Herstellung eines Talismans, eine Aufgabe, die er dank seiner magischen Kräfte leicht erfüllen könnte. Dennoch gibt er diese lästige Aufgabe einfach an einen Freund weiter. Als Folge verliebt sich Louhis Tochter in den Schmied und Wäinämöinen findet sich einmal mehr zurückgewiesen.

Diesen Mangel an emotionaler Intelligenz, typisch für so viele Menschen in ihren jungen Jahren, schildert das Epos *Kalevala* trocken und sachlich. Wäinämöinen ist jung, egozentrisch und verantwortungslos und er erhält, bildlich gesprochen, einen Schlag ins Gesicht. Um seine Bestimmung und sein Ziel im Leben zu erreichen, bedarf es mehr, als sich die »richtige« Frau auszuersehen, und es gilt mehr zu tun, als von seinem Freund zu erwarten, die Aufgabe an eigener statt zu lösen. Ebendieser Freund, der verbitterte Schmied Ilmarinen, macht Wäinämöinen auf sein wahres Ziel aufmerksam: Wohlstand für sein Land durch Rückgewinnung und Rückführung des Talismans (den ursprünglich ja auch der Held entworfen hatte) herbeizuführen. Nun nimmt sich Wäinämöinen als Teil einer größeren Gemeinschaft wahr und sieht, dass es außer ihm noch andere Menschen gibt – z. B. sein eigenes Volk. Der Schmied Ilmarinen repräsentiert zum einen die dunkle Seite des Helden selbst – seinen jugendlichen Zorn, seine Enttäuschung darüber, die eigenen Wünsche nicht erfüllt zu bekommen. Zum anderen steht er aber für die Erkenntnis, dass Träume und Ideale bestenfalls relativiert werden, schlimmstenfalls zertrümmert. Auf einer tieferen Ebene erinnern uns Ilmarinens traurige Ehe und sein Verlusterlebnis daran, dass Werke, die wir nur erschaffen, um Liebe und Anerkennung zu erlangen, uns letztlich keine Freude bereiten, zumal sie dann von anderen auf ebenso egoistische Weise eingesetzt werden wie zuvor von uns selbst.

Nachdem sich Wäinämöinen einmal dazu entschlossen hat, den Talisman zu rauben (im *Kalevala* erfährt man nirgends, was es genau ist), entwickeln sich die Dinge langsam besser. Der riesige Fisch, den er aus Versehen tötet hat selbst magische Kräfte und liefert das Material für das magische Instrument, mit dem Wäinämöinen die Feinde einschläfern kann: ein merkwürdiges, mythisches Bild für die Notwendigkeit, Gelegenheiten – auch in scheinbar unglücklichen und gefährlichen Situationen – beim Schopf zu packen, in unserem Sinne zu verwandeln und etwas Eigenes zu schaffen. Nur so kommen wir unserem Ziel und unserer Bestimmung näher.

Die Rache Louhis ist vorhersehbar. Nicht einmal bei einem Helden mit magischen Kräften läuft alles wunschgemäß und so bringt der Sturm nicht nur das Boot fast zum Kentern, sondern zerstört auch beinahe den Talisman. Wäre Wäinämöinen kein Held, würde er an diesem Punkt wohl ohne Hoffnung nach Hause fahren. Aber der Held gibt nicht auf. Unermüdlich sucht Wäinämöinen die Wasser nach Bruchstücken des Talismans ab und kann gerade genug davon retten, um seinem Volk ordentlichen – nicht vollkommenen oder absoluten – Wohlstand zu bringen. Die Ideale des Helden und was er hätte leisten können, sind dadurch relativiert. Er hat aber einen tieferen und überzeugenderen Sinn gefunden, als denjenigen, der ihn ursprünglich von zu Hause weggetrieben hatte. Nicht die fremde Braut bringt Wäinämöinen Erfüllung, sondern die Arbeit an der magischen Kraft, die er

Nachdem Orest auf Geheiß Apolls den Tod seines Vaters
gerächt und seine Mutter umgebracht hatte,
trieben ihn die Furien in den Wahnsinn.

GUSTAVE MOREAU (1826–98):
Orest und die Furien

Der Kampf des jungen David mit dem Riesen Goliath ist ein archetypisches Bild für den inneren Kampf, den jeder junge Mensch führen muss, um seinen Weg im Leben zu finden.

LOUIS FINSON:
David mit dem Kopf des Goliath (1617)

Am Anfang lebten Adam und Eva nackt und glücklich im Garten Eden, in Einklang mit der Schöpfung und in Frieden mit Gott.

HIERONYMUS BOSCH (ca. 1450–1516):
Die Schöpfung

Als Prinz Siddharta sein Zuhause verließ, um nach der Weisheit
zu suchen, schnitt er seine Haare mit einem Schwerthieb
ab und tauschte seine königlichen Gewänder
gegen ärmliche Jägerkleidung.

Thailändische Wandmalerei des 19. Jahrhunderts (Ausschnitt)

Siddharta wollte die Geheimnisse menschlichen Leids und des Todes verstehen. Statt den Versuchungen eines bequemen, privilegierten Daseins zu erliegen, schlug er den schwierigen Weg der Erleuchtung ein.

Tibet, 18. Jahrhundert
(Ausschnitt)

Der junge Peredur, der ein Ritter werden wollte, musste erst den Verlust seiner Mutter und einen blutigen Kampf in Kauf nehmen, um in den Rang eines Ritters erhoben zu werden.

Illustration des ›Roman de Fauvel‹ aus dem 14. Jahrhundert

Allein und voller Furcht fand sich der junge Ritter Guinglain in der Halle des zerfallenen Palastes von Senaudon. Neuen Mut ließ ihn der Gedanke an die schöne Jungfrau mit den Weißen Händen und an die Blonde Esmeree fassen, die er retten wollte.

Gustav Klimt (1862–1918): *Beethoven-Fries* (Ausschnitt)

Den magischen Talisman Sampo zu schmieden ermüdete und langweilte Wäinämöinen bald. So bat er seinen Freund, den Schmied Ilmarinen, den Auftrag zu Ende zu führen.

Akseli Gallen-Kallela: *Das Schmieden des Sampo* (1893) (Ausschnitt) anfangs auf jemand anderen abzuwälzen versucht, um sie dann doch wieder aufzunehmen. Für diese Kraft kämpft er sogar, als er selbst und sein Werk in Gefahr geraten, die magische Kraft zerstört scheint. Wäinämöinens Geschichte zeigt, wie jeder junge Mensch inmitten von Enttäuschung, Desillusionierung und scheinbar zerstörten Träumen doch Sinn und eine Bestimmung entdecken kann.

Parzival und der Gral
Die richtigen Fragen stellen

Die Gralsgeschichte verwebt Mythen und Bilder unterschiedlichster Kulturen – keltische, germanische und mittelalterlich französische – zu einer bewegenden Geschichte von Entdeckung, Verlust, Kampf, Mitleid und Erlösung. Der Gral wurde auf sehr unterschiedliche Weise gedeutet – von heidnischer Fruchtbarkeitssymbolik bis zu christlich-spirituellen Erlösungsmotiven. In allen Darstellungen steht der Gral jedoch immer für die tiefere Bedeutung des Lebens. Im folgenden Abschnitt der Legende treffen wir auf den jungen Parzival, der nach dem Sinn seines Lebens sucht. Parzival, dem noch nicht bewusst ist, wonach er suchen muss, missglückt die Entdeckung. Man kann schwerlich etwas finden, wenn man nicht wirklich weiß, wonach man sucht.

Als Kind hielt Parzivals Mutter ihren Sohn von der Welt fern. Sein Vater war noch vor Parzivals Geburt im Kampf gestorben und so wollte seine Mutter ihren einzigen Sohn auf keinen Fall verlieren. Tief im Wald versteckt, zog sie ihn auf und verheimlichte ihm seine adelige Herkunft. So wollte sie verhindern, dass er wie sein Vater Ritter an König Artus' Hof würde.

Dafür unterwies sie ihn in religiösen Fragen, sprach von Gottes Liebe für jeden Menschen auf dieser Welt. Als Parzival einmal im Wald einem edlen und freundlichen Ritter begegnete, nahm er an, bei diesem wunderbaren Wesen müsse es sich um keinen Geringeren als um Gott selbst handeln. Trotzdem seine Mutter versuchte, ihn auf andere Gedanken zu bringen, weckte diese Begegnung in Parzival einen Instinkt, seine eigene Bestimmung zu suchen. Inständig bat er seine Mutter, ihn in die Welt hinausziehen zu lassen.

Als sie endlich zustimmte, steckte sie Parzival in Narrenkleider. In dieser Aufmachung, hoffte die Mutter, würde ihr Sohn so viel Spott ernten, dass er bald zurückkehren würde. Aber Parzival setzte seinen Weg fort, obwohl die Menschen ihn verspotteten und eines Tages erreichte er das Schloss des Gurnemanz. Der Edelmann wurde Mentor des Jünglings und brachte ihm die Regeln des Rittertums bei. Parzival legte die Narrenkleider ab und mit ihnen auch seine törichte Art. Gurnemanz lehrte ihn Höflichkeit und, noch wichtiger, Ethik und Moral, die hinter diesen Umgangsformen stehen. »Verlier nie dein Ehrgefühl«, sagte Gurnemanz dem flügge gewordenen Ritter, »und dränge dich anderen nicht mit törichten Fragen auf. Zeige stets dein Mitgefühl den Leidenden gegenüber.« Parzival prägte sich diese Worte gründlich ein, ohne ihren Sinn wirklich zu verstehen. So erlernte er die äußere Form, begriff aber nicht die wahre Bedeutung.

Es kam die Zeit, da führten ihn seine Reisen in ein fernes, wüstes Ödland. Dort stand eine Burg, in der er seine erste wirkliche Prüfung zur Mannhaftigkeit bestehen sollte. Die Herausforderung indes sollte sich als zu groß erweisen. In der Burg wälzte sich ein kränklicher König mit großen Schmerzen auf seinem Lager hin und her. Es war der Gralskönig. Er hatte die Gesetze der Gralsgemeinschaft gebrochen und sich verbotener irdischer Liebe hingegeben. Zur Strafe plagte ihn eine Wunde in der Leiste so lange, bis ein unbekannter Ritter ihm zwei Fragen stellen würde. »Herr, was quält euch?«, müsste der Ritter den kranken König zunächst fragen. In der Burg gab es allerlei Wunderdinge und der Gral selbst konnte hier auch fremden Reisenden erscheinen. Der König aber würde erst dann geheilt, wenn der Ritter ihn fragen würde: »Herr, wem dient der Gral?« In den zwei Fragen lag die Erlösung nicht nur des kranken Königs, sondern auch des verödeten Landes.

Als er den König auf seinem Lager sah, erinnerte sich Parzival nur an die formelle Seite von Gurnemanz' Ratschlag – dass Neugier unhöflich sei und man niemanden mit törichten Fragen belästigen sollte – und vergaß sein Mitgefühl mit dem Leidenden. So schwieg er. Und selbst als der Gral ihm erschien, von himmlischen Klängen begleitet, getragen von einer Prozession von Gralsrittern, von Jungfrauen bewacht und in göttliches Licht getaucht – starrte und starrte der junge Ritter nur, öffnete seinen Mund nicht, aus Angst, etwas Dummes zu sagen. Abermals schwieg er. Da ertönte ein durchdringender Donnerschlag, die Burg verschwand und eine Stimme war zu hören: »Törichter Jüngling. Du hast nicht gefragt, was du fragen solltest. Hättest du es getan, wäre der König geheilt und wieder zu Kräften gekommen und das ganze Land wäre wieder aufgeblüht. Nun wirst du viele Jahre in der Wildnis umherirren müssen, um Mitleid zu erlernen.« Parzival, der seine Torheit zu spät erkannte, ritt in die Wildnis, in einen grauen kalten Morgen hinein. Er war entschlossen, der Gralsvision ein zweites Mal teilhaftig zu werden und sich ihrer würdig zu erweisen.

Kommentar

Die Figur des Parzival steht für den jungen Menschen, der aufbricht, sich die Welt zu erobern. In Erziehung und Charakter ähnelt er Peredur, dem in der gleichen keltischen Tradition verwurzelten mythischen Helden. Parzivals Mutter ist ängstlich, weil sie die Schattenseiten des Lebens kennt und einen furchtbaren Verlust erlitten hat. Anstatt Parzival von den Herausforderungen, der Drangsal, aber auch den schönen Seiten, die das Leben bereithält, zu erzählen, versucht sie, Kummer wie auch die Freuden des Lebens von ihm fern zu halten. Viele Eltern wollen ihre Kinder lieber nicht mit den harten Wahrheiten des Lebens ängstigen und die Herausforderungen lieber weich zeichnen. Die Möglichkeit, dass sich ihr Kind für Sex, Drogen und Alkohol interessieren könnte, wollen sie nicht sehen. So bieten sie entweder keine Aufklärung in diesen Fragen oder stellen strikte Regeln auf, die nicht näher erklärt oder diskutiert werden – und fallen dann aber aus allen Wolken, wenn ihr Kind drogenabhängig ist oder ungewollt schwanger. Die »Schlange« aber nähert sich uns allen in irgendeiner Gestalt und im Falle Parzivals ist es der Ritter, der ihn entdecken lässt, dass es ein Leben außerhalb der mütterlichen, behüteten Domäne gibt.

Auch Parzivals Bereitschaft, von Gurnemanz unterrichtet zu werden, ist ein vertrautes Thema der Jugend. Wir suchen Vorbilder außerhalb der Familie, die uns bei der Loslösung vom Familienkreis und der Entfaltung der eigenen Persönlichkeit helfen können. Parzival imitiert Gurnemanz nur äußerlich. Er ist noch zu jung und unerfahren, um den Sinn seiner Anweisungen zu erfassen. Grund dafür ist auch, dass seine Mutter keinen fruchtbaren Boden für Gurnemanz' Worte geschaffen hat. Ein in unserer Jugend und im frühen Erwachsenenalter erworbenes Wissen kann nur dann zur Charakterbildung und soliden Selbsteinschätzung beitragen, wenn die Eltern einen Rahmen bieten, in dem offen und ehrlich Erfahrungen geteilt und ausgetauscht werden können.

Deshalb verlässt Parzival das Schloss Gurnemanz' zwar ausgestattet mit Informationen, doch ohne Weisheit. Er kennt alle Verhaltensregeln, doch deren Zweck und tiefere Bedeutung versteht er nicht. Noch fehlen ihm entsprechende Erfahrungen – Enttäuschung oder Verlust, durch die er Mitgefühl entwickeln hätte können. Angesichts eines kranken, schmerzgepeinigten Mannes besteht seine einzige Sorge darin, nicht töricht zu erscheinen. Und während der Vision des Heiligen Grals vermag er sich nur auf die Zunge zu beißen, um ja nichts zu sagen, das dumm erscheinen könnte. Er ist völlig mit seiner Außenwirkung beschäftigt und kann deshalb nicht angemessen auf die aktuelle Situation reagieren. So versäumt er, die wichtigen Fragen zu stellen, und wird fortgejagt. Im Bewusstsein, versagt zu haben, erwacht in ihm der Entschluss, seinen Fehler eines Tages wieder gutzumachen.

Die zwei Fragen, die Parzival versäumt zu stellen, sind von tiefer symbolischer Bedeutung und verraten einiges über die Einstellung, die wir mitbringen sollten, wenn wir ins wahre Leben treten. Sie verweisen auf die Fragen, die zu stellen wir unsere Kinder ermutigen sollten, um sie auf das Leben vorzubereiten.

»Herr, was quält euch?« lautet die Frage, die Parzival an den kranken König richten müsste, und sie beinhaltet echtes, mitfühlendes Interesse an anderen. Die wahren Beweggründe für menschliches Handeln oder der Zustand, in dem sich ein Mensch befinden kann, sind nicht immer offensichtlich, sondern bleiben dem Betrachter oft verborgen. Wenn wir genau hinsehen, ist vieles von dem, was wir im Leben schlecht und inakzeptabel finden, nicht auf das Böse und Niedrige im Menschen zurückzuführen, sondern auf seine Schwäche und Unwissenheit. Je weniger wir wissen, desto mehr urteilen wir über andere. Weil wir nicht verstehen, wie sie zu dem werden konnten, was sie sind, urteilen wir oft ungerecht und falsch. Auch unsere eigenen Schwierigkeiten werden wir kaum verstehen, solange wir uns nicht fragen, was wir getan haben, um in diese Situation zu geraten. Das Fragen ist einer der großen Schlüssel zum Mitgefühl. Wenn wir menschlichem Unglück begegnen, sollten wir uns nicht moralisch überlegen oder tugendhafter fühlen, zumal wir wissen, dass wir unter den gleichen Umständen genau zu ebenjenem bei anderen leichtfertig verurteilten Verhalten fähig wären.

Die zweite Frage lautet: »Wem dient der Gral?« Seit es die Gralsgeschichten gibt, hat diese Frage die Gelehrten ebenso verwirrt wie fasziniert. In Zeiten des Glücks – ob es sich um beruflichen Erfolg, eine Liebesbeziehung oder eine spirituelle Erfahrung handelt – müssen wir uns fragen, welchem höheren Zweck unser günstiges Schicksal dient. Das ist eine religiöse Haltung, die nicht an eine bestimmte Religion gebunden ist. Es geht um einen Blick für tiefere Muster oder Ziele im Leben. Wenn das Leben uns mit Geschenken verwöhnt, sollten wir uns nicht einfach nur selbst beglückwünschen, sondern darüber hinaus nach dem Sinn dieser Geschenke fragen. So aus der Umklammerung des Ego befreit, verwandelt sich jede Lebenserfahrung in etwas Bedeutungsvolles. Wir können unser Wissen, unsere Visionen, unsere Kreativität, Begabung und Glück teilen – nicht in Selbstaufopferung, aber auch nicht ausschließlich zu unserem eigenen Nutzen. Eine solche Einstellung heiligt gewissermaßen unser Leben. Über diesen fundamentalen Fragen weitet sich unser Blick und wir können in Verbindung treten mit einem größeren Ganzen. Genau das versäumt Parzival, der junge Tor, wie auch wir dies oft in unserer Jugend zu tun versäumen – vor allem dann, wenn wir in unserer Kindheit und Jugend keine Unterweisungen in diesen Fragen erhalten. Parzival muss viele Jahre in der Wildnis umherirren, bis er, nachdem er selbst Leid erfahren hat, Mitgefühl und Bescheidenheit erlernt. Derart gereift, vermag er das Schloss noch einmal zu finden und die Fragen zu stellen, die er vor all den Jahren hätte stellen sollen. Auch wir müssen möglicherweise lange umherwandern, bis wir die Lektionen gelernt haben. Mit etwas mehr Weisheit und Umsicht können wir als Eltern und auch als junge Menschen diese Zeit vielleicht ein wenig abkürzen und weniger schmerzlich gestalten.

Perseus
Der Sinn liegt in der Hingabe

Die Geschichte des Perseus handelt vom Sieg der Liebe, von Mut, der Hass und Angst bezwingt, und von der Gegenwart des Göttlichen in der gesamten Schöpfung. Kampf und Opferbereitschaft für die geliebten Menschen führen zur Beendigung von Konflikten und zur Gründung einer stabilen Familie. Der Held indes begibt sich unbewusst auf die Suche. So wie sich nur wenige junge Menschen der Notwendigkeit bewusst sind, einen Sinn im Leben zu finden und die Dinge einfach nur zum Besseren wenden wollen, will Perseus seine unglückliche Mutter retten – und erreicht viel mehr.

Perseus war der Sohn einer Sterblichen, Danae, und des großen Gottes Zeus, König des Himmels. Danaes Vater, König Akrisios, war prophezeit worden, dass er eines Tages von seinem Enkel getötet würde. Aus Angst hatte er seine Tochter eingesperrt und vor allen Freiern versteckt. Nun wollte aber ausgerechnet Zeus Danae. In Form eines Goldregens drang er in ihr Gefängnis ein und Perseus war das Ergebnis ihrer Vereinigung. Als Akrisios von der Geburt eines Enkels erfuhr, sperrte er Danae und ihr Kind in eine hölzerne Truhe und setzte sie auf dem Meer aus, wo sie ertrinken sollten.

Aber Zeus schickte eine Brise, die Mutter und Sohn sanft und sicher an Land zurücktrieb. Dort fand sie ein Fischer und der König der Insel nahm Danae und Perseus auf und gewährte ihnen Unterschlupf. Perseus wuchs zu einem starken und tapferen jungen Mann heran. Der König allerdings belästigte Perseus' Mutter mit aufdringlichen Anträgen. Um den unerwünschten Freier anders zufrieden zu stellen, akzeptierte Perseus dessen Forderung, zu den Gorgonen zu gehen und ihm das Haupt der Medusa zu bringen. Mit dieser gefährlichen Mission wollte Perseus nicht etwa seinen persönlichen Ruhm vergrößern, sondern er war aus Liebe zu seiner Mutter bereit, sein Leben für ihr Wohl aufs Spiel zu setzen.

Medusa war so schrecklich, dass schon ein einziger Blick in ihr Gesicht den Betrachter versteinerte. Um sie zu besiegen, brauchte Perseus die Hilfe der Götter und Zeus, sein Vater, verschaffte ihm diese Unterstützung. Hades, der König der Unterwelt, gab ihm seine Tarnkappe, die ihn unsichtbar sein ließ; der Götterbote Hermes gab ihm geflügelte Sandalen. Von Athene bekam er ein Schwert und einen besonderen Schild, der so blank poliert war wie ein Spiegel. Mit dem Schild konnte Perseus Medusa wie im Spiegel betrachten und ihr so das Haupt abschlagen, ohne direkt in ihr abscheuliches Gesicht blicken zu müssen.

Nachdem er ihren furchtbaren Kopf sicher in einem Sack versteckt hatte, trat er den Heimweg an. Unterwegs erblickte er eine wunderschöne Jungfrau, die am Meeresufer an einen Felsen gekettet war. Die Jungfrau mit Namen Andromeda sollte einem Furcht erregenden Seeungeheuer geopfert werden, weil ihre Mutter die Götter beleidigt hatte. Perseus, berührt von ihrer Schönheit, verliebte sich und befreite sie. Mit Hilfe des Gorgonenhauptes verwandelte er das Seeungeheuer zu Stein. Dann nahm er Andromeda mit, um sie seiner Mutter vorzustellen. Diese war in seiner Abwesenheit vor dem aufdringlichen, verruchten König in den Tempel der Athene geflohen.

Wieder hielt Perseus das Haupt der Medusa hoch, diesmal den Feinden seiner Mutter entgegen und versteinerte sie. Athene schenkte er den Kopf der Medusa, die ihn an ihrem Schild anbrachte und zu ihrem Emblem machte. Dann gab Perseus die Hilfsmittel, die er von den Göttern erhalten hatte, zurück. Fortan führten Andromeda und Perseus mit ihren zahlreichen Kindern ein Leben in Frieden. Durch einen traurigen Unfall wurde dieses Glück getrübt: Eines Tages trug der Wind einen von Perseus geworfenen Diskus besonders weit, traf einen alten Mann und verwundete ihn tödlich. Dieser Mann war Perseus' Großvater Akrisios. So hatte sich die Weissagung, die dieser einmal hatte umgehen wollen, doch noch erfüllt. Perseus hegte keinen Groll oder Rachegefühle und wollte wegen des unglücklichen Todes seines Großvaters dessen Erbe als König nicht antreten. Er tauschte sein Königreich ein gegen das eines Nachbarn. Ein Neuanfang war möglich. Perseus baute eine großartige Stadt, Mykene, in der er mit seiner Familie noch lange und glücklich lebte.

KOMMENTAR

Die Geschichte des Perseus beginnt mit Angst: Akrisios hat Angst vor der Prophezeiung des Orakels und versucht deshalb, sich seiner eigenen Tochter und seines Enkels zu entledigen. Es geht um das vertraute Thema Angst des Alters vor der Jugend und Akrisios verkörpert in diesem Mythos die negative Einstellung des Alters gegenüber der Jugend. Perseus bedeutet der »Zerstörer« und beschreibt seine Rolle als Sieger über die Medusa. Akrisios aber bezieht das Zerstörerische auf sich selbst. Zeus spielt in dieser Geschichte die Rolle des guten Vaters, der über den Sohn und seine Mutter wacht und beide beschützt.

Danae wird von Zeus geliebt und sie liebt und umhegt ihren Sohn trotz der Brutalität des eigenen Vaters. Perseus antwortet auf die Liebe seiner Mutter, indem er selbstverständlich sein Leben für sie aufs Spiel setzt. Als sie sich vom aggressiven Werben des Königs bedrängt fühlt, nimmt Perseus den Kampf gegen Ungeheuer auf, um die Forderungen des Königs zu erfüllen. In die weite Welt zieht es ihn nicht etwa auf der Suche nach dem Sinn des Lebens, sondern schlicht weil er einen ihm teuren Menschen retten will. Mit der Hilfe, die er von den Göttern erhält, geht er besonders weise und bescheiden um. Einfallsreich und mutig besiegt er Medusa und furchtlos verteidigt er auch seine Geliebte. Obgleich er seine Mutter verlässt, bezieht er eben gerade aus ihrer guten Beziehung Kraft – anders als Peredur, Parzival und Guinglain, die ihre Bande mit ihrem Zuhause abrupt durchtrennen müssen, um sich selbst zu finden.

Perseus verhält sich stets korrekt und wie ein Gentleman – ein Bild dafür, dass wir Ziele erreichen können, ohne Unschuldige leiden zu lassen. Er bestraft nur jene, die Strafe verdienen, und erweist den Göttern Ehre. Er gibt ihnen die Geschenke zurück, weil er weiß, dass er als Sterblicher kein Recht auf göttliche Attribute hat. Bis zum Ende der Geschichte, als er sein rechtmäßiges Königreich wegen des tragischen Todes seines Großvaters aufgibt, agiert er mit viel Feingefühl. Er vergibt Akrisios seine zerstörerische Furcht und sucht keine Rache.

Vielleicht ist ihm deshalb ein so langes und glückliches Leben mit seiner Mutter, seiner Frau und seinen Kindern vergönnt – ein seltener Fall in der griechischen Mythologie.

III

Partnerschaft und Liebe

Viele Mythen erzählen von Leidenschaft und Zurückweisung, Ehe und Trennung, Liebe und Rivalität, sexueller Treue und Betrug, aber auch von der übersinnlichen Macht des Mitleids. Sie alle unterstreichen damit die Bedeutung der Liebe in unserem Leben. Es gibt keine Beziehungsvariante, die sich in den Mythen der Welt nicht entdecken ließe. Und ebenso komplex, wie sich menschliche Beziehungen gestalten, erscheint auch die Moral, die in den Mythen zum Ausdruck kommt. Es ist ein großes Geheimnis, warum sich Menschen zu bestimmten Menschen hingezogen und von anderen abgestoßen fühlen. Oft suchen wir einfache Antworten auf Fragen, die richtig zu stellen schon nicht einfach sind. Liebe und Kummer erscheinen in den Mythen vielgestaltig, hell und dunkel, manchmal sehr exotisch und einige dieser Geschichten laufen unseren Moralvorstellungen zuwider. Mythen über die Liebe aber können uns auch Trost spenden und in Krisenzeiten dienen sie uns als Orientierungshilfe. Dies gilt auch für die Beantwortung der Frage, warum wir uns in unserem Privatleben eigentlich so oft selbst in Schwierigkeiten bringen.

1. Leidenschaft und Zurückweisung

Die sexuelle Leidenschaft wird in Mythen als die stärkste Macht überhaupt beschrieben. Sie bewegt sowohl Menschen als auch Götter dazu, gegen ihren eigenen Willen zu handeln. Die Griechen schrieben diese Macht der Göttin Aphrodite zu. Wurde sie beleidigt, schlug sie Männer und Frauen mit unkontrollierbaren Leidenschaften, die Zerstörung und Wahnsinn nach sich zogen. Dennoch wird Leidenschaft nicht einfach als negative oder unmoralische Kraft definiert, sondern ist ebenso mit Stärke, Mut und Empfänglichkeit für Schönheit und Anmut verbunden. Energie und Beharrlichkeit der Lebenskräfte selbst spiegeln sich in der Leidenschaft. Weil sie uns von den Göttern eingehaucht wurde, ist sie heilig. Die Mythen lehren uns, dass die Art und Weise, wie wir Sterbliche unsere Leidenschaften verfolgen, zu Katastrophen führen kann.

Echo und Narziss

Die Tragik narzisstischer Liebe

Dieser traurige Mythos erzählt von Leidenschaft und Zurückweisung und zeigt, wie Rache und Vergeltung eben keine Erleichterung bewirken, sondern das Elend nur vergrößern. Hier zeigt sich, dass wir, solange wir uns selbst nicht kennen, unser Leben bis zur Besessenheit mit der Suche nach uns selbst verbringen können. Diese Selbstbesessenheit jedoch macht uns unfähig zu lieben.

Einst lebte ein junger Mann namens Narziss. Aus Sorge um seine Zukunft befragte seine Mutter den blinden Wahrsager Teiresias. »Wird er ein langes Leben haben?«

»Er wird leben, solange er sich nicht selbst kennt«, antwortete er. Deshalb stellte die Mutter sicher, dass ihr Sohn nie sein Spiegelbild sah. Er wuchs zu einem schönen und allseits beliebten jungen Mann heran. Ohne sein eigenes Gesicht je gesehen zu haben, schloss er aus den Reaktionen seiner Umgebung auf seine Schönheit. Ganz sicher konnte er indes nie sein. Er war in seinem Selbstbewusstsein und seiner Selbstsicherheit immer von anderen abhängig. Er wurde ein sehr egozentrischer junger Mann.

Oft ging Narziss allein im Wald spazieren. Mittlerweile hatte er so viele Komplimente bekommen, dass er niemanden seines Anblicks für würdig hielt. In den Wäldern lebte eine Nymphe mit dem Namen Echo. Sie hatte Hera durch ihre Geschwätzigkeit missfallen, worauf ihr die gereizte Göttin die Sprache genommen hatte. Fortan konnte sie nur mehr das letzte Wort, das ein anderer ausgesprochen hatte, als Antwort wiederholen. Lange schon war Echo Narziss durch den Wald gefolgt. Im Stillen hoffte sie, er würde sie ansprechen – andernfalls konnte sie sich ja nicht äußern. Völlig in Gedanken über sich selbst versunken, nahm er sie aber gar nicht wahr. Als er schließlich zum Trinken an einen Teich kam, ergriff sie die Gelegenheit und raschelte in den Zweigen, um seine Aufmerksamkeit zu erregen.

»Wer ist da?«, rief er tatsächlich aus.

»Da!«, erklang Echos spärliche Antwort.

»Komm her!«, sagte Narziss nun schon etwas verstört.

»Her«, echote sie und glitt von einem Baum herab, kam mit offenen Armen auf ihn zu, um ihn zu umarmen.

»Fort mit dir!«, schrie er wütend. »Es kann nichts geben zwischen jemandem wie dir und dem schönen Narziss!«

»Narziss!«, seufzte Echo traurig und schlich mit gesenktem Haupt davon. Dabei flüsterte sie ein stilles Gebet zu den Göttern: Der junge Mann möge eines Tages den Schmerz vergeblicher Liebe erfahren. Die Götter erhörten sie.

Als Narziss sich über den Teich neigte, um zu trinken, erblickte er das schönste Gesicht, das er jemals gesehen hatte. Sofort verliebte er sich in das betörende Antlitz. Als er lächelte, lächelte das schöne Gesicht zurück. Er lehnte sich ins Wasser und küsste die rosigen Lippen, doch da zerstörte die Berührung die klare Wasseroberfläche und das anmutige Gesicht löste sich auf wie ein Traum. Sobald Narziss zurückwich und sich ruhig verhielt, kehrte das Bild zurück.

»Verschmähe mich nicht derart!«, bat Narziss das Bild. »Ich bin es, den lieben zu wollen vergebens ist und eitel.«

»Eitel!«, rief Echo voll Kummer aus dem Wald.

Immer wieder griff Narziss in das Wasser, um dem wunderbaren Gesicht näher zu kommen. Und jedes Mal, wie zum Spott, verschwand das Bild. Stunden-, tage-, wochenlang starrte Narziss nur in das Wasser. Er schlief nicht und aß nicht. Immer murmelte er nur: »Ach!« Aber seine Worte hallten nur durch die unglückliche Echo zurück. Schließlich hörte sein schweres Herz auf zu schlagen und er lag kalt inmitten der Seerosen. Vom Anblick des schönen Toten gerührt, verwandelten die Götter ihn in eine Blume, die bis heute seinen Namen trägt.

Echo aber, die dafür gebetet hatte, sein kaltes Herz möge bestraft werden, war von Kummer erfüllt. Sie schmachtete dahin, bis nichts als ihre Stimme von ihr übrig war. Bis zum heutigen Tag hat sie allerdings das letzte Wort.

Kommentar

In diesem bekannten Mythos sind mehrere tiefgründige Themen eingebettet. Schon in der frühen Jugend des Narziss befragt seine besorgte Mutter einen Wahrsager über die Zukunft ihres über alles geliebten Sohnes. Der Wahrsager meint, dass er sich niemals selbst erkennen dürfe, niemals sein Spiegelbild sehen dürfe, um ein hohes Alter zu erreichen. Daraufhin versucht die Mutter, den Sohn seinem Schicksal zu entziehen – was nie ein guter Plan ist. Sie umhegt ihn und hält ihn in Unwissenheit, übersieht dabei aber, dass sie damit sein Schicksal erst recht besiegelt. Narziss wächst zu einem rücksichtslosen und selbstbezogenen Menschen heran, weil er seine ganze Energie darauf verwendet, sich selbst durch die Augen der anderen bestätigt zu sehen. Weil er sehr schön ist, vergibt man ihm sein überhebliches Betragen. Ohne sich jemals selbst gesehen zu haben, ist er sich lediglich des großen Aufhebens um seine Person bewusst. Er meint, er sei etwas Besseres und dürfe andere herablassend behandeln. Hinter diesem Hochmut verstecken sich aber tiefe Abhängigkeit und nagender Selbstzweifel. Denn wie sollen wir uns selbst schätzen, wenn wir nicht wissen, wer wir sind?

Dann verliebt sich Echo in ihn. Ihre Unfähigkeit zu kommunizieren hat sie naiv und wehrlos gemacht. Denn nur über Kommunikation lernen wir die Gedanken und Gefühle anderer kennen. Vermutlich hat Hera sie dafür bestraft, stets zu viel geredet, zu wenig zugehört und also nie wirklichen Austausch möglich gemacht zu haben. Echo verliebt sich in ein wunderschönes Gesicht, weiß jedoch nichts von Narziss' Charakter. Als er sie zurückweist, weckt das Grausamkeit und Wut in ihr und sie betet um Rache.

Darauf nimmt Narziss' Leben ein ebenso tragisches Ende wie ihr eigenes. Beide müssen leiden – Narziss aufgrund seiner Egozentrik und Echo aufgrund ihrer stummen Wut.

Eindrücklich schildert der Mythos, dass Liebe nur in einer Atmosphäre des Gebens, nicht des Nehmens aufblühen kann. Das wiederum setzt Persönlichkeiten voraus, die sich ihrer selbst bewusst sind und sich mit anderen austauschen wollen und können. In der Psychologie spricht man bei Personen, die ausschließlich auf sich selbst bezogen sind, von Narzissmus. Üblicherweise ist das das Ergebnis einer Erziehung, bei der das Kind stets verwöhnt und verhätschelt wurde, niemals aber als wirkliche Persönlichkeit betrachtet wurde – weshalb es nie lernt, sich selbst zu sehen. Ohne die Fähigkeit zur Selbsteinschätzung können wir der Liebe anderer nie vertrauen, geschweige denn jemanden lieben. Dieser Mythos warnt davor, dass Selbstbezogenheit zu Grausamkeit und Stagnation führt und jegliche Entfaltung des kreativen Potenzials verhindert – was einem seelischen Tod gleichkommt.

Die ganz natürliche kindliche Egozentrik muss durch wachsendes Bewusstsein für Grenzen und ehrliche Kommunikation innerhalb der Familie gemildert werden, damit sie schließlich in eine gesunde Selbstachtung übergehen kann. Wir alle brauchen das Gefühl von Besonderheit und möchten geliebt werden. Wir sollten uns jedoch stets realistisch sehen und nicht die Bodenhaftung verlieren. Viele Partnerschaften zerbrechen, weil keiner der beiden Partner als eigenständige Persönlichkeit wahrgenommen und geliebt worden ist. Als Kinder wurden sie vergöttert und sollten die Träume der Eltern erfüllen. Sie wurden mehr für das bewundert, was sie den Eltern bieten konnten, als für das, was sie sind. Da sie aber in ihrer Kindheit niemals wahre Anerkennung als Individuen erfahren haben, werden sie als Erwachsene ständig versuchen, ein Gefühl der Leere zu kompensieren, indem sie anderen Liebe entlocken und sie dann zurückweisen, sobald sie sich an ihre eigene »Wertlosigkeit« erinnern. Echo und Narziss sind genau genommen zwei Seiten derselben Medaille. Beide spiegeln jeweils die Unwirklichkeit des anderen wider.

Das unglückliche Beziehungsleben zahlreicher öffentlicher »Ikonen« gibt Auskunft über diesen Hunger nach Liebe, der ausgleichen soll, was man in jüngeren Jahren verpasst hat: das Selbstwertgefühl einer eigenständigen und wirklichen Persönlichkeit. Vielleicht haben wir alle etwas Narzissmus in uns, der uns anspornt, das Beste aus unseren Begabungen zu machen. Aber schon wenig davon ist mehr als genug. Egozentrik ist kein geeignetes

Mittel, um gegen das Gefühl innerer Leere anzugehen, sie ist vielmehr der Tod der Liebe in jeder Partnerschaft. Als Narziss sehen wir unser liebendes Gegenüber gar nicht. Wir sind nur in die berauschende Erfahrung verliebt, dass jemand in uns verliebt ist. Wenn sich die alte, wohlbekannte Leere wieder einschleicht, verhalten wir uns dem Partner gegenüber grausam, weil wir fürchten, der andere könnte diesen Fehler an uns entdecken. Als Echo verlieben wir uns in ein Ideal- und Wunschbild unserer selbst. Möglicherweise werden auch wir grausam behandelt, wenn wir mangels Selbstwertgefühl nur ein Echo des Geliebten sein können. Mit ihrer Rache verursacht Echo nur noch mehr Kummer, auch für sich selbst. Auch sie wächst und entwickelt sich nicht weiter, ist in unerwiderter Liebe und in Wut gefangen, die an ihr zehren, bis nichts mehr von ihr übrig ist. Traurigerweise hat jeder Scheidungsanwalt die Geschichte von Echo und Narziss schon mehrmals gehört.

Kybele und Attis
Die Gefahren des Besitzdenkens

Dieser Mythos liefert intensive und drastische Bilder einer Leidenschaft, die im eifersüchtigen Exzess endet. Die Geschichte ist alt (in Kleinasien reicht die Verehrung der Kybele mindestens 6000 Jahre zurück), doch das Thema Besitz ergreifender Liebe ist heute so aktuell wie damals. Die eifersüchtig Liebende in dieser Geschichte ist zugleich auch die Mutter, denn auch Beziehungen zwischen Erwachsenen beinhalten unbewusste Muster kindlicher Abhängigkeit und elterlichen Besitzdenkens. Manchmal tragen wir ungelöste Konflikte mit unseren Eltern bis in unser Erwachsenenleben hinein. Dann bringen wir mitunter das im Folgenden dargestellte Thema noch einmal zur Aufführung – subtiler, aber auf psychologisch ähnliche Weise.

Die aus Kleinasien stammende große Fruchtbarkeitsgöttin Kybele gebar einen Sohn, den sie Attis nannte. Bezaubert von seiner Schönheit und Anmut, wollte sie ihn auf jede nur erdenkliche Weise glücklich machen. Mit seiner Entwicklung vom Säugling zum Kleinkind und zum Jugendlichen wuchs ihre Liebe noch und als er ein Mann geworden war, machte sie ihn prompt zu ihrem Liebhaber. Sie ernannte ihn zum Priester ihres Kultes und band ihn durch ein absolutes Treuegelöbnis noch fester an sich. So lebten die beiden in abgeschiedener, paradiesischer Zweisamkeit und nichts beeinträchtigte ihre vollkommene Verbundenheit.

Attis konnte indes nicht auf ewig von der Welt fern gehalten werden, zumal es zu seinen Lieblingsbeschäftigungen gehörte, in den Bergen umherzustreifen. Als er eines Tages unter den Ästen eines großen Pinienbaumes rastete, erblickte er über sich eine wunderschöne Nymphe. Augenblicklich verliebte er sich in sie und sie teilten zusammen das Lager. Vor seiner Mutter Kybele ließ sich indes nichts verbergen und als sie die Untreue ihres Sohnes bemerkte, erfasste sie eine rasende Eifersucht. Sie schlug Attis mit Wahnsinn und Raserei und im Delirium entmannte er sich selbst, um den Treueid, den er der Mutter geschworen hatte, nie wieder brechen zu können. Als er aus diesem Rausch erwachte, war er tödlich verletzt und verblutete unter jenem Pinienbaum, unter dem er die Nymphe geliebt hatte, in Kybeles Armen. Attis jedoch war als Sohn einer Göttin kein gemeiner Sterblicher. Jeden Frühling wird der Jüngling wieder geboren und verbringt die fruchtbare Sommerzeit mit seiner Mutter Kybele. Wenn die Sonne im Winter ihren tiefsten Stand erreicht, stirbt er und bis zum nächsten Frühling trauert die Erdgöttin.

KOMMENTAR

Den Inzest zwischen Kybele und Attis muss man natürlich nicht wörtlich nehmen. Jede Mutter-Kind-Verbindung beinhaltet starke sinnliche und spirituelle Momente und es ist weder abnormal noch krankhaft, wenn eine Mutter ihr Kind schön findet. Auch dass die Mutter-Kind-Bindung in den Beziehungen Erwachsener Nachhall findet, ist vollkommen normal. Ein junger Mann oder eine junge Frau werden vielleicht Eigenschaften und Gefühlsregungen im geliebten Menschen suchen, die denen ähnlich sind, die sie als Kind bei ihrer Mutter fanden. Die meisten Partnerschaften beinhalten Elemente von Abhängigkeit. Am Ende kommt es darauf an, ob in der Beziehung auch Raum für Gleichberechtigung und Eigenständigkeit ist. Die Tragik in diesem Mythos besteht darin, dass Kybele, den Geliebten vollkommen besitzen will. Zwar ist auch das weder in Erwachsenen- noch in Mutter-Kind-Beziehungen ungewöhnlich. Dieses Besitzdenken kann jedoch schwerwiegende seelische Folgen haben, wenn es nicht erkannt und gezügelt wird.

Kybele erkennt Attis nicht als gleichberechtigten Partner an. Sie will ihn vollständig an sich binden, abhängig machen und gesteht ihm keinerlei Eigenleben zu.

Ein Widerschein dieses Verhaltensmusters lässt sich in vielen Beziehungen ausmachen, in denen ein Partner dem anderen eigene Freunde und Interessen missgönnt, eifersüchtig auf das berufliche Engagement des Partners oder seine Hobbys ist, oder ihm sogar übel nimmt, wenn sich der Partner einmal in seine eigenen Gedanken zurückzieht. Dies ist indes keine Partnerschaft, sondern Besitzdenken. Absolutes Besitzdenken aber zeugt immer von tiefer Unsicherheit, bei der sich ein Partner durch die Eigenständigkeit des anderen bedroht fühlt. Diese Unsicherheit kann intensive destruktive Gefühle verursachen, wenn jemand wie Kybele nichts anderes im Leben hat als die eine geliebte Person.

Attis' Untreue ist der Versuch, eine unabhängige Identität als Mann aufzubauen. Bezeichnenderweise rächt sich Kybele, indem sie ihn dazu treibt, sich selbst zu entmannen. Ein erschreckendes und brutales Bild, das sich glücklicherweise auf die Welt der Mythen beschränkt. Im Alltagsleben kommt es zu subtileren Formen der Selbstkastration. Etwa die Unabhängigkeit des Partners durch emotionale Erpressung zu untergraben, kann man als brutalen Versuch sehen, die Kraft des Partners zu verringern. Und falls der Partner aus Angst, die Beziehung könne zerstört werden, klein beigibt, entspricht dies, auf psychologischer Ebene, genau dem Bild von Attis' Selbstkastration.

Attis' Delirium demonstriert die emotionale Verwirrung einer Person, der nicht bewusst ist, welches Spiel mit ihr getrieben wird. Benutzt man Schuldgefühle, ständige Kritik, emotionale oder sexuelle Verweigerung als Druckmittel, isoliert man den Partner von seinen Freunden und anderen Interessen, bedient man sich der Methoden einer Kybele von heute, die ihren Partner verunsichert und an sich selbst zweifeln lässt.

Große Leidenschaft, gepaart mit Unsicherheit, ergibt eine ungute Mischung. Denn aus dieser Mixtur erwächst Besitz ergreifende Liebe, wie sie dieser dunkle Mythos so plastisch illustriert. Mit etwas mehr Selbstsicherheit würde Attis womöglich ausbrechen und ein neues Leben beginnen. Aufgrund seiner Abhängigkeit von ihr vermag ihn Kybele in den Wahnsinn zu treiben. Emotional noch ein Kind, kann er nicht ohne sie existieren. Seine Abhängigkeit ist die eines Kindes von seinen Eltern. Lassen wir derart intensive Abhängigkeitsgefühle in der Beziehung zu, ist Kummer vorprogrammiert. Wenn wir Trennung und Alleinsein nicht ertragen, ist es leicht, uns zu manipulieren und zu vereinnahmen. Umgekehrt können wir der Versuchung, andere zu manipulieren und an uns zu fesseln, kaum widerstehen. Gefangen in einem solchen Netz, können wir unser Leben nicht wirklich leben. Aus Angst, allein zu sein, verzichten wir auf das Recht, unser Schicksal selbst zu gestalten. Weder Kybele noch Attis sind der Herausforderung einer emotional unabhängigen Existenz gewachsen. Sie können den anderen eben nicht in seinem Anderssein, als eigenständige Person achten und schätzen. Vielmehr verurteilen sie sich selbst noch zur seelischen und emotionalen Abhängigkeit, wodurch Verrat, Schmerz, Verwirrung und Selbstzerstörung immer wieder garantiert sind. In diesem Mythos hat nicht die Leidenschaft als solche tragische Folgen, sondern die ungute Mischung aus Leidenschaft und der Unfähigkeit zu einem unabhängigen Dasein.

Simson und Delila

Der Versuchung erliegen

Der biblische Mythos von Simson führt uns die tragischen Folgen einer unangemessenen Leidenschaft vor Augen. Der Versuchung zu widerstehen ist die unmissverständliche moralische Forderung dieses Mythos. Aber auch Phänomene wie Simsons Haar, das auf geheimnisvolle Weise mit seiner übernatürlichen Kraft verbunden ist, oder seine Blendung durch die Philister deuten auf tiefere Bedeutungsebenen hin: Dort offenbart sich, dass die Leidenschaft auf dem Wege zur Selbstfindung hilfreicher sein kann als allgemeine Vorstellungen und Regeln von Moral.

Manoach der Israelit war voll Kummer, weil seine Frau ihm keinen Sohn schenken konnte. Manoach betete zu Gott. Gott erhörte ihn und Simson wurde geboren.

Simson wuchs zu einem großen und starken Mann heran. Der Geist des Herrn ließ ihn zornig sein und verlieh ihm übernatürliche Kraft. Eines Tages warf er ein Auge auf eine Philisterin und wollte sie zur Frau. Zu dieser Zeit herrschten die Philister über die Israeliten und Simsons Eltern fragten ihn, warum er denn keine Frau aus seinem Volk heiraten könnte. Simsons Entschluss aber war gefasst und seine Wut gefürchtet. Also bekam er die Frau zur Gemahlin.

Später wurde er ihrer überdrüssig und gab sie einem seiner Gefährten. Als er sie einmal besuchen wollte, verbat ihm ihr Vater den Kontakt. Zornentbrannt legte Simson Feuer auf die reifen Felder der Philister. Als die Philister dies entdeckten, rächten sie sich und verbrannten die Frau und ihren Vater. Simson erschlug darauf einige von ihnen und ihr Versuch, ihn zu überwältigen und gefangen zu nehmen, misslang. So war der Grundstein für bitteren und fortwährenden Hass zwischen Simson und dem Volk seiner Frau, den Philistern, gelegt.

Eines Tages, als Simson in Gaza eine Hure aufsuchte, lauerten ihm die Philister auf, um ihn zu töten. Abermals konnten sie ihn nicht bezwingen. Dann verliebte er sich in eine Frau mit dem Namen Delila. Die Anführer der Philister baten Delila, sie solle ihn dazu verführen, ihr das Geheimnis seiner Stärke zu verraten, damit sie ihn endlich besiegen könnten. Sie boten ihr elfhundert Silberstücke.

Immer wieder versuchte Delila, Simson zur Preisgabe seines Geheimnisses zu bewegen. Ihrer ständigen Fragen überdrüssig, erklärte er sich schließlich: Ohne seine Haare würde er all seine Kraft verlieren. Delila schickte nach den Anführern der Philister und verriet ihnen Simsons Geheimnis. Die Silberstücke erhielt sie wie vereinbart. Während Simson in Delilas Armen schlief, kam ein Mann herbei und schnitt ihm sieben Locken von seinem Kopf und Simson hatte seine Kraft verloren.

Dann überwältigten ihn die Philister, legten ihn in Fesseln und blendeten ihn. Sie warfen ihn ins Gefängnis und alle Philister freuten sich über den Sieg über diesen mächtigen Gegner. Lange schmachtete er im Gefängnis, bis man ihn eines Tages vor das Volk führte, um ihn zu verspotten.

Inzwischen aber waren seine Haare wieder nachgewachsen. Er stand angekettet zwischen zwei Säulen, um die sich 3000 Philister versammelt hatten, ihn auszulachen und zu verhöhnen. Da rief Simson Gott an, packte die Säulen, auf denen der Palast stand, und stemmte sich mit ganzer Kraft gegen sie. Das Gebäude stürzte ein und begrub die Philister. Auch Simson starb, doch die Feinde waren besiegt.

Kommentar

Die offenkundigen moralischen Aspekte dieser Geschichte bedürfen keiner großen Erläuterung: Auf Abwege gerät Simson erstens durch die Wahl einer unpassenden Frau, zweitens durch die Ausdehnung der Feindschaft zwischen Israeliten und Philistern, drittens durch seine Leidenschaft für Delila (noch eine unpassende Geliebte) und viertens, indem er töricht sein Geheimnis verrät. Er bezahlt für seine Sünden und wird durch den Sieg über seine Feinde erlöst. Wollen wir das Wesen der Leidenschaft hier wirklich verstehen, müssen wir indes einen etwas genaueren Blick auf die Einzelheiten der Geschichte und auf Simsons Charakter selbst werfen.

Von Anfang an ist Simson ein jähzorniger Mann. Der »Geist des Herrn«, der ihn zu Exzessen treibt, ist ein ambivalenter Geist: Er macht ihn gewalttätig und eigensinnig. Wie so viele griechische Helden ist auch Simson von Hybris befallen. Selbstbeschränkung ist ihm fremd, er versucht erst gar nicht, seine Triebe zu zügeln. Unbedingt und rücksichtslos setzt er seinen Willen durch. Was er haben will, muss er bekommen, und sei es eine Frau aus dem Volk der Feinde. Um Liebe geht es dabei nicht, sondern um Leidenschaft, die allein durch körperliche Anziehung angefacht wird und befriedigt werden muss. Als er genug von seiner Frau hat, schiebt er sie ab. Als der Vater seiner Frau ihm dann den Umgang mit der Tochter verbietet, verwüstet Simson die Getreidefelder der Philister – und die Tragödie nimmt ihren Lauf. Kurz gesagt, Simson ist nicht gerade ein sympathischer Charakter. Er ist gewalttätig, egoistisch, gefühllos und Urheber der ganzen Tragödie.

Weil er nicht fähig ist nachzudenken, muss Simson zwangsläufig der Versuchung erliegen. Instinkt- und triebgeleitet, wie er ist, erregt nicht einmal Delilas unnachgiebiges Fragen seinen Verdacht. Schließlich verrät er alles und verliert seine Kraft.

Ob kurz, lang, dunkel oder hell – nicht nur in vielen Mythen der Welt hat das Haar symbolische Bedeutung. Beispiele aus der Geschichte sind die merowingischen Könige des Frankenreichs, die sich die Haare nicht schnitten, weil sie sie für ein Zeichen ihrer gottgegebenen Macht hielten. Freud brachte das Haar mit sexueller Potenz in Verbindung – im Traum die Haare geschnitten zu bekommen kann ein Bild für Impotenz sein. Freud ungeachtet wachsen Haare, die ja Simsons Kraft bewirken, auf seinem Kopf und das ist der Sitz des Geistes. Über eine Verbindung mit dem Denken symbolisieren Haare die Macht des Individuums zur Reflexion, zur bewussten Gestaltung seiner Wünsche und Weltsicht. Anders gesagt, liegt unsere Stärke in unserem Denkvermögen, der Fähigkeit zur selbstständigen Wahrnehmung und Analyse unserer Umwelt. Nur so lassen sich unsere zerstörerischen Impulse im Zaum halten und ein Versinken in blinde Emotionalität verhindern.

Indem Simson sich völlig von seiner körperlichen Leidenschaft treiben lässt, verliert er sein unabhängiges Bewusstsein. Metaphorisch gesprochen hat er durch seine unreflektierte Triebhaftigkeit seine Haare schon lange, bevor sie abgeschnitten wurden, verloren. Sein Fehler besteht nicht darin, Frauen nachzujagen, auch nicht, dass er das am falschen Ort tut. Er besteht vielmehr darin, dass er alle Möglichkeiten, seinen gesunden Menschenverstand zu gebrauchen, in den Wind schlägt.

Deshalb wird Simson eingesperrt und geblendet. In vielen Mythen ist Blindheit ein Bild für die Abkehr vom Treiben der Welt hin zur Innenschau, zu Reflexion und tiefer Einsicht. Der blinde Seher Teiresias, dem wir im Mythos von Narziss begegneten (siehe Seite 133–137), ist ein Beispiel für die Weisheit, die aus innerer Einkehr erwächst. Auch die Selbstblendung des Ödipus (siehe Seite 59) ist ein Bild für Selbstfindung. Im Gefängnis lernt Simson, in sich zu gehen. Was findet er? Seine Haare wachsen nach, sein Denk- und Reflexionsvermögen nimmt zu. Er betet zu Gott, den er vergessen hatte, und erhält seine Kraft zurück. Psychologisch betrachtet sieht sich dieser starke Mann, der es gewohnt ist, seinen Willen brutal durchzusetzen, durch sein klägliches Versagen von der Übermacht und Komplexität des Lebens zur Besinnung gezwungen: Wer und was ist er wirklich – und welchem Ideal ist er verpflichtet?

Wie also sollen wir in unserem Alltag mit Leidenschaft umgehen? Ihrer Wucht sollten wir mit Verstand und Selbstreflexion begegnen und unsere Ideale nicht über Bord werfen. Schmerz und Verwirrung, die wir aus ungezügelter Leidenschaft über uns und andere bringen, zwingen uns, zur Besinnung zu kommen und Bescheidenheit zu üben. So können wir zu einer gereiften Persönlichkeit werden. Simsons Tod kann man insofern symbolisch deuten, als man bei einer demütigenden bzw. Demut fördernden Erkenntnis auch eine Art Tod stirbt. Wir müssen von Überheblichkeit und Dünkel ablassen und unsere Grenzen in dieser Welt anerkennen. Die Geschichte Simsons handelt von der Kraft der Leidenschaft zur Wandlung: Durch Leiden erlangen wir Selbsterkenntnis und eine neue Lebenseinstellung.

Die Verzauberung Merlins
Betrug zieht Betrüger an

Weder Vernunft noch intellektuelle Brillanz schützen vor törichter Leidenschaft. Mit einer rationalen und reflektierten Einstellung allein werden wir Herz und Körper nicht einfach abschalten können. In der Liebe kann eine rigoros rationale Haltung sogar eine besondere Verblendung bewirken. Selbst Merlin, der große Magier aus dem keltischen Mythos, erwies sich hilflos angesichts seiner Leidenschaft für eine Frau.

Merlin, Freund und Berater von König Artus, verfügte über schier unglaubliche magische Kräfte. Er war ein Meister der Heilkunst, ein Seher und konnte jede erdenkliche Gestalt annehmen, sei es die eines Greises, eines kleinen Jungen, Bettlers oder eines Schattens. Nie, so sagt man, habe er, der sein Wissen eifersüchtig vor jedermann verborgen hielt, seine Kenntnisse – oder sein Lager – mit einer Frau geteilt. Aber gerade weil er sich Frauenbekanntschaften verbot, kannte er sich selbst nicht wirklich. Am Ende tappte der weise und geschickte Zauberer in die süße Falle von Liebe und Begehren, die seinen Niedergang herbeiführte.

Eines Tages begegnete Merlin der schönen Jungfrau Nyneve. Obgleich schon ein alter Mann, verliebte sich Merlin Hals über Kopf. Um die junge Frau zu beeindrucken, nahm er bald die Gestalt eines schönen Jünglings an, bald prahlte er offen mit seinen magischen Kräften. Fabelhafte Illusionen zauberte er herbei: Ritter und Hofdamen, spielende Minnesänger, ganze Turniere und fantastische Gärten mit zauberhaften Brunnen und Blumen. Nyneve indes stand einfach nur da, sah sich das alles an und schwieg.

Merlin war so sehr damit beschäftigt, Nyneve zu beeindrucken, dass er gar nicht bemerkte, dass sie seine Gefühle nicht erwiderte. Sie versprach ihm, seine Geliebte zu werden, wenn er die Geheimnisse seiner Zauberkunst mit ihr teilen würde. Ohne zu zögern willigte er ein – hatte er auf diese Weise, so seine Überlegung, doch eine treue Schülerin und zugleich eine Geliebte gewonnen. Begierig sog Nyneve sein Wissen auf, lernte all seine Zauberformeln und magischen Rezepte. Während dieser Zeit verweigerte sie sich ihm stets und stachelte sein Begehren noch weiter an. Weisheit ließ ihn nach und nach erkennen, was eigentlich vor sich ging, dass er ausgetrickst und betrogen wurde. Aber gegen die Macht seiner Gefühle kam er nicht an.

Der weise Merlin wusste, dass er verloren war, und berichtete Artus davon, dass sein treuer Berater und Zauberer dem Ende nahe sei. Der König war verblüfft. Warum, fragte der König, könne er mit all seinem Wissen denn nichts zu seiner eigenen Rettung unternehmen. Traurig antwortete Merlin: »Es ist wahr, mein Wissen ist groß. Doch im Kampf zwischen Wissen und Leidenschaft gewinnt nie das Wissen.«

Wie ein verliebter Jüngling, brennend vor unerwiderter Leidenschaft, folgte der unglückliche Zauberer Nyneve, wohin sie wollte. Nie gab sie seinem Drängen nach, sie machte ihm Versprechungen und reizte ihn, entlockte ihm noch mehr seiner Geheimnisse – um sich dann wieder zurückzuziehen. Zuletzt lehrte er sie sogar Zaubersprüche, die unwiderruflich sind und durch keinen Gegenzauber gebannt werden können. Ihr zu gefallen, schuf er eine magische Kammer voll unglaublicher Wunder, hoch über dem Meer an den Klippen Cornwalls. An diesem wunderbaren Ort, so sein Wunsch, würden sie sich schließlich doch noch lieben. Tatsächlich schritt Nyneve mit ihm durch den Geheimgang in den Felsen und sie näherten sich der Kammer, die ganz mit Gold ausgelegt war und mit Hunderten von duftenden Kerzen beleuchtet. Als sie die Kammer betraten, wich sie plötzlich zurück, sprach rasch die Worte eines unwiderruflichen Fluchs und die Tür der Kammer schloss sich und Merlin war darin gefangen – für immer. Auf ihrem Weg zurück durch den Gang hörte Nyneve ihn noch leise durch den Fels rufen, sie möge ihn freilassen. Ungerührt jedoch schritt sie weiter. Bis zum heutigen Tag soll Merlin in dieser goldenen Kammer gefangen sein – wie er es vorhergesehen hatte.

Kommentar

Bis zum heutigen Tag wiederholt sich diese berühmte Geschichte der Verzauberung des großen Zauberers immer wieder. Man denke an die vielen Menschen, die sich lange Jahre vor leidenschaftlicher Liebe mit ihrem Schmerz, der Freude und der Kraft zur Wandlung gefeit fühlen, um dann einer Leidenschaft zu erliegen, die unerwidert bleibt und destruktiv ist. »Alter schützt vor Torheit nicht«, eine Binsenweisheit, die auf jene zutrifft, die sich in ihrer Jugend von den Irrungen und Wirrungen des emotionalen und sexuellen Begehrens fern hielten. Wenn die Natur des Menschen also irgendwann doch noch ihren Tribut fordert, verfallen gerade diese in Liebesdingen unerfahrenen Menschen Partnern, die nicht zu ihnen passen.

Merlin, der eifersüchtig seine Geheimnisse hütet, sät damit die Saat für seinen Niedergang aus. Er fürchtet seine Verletzlichkeit, setzt deshalb nur auf seine Macht und wird von ihr abhängig. Wo aber Machthunger überwiegt, ist kein Platz für echte Partnerschaft. Statt in dieser Hinsicht Lebenserfahrung zu sammeln und für Veränderung offen zu sein, versucht Merlin das Leben mit Hilfe seines eindrucksvollen Intellektes und umfangreichen Wissens zu kontrollieren. Auch wir versuchen unsere Leidenschaften aus Angst vor Verwundbarkeit unter Verschluss zu halten. Sind wir auf jemand anderen fixiert, verlieren wir umso schneller das Gleichgewicht und finden uns den Wechselfällen des Lebens schutzlos ausgesetzt. Wer als Kind Verletzungen erfahren und gelernt hat, der Liebe zu misstrauen, wird Wissen und Macht als probate Mittel einsetzen, um sich zu schützen. So gepanzert bleibt man jedoch oft kindlich und naiv. Ohne die Erfahrung von Enttäuschung und Trennung sind Reife und Wachstum unwahrscheinlich. Wir sind dann, wie Merlin, eher noch stärker verwundbar.

Mächtige ältere Männer schmücken sich gerne mit schönen jungen Frauen. Möglicherweise brüsten sie sich mit diesen »Trophäen« – Frau oder Geliebte – als Zeichen ihrer ungebrochenen Potenz und Attraktivität. Im Grunde steckt dahinter die Angst, nur aufgrund von Macht und Geld und nicht als Mensch gefragt zu sein. Seit sich die Gesellschaft demgegenüber offener zeigt, sieht man auch immer mehr prominente ältere Frauen nicht nur mit Hilfe plastischer Chirurgie, hartem Fitnessprogramm und Diäten, ihre Jugendlichkeit erhalten, sondern möglicherweise auch mit einem attraktiven jungen Mann im Schlepptau. Natürlich können diese Beziehungen zwischen älteren Männern und jüngeren Frauen oder zwischen älteren Frauen und jüngeren Männern auch reich, liebevoll und völlig aufrichtig sein. In vielen Partnerschaften dienen soziale Stellung und Macht jedoch als die Währung, mit der eine illusorische Liebe erkauft wird.

Psychologisch betrachtet ist Merlin ein sehr unsicherer Mann, der sein Selbstvertrauen nur aus seinem Wissen und seiner Magie bezieht. Damit versucht er Einsamkeit und Selbstzweifel zu kompensieren. Aus Mangel an Selbstwertgefühl will er das Objekt seiner Leidenschaft sofort mit seiner Macht beeindrucken, statt sich als echte Person mit ganz normalen Schwächen zu zeigen. Auch dafür bietet unser Alltag zahlreiche Beispiele. Gerade aus Unsicherheit neigen wir oft dazu, mit Macht, Geld, Begabungen oder Wissen auftrumpfen zu wollen, und ohne es zu merken, öffnen wir mit dieser Selbstverleugnung Tür und Tor für Zurückweisung und Verletzung. Hochstaplerische Selbstdarstellung ist ein Täuschungsversuch, bewusst oder unbewusst. Genau damit ziehen wir Betrüger an. Merlins Geschichte fächert in aller Deutlichkeit die Folgen einer Leidenschaft ohne Selbstvertrauen auf. Eine tiefer gehende und wahrhaftige Begegnung mit gleichgestellten Partnern ist die Voraussetzung für dauerhafte Liebe. Der biblische Held Simson (siehe Seite 141–144) lebt völlig unreflektiert nur nach seinen körperlichen Bedürfnissen. Merlin dagegen fürchtet sich gerade vor körperlichem Begehren und vertraut ausschließlich seinem Intellekt. Nur ein Gleichgewicht zwischen beidem gewährleistet seelische Gesundheit und eine erfüllte Partnerschaft.

2. *Das ewige Dreieck*

Der Begriff ewiges Dreieck verweist darauf, dass sich Menschen mit der Liebe zu nur einer Person immer schwer taten. Das Beziehungsdreieck ist sozusagen der Stoff, aus dem große Dichtungen, Dramen und Romane gemacht sind – und erklärt das Einkommen vieler Anwälte. Untreue schmerzt uns, fasziniert uns aber auch. Das ewige Dreieck bezeichnet eine archetypische Erfahrung und die Psychologie kennt viele Erklärungsmodelle zum Thema Fremdgehen. Oft wissen wir aus eigener, schmerzhafter Erfahrung, wie zerstörerisch Vertrauensverlust auf Ehen und Familien wirkt. Betrogen zu werden empfinden wir als Erniedrigung und Verrat ist die Quelle größten menschlichen Leids. Tatsächlich sind wir einer Erklärung, warum wir monogam leben möchten, aber polygam sind, nicht näher als vor Jahrtausenden – als die großen Mythen über sexuellen und emotionalen Betrug entstanden.

Die Ehe von Zeus und Hera
Bindung oder Freiheit?

Eine der berühmtesten mythischen Darstellungen von Untreue ist die Geschichte der Ehe von Zeus und Hera. Hier finden wir das Beziehungsdreieck nicht nur einmal vor. Denn Zeus ist der Archetyp des notorischen Ehebrechers und Hera der Archetyp der eifersüchtigen Ehefrau. Ihr Eheleben ist die Geschichte fortwährender Affären, gewürzt mit Eifersucht, Intrigen und illegitimen Kindern. Irgendwie hält ihre Ehe.

Zeus, der König des Himmels, regierte den Kosmos umsichtig und war Garant für sein Funktionieren. Er heiratete seine Schwester Hera und schien völlig in sie vernarrt. Dabei war er von Beginn der Ehe an untreu – und sie beleidigt und rasend eifersüchtig. Sie stritten sich in einem fort und gelegentlich verprügelte Zeus seine Hera, um sie mit ihren

Vorwürfen und Protesten zum Schweigen zu bringen. Hera schäumte vor Wut, weil er immerzu auf der Jagd nach neuen Geliebten war. Seine Eroberungszüge erforderten mitunter große Erfindungskraft und Anstrengungen, doch je schwieriger die Aufgabe, desto größer seine Leidenschaft. Um an eifersüchtigen Ehemännern oder Vätern vorbeizukommen, veränderte Zeus seine Gestalt und trat verkleidet auch in Gestalt eines Tieres auf. Für Leda verwandelte er sich in einen Schwan, für Europa in einen Stier, für Demeter in einen Hengst und für Danae in einen Goldregen. Sobald er sein Ziel erreicht hatte, verlor er allerdings schnell das Interesse am Objekt seiner Begierde und begab sich von neuem auf die Suche.

Hera hingegen verbrachte die meiste Zeit damit, sich verletzt und zurückgesetzt zu fühlen. Mit großem Aufwand spionierte sie ihm nach und arbeitete schlaue Pläne aus, um Zeus zu demütigen und sich an seinen Geliebten zu rächen. Da sie ohnehin nicht viel zu tun hatte, schien das ihrem Leben einen Sinn zu geben. Besonders gefährdet durch Heras Zorn waren Zeus' zahlreiche, illegitime Kinder, denn Hera fürchtete, Zeus könnte diese mehr lieben als seine Frau und ehelichen Kinder. So trieb sie keinen Geringeren als Dionysos in den Wahnsinn und brachte seiner Mutter Semele den Feuertod. Herkules, den Sohn der Alkmene, quälte sie mit unlösbaren Aufgaben. Einmal legte sie sogar ihren eigenen Gatten Zeus in Fesseln und drohte mit seinem Sturz – hier kamen ihm jedoch die anderen Götter zu Hilfe. Trotz alledem hielt ihre Beziehung und sogar ihre Leidenschaft entfachten sie stets aufs Neue. Um Zeus zu erfreuen und für ihre Zwecke zu gewinnen, lieh sich Hera auch Aphrodites goldenen Gürtel aus. Während des Trojanischen Krieges verführte Hera mit Hilfe dieses Gürtels ihren Gatten. Derart abgelenkt vergaß er die Stadt Troja zu beschützen (was ganz in Heras Sinne war, denn sie war den Trojanern nicht freundlich gesinnt).

Zeus' Eifersucht Hera gegenüber war nicht minder heftig und zeigt eindeutig seine Doppelmoral. Einmal wollte Ixion, ein Sterblicher, Hera verführen. Zeus las jedoch seine Gedanken und formte aus Wolken eine falsche Hera – mit der Ixion sich also zu vergnügen begann. Dann band ihn Zeus an ein Feuerrad und ließ ihn bis in alle Ewigkeit durch den Himmel rollen. Als Hera wieder einmal genug von ihrem Mann hatte, verließ sie ihn und versteckte sich sogar vor ihm. Ohne die mächtige Frau an seiner Seite – so sehr sie ihn auch immer schalt und geiferte – fühlte Zeus sich einsam und elend. Plötzlich verlor er das Interesse an seinen Liebschaften und suchte Hera überall. Auf den Rat eines Sterblichen, der in Eheangelegenheiten wohl recht beschlagen war, ließ er das Gerücht verbreiten, er wolle jemand anderen heiraten. Er formte die Statue einer jungen schönen Frau, kleidete sie prächtig, legte ihr wie einer Braut die Schleier an und zog feierlich mit ihr durch die Straßen. Als Hera dies zu Ohren kam, verließ sie eilig ihr Versteck. Beim Anblick von Zeus und seiner Braut raste sie auf das Paar zu und riss ihrer Rivalin die Schleier herunter – um festzustellen, dass sie ganz aus Stein war. Als sie bemerkte, dass man sie überlistet hatte, brach sie in schallendes Gelächter aus und das Paar vertrug sich wieder, eine Zeit lang. Hoch oben auf dem Olymp streiten sich die beiden angeblich bis zum heutigen Tag, versöhnen sich, verletzen einander, täuschen und lieben sich.

Kommentar

Die Ehe von Zeus und Hera war bestimmt keine harmonische und heutzutage würde man einen Zeus, der sich verhält wie der Götterkönig der alten Griechen, schnell verdammen. Immerhin ist seine Ehe mit Hera leidenschaftlich und inspirierend und beide Partner fühlen sich ohneeinander verloren. Oberflächlich betrachtet verurteilen wir Zeus' Ehebrüche vielleicht. Auf einer anderen, tiefer gehenden Ebene erhalten wir über diese Ehe überraschende Einblicke in das Wesen menschlicher Bindungen.

Warum bleiben die beiden mächtigen Götter zusammen, wo sie sich doch ohne weiteres trennen und weniger anstrengende Partner finden könnten? Zeus verkörpert die Schaffenskraft und Erfindungsgabe schlechthin. Seine fortwährenden Gestaltveränderungen und sein Suchen nach dem Ideal machen ihn zum Symbol der geheimnisvollen, fließenden und fruchtbaren Macht der Imagination, die sich eben nicht mit konventionellen irdischen Strukturen und Regeln fassen oder eindämmen lässt. Hera dagegen ist die Göttin des Heims und der Familie, sie steht für Verbundenheit und soziale Strukturen, für Beständigkeit, Verantwortungsbewusstsein, Regeln und Achtung vor der Tradition. In der Tat stellen diese Götter zwei Seiten derselben Medaille dar. Sie spiegeln zwei Dimensionen der menschlichen Psyche, die im ewigen Widerstreit zueinander stehen und doch voneinander abhängen. In den meisten Beziehungen neigt ein Partner mehr zum Gestalterisch-Schöpferischen, der andere mehr zur Bewahrung und Strukturierung des Lebens. Jeder von uns besitzt beide dieser lebensnotwendigen Fähigkeiten.

Auf psychologischer Ebene können wir Zeus' Fremdgehen als fortwährende Suche nach der Magie der Schönheit erkennen und als den Wunsch, sich selbst auszudrücken – die Essenz der Kreativität. In Heras Eifersucht erkennen wir die Schwierigkeit – und die große Stärke –, Verbindlichkeit und Verantwortung zu bewahren. Mit ihr spüren wir Wut, die sich unweigerlich einstellt, wenn wir unsere Freiheit bewusst einschränken, während der andere sich selbstgefällig scheinbar alles erlauben darf, ohne mit Konsequenzen rechnen zu müssen.

Ob Mann oder Frau – wir alle können uns entweder mit Zeus oder mit Hera identifizieren. Beide, so sagt uns der Mythos, stecken in uns. Wollen wir vermeiden, dass das Drama dieser Ehe auf schmerzhafte Weise in unserem Leben Wirklichkeit wird, sollten wir ein Gleichgewicht der Kräfte in uns selbst anstreben.

Immerhin können Zeus und Hera zusammen lachen. Das ist das Zaubermittel, das sie nach einem Streit wieder versöhnt. Und jeder der beiden kann sich dem anderen gegenüber behaupten. Bei aller Eifersucht ist Hera keine Märtyrerin. Sie schlägt mit Witz und Verstand zurück, statt in einem Meer von Selbstmitleid zu versinken. Obwohl sie sich gegenseitig verletzen, haben sie Achtung voreinander. In diesem Mythos kommt etwas zutiefst Menschliches zum Vorschein: Die Kirschen in Nachbars Garten schmecken immer süßer, sind stets verlockender als die eigenen. Zeus verfolgt die Objekte seiner Begierden, gerade weil sie ihm verboten sind. Als Hera ihn verlässt, bemüht er sich leidenschaftlich um sie. Und Hera setzt ihm auch deshalb so nach, weil sie ihn nie ganz besitzen kann. Das tiefste Geheimnis dieser olympischen Ehe liegt in der Erkenntnis, dass dauerhafte Liebe aus der Unmöglichkeit erwächst, den anderen völlig zu besitzen.

So schmerzvoll die Erfahrung eines untreuen Partners sein mag, sollten wir uns fragen, ob wir unsere Eigenständigkeit nicht zu leichtfertig gegen eine totale Verfügbarkeit eingetauscht haben. Andererseits sollten wir uns, wenn wir selbst dazu neigen, fremdzugehen, fragen, ob sich hinter dieser Suche nach etwas Neuem, noch Vollkommenerem nicht die Angst vor Verfügbarkeit und Vereinnahmung durch den Partner verbirgt. Die zutiefst menschliche Suche nach dem Unerreichbaren anzuerkennen muss mit Kompromissbereitschaft als Voraussetzung für eine funktionierende Partnerschaft einhergehen. So wichtig der Verzicht auf Perfektionismus für das Funktionieren einer Partnerschaft sein mag, wir müssen uns dabei doch selbst treu bleiben.

In der Ehe von Zeus und Hera gibt es keine »Lösung«. Auch in menschlichen Beziehungen gibt es für das Problem der Untreue – ob nun buch-

Als Mentor gab der edle Ritter Gurnemanz dem jungen, törichten Parzival bessere Kleider und lehrte ihn die Regeln der Ritterlichkeit, Höflichkeit und Tugendhaftigkeit.

Edward von Steinle (1810–1886):
Parzivals Erziehung durch Gurnemanz

Auf dem geflügelten Pferd Pegasus, bewaffnet mit
dem Gorgonenhaupt, befreite Perseus Prinzessin Andromeda
todesmutig aus den Fängen des Seeungeheuers.

Giuseppe Cesari (1568–1640): *Perseus rettet Andromeda* (Ausschnitt)

Die mythische Hochzeit von Eros und Psyche ist voll tiefer Symbolik. Der Name Psyche bedeutet »Seele« und die Vereinigung der beiden steht für die Verwandlung der menschlichen Seele durch die Macht der Liebe.

FRANÇOIS GERARD (1770–1837): *Amor und Psyche*

Mit allen Mitteln versuchte Echo, die Aufmerksamkeit des schönen Jünglings auf sich zu ziehen. Doch Narziss hatte sich in sein eigenes Spiegelbild verliebt. Er war besessen von dem Bild im Wasser, das unerreichbar blieb.

John William Waterhouse (1849–1917):
Echo und Narziss

Nachdem Delila Simson mit ihren Reizen dazu verleitet hatte, das Geheimnis seiner Stärke preiszugeben, schlief er in ihren Armen ein. Als er erwachte, musste er feststellen, dass er verraten worden war und seine Feinde seine langen Locken abgeschnitten hatten.

Gustave Moreau (1826–98):
Simson und Delila

Der unglückliche Merlin folgte Nyneve überallhin. Indem er ihr die Geheimnisse seiner Zauberkunst verriet, versuchte er sie für sich zu gewinnen. Sie aber sperrte ihn ein, mit Hilfe einer Zauberformel, die er sie selbst gelehrt hatte.

EDWARD BURNE-JONES (1833–98): *Die Verzauberung Merlins*

Während Zeus eine Geliebte nach der anderen umwarb, wartete Hera und beobachtete ihn. Sie ersann schlaue Pläne, um ihren untreuen Gatten zu demütigen und Rache an ihren Rivalinnen zu nehmen.

Jacopo Amigoni (1682–1752):
Jupiter verliebt sich in Io, während Juno zusieht

stäblich oder in der Fantasie – vielleicht keine Lösung. Vieles hängt von der persönlichen Moral, Ethik, Aufrichtigkeit, Selbstkontrolle sowie vom psychologischen Verständnis der beteiligten Personen ab. Obwohl wir das Geheimnis der olympischen Ehe kennen, sind wir dennoch verblüfft, wenn wir heute Paare sehen, die in ihrer Ehe sehr ähnliche Kapriolen vollführen wie das mythische Paar und sich dennoch lieben und gegenseitig inspirieren. Je mehr wir aber den Kampf zwischen Bindung und Freiheit begreifen, desto besser verstehen wir die Spannungen in uns selbst und verfallen nicht Zeus'scher Zügellosigkeit – oder dem anderen Extrem der jammernden Hera.

Artus und Guinevere
Erlösung durch Leid

Einer der berühmtesten Mythen über die Zerrissenheit zwischen Treue und Verrat ist die Legende von König Artus und Königin Guinevere und ihrer Liebe zu Lancelot, des Königs bestem Freund. Einzigartig ist er insofern, als keiner der Beteiligten dieser Dreiecksbeziehung dem anderem Schaden zufügen will. Vielmehr wünschen sich alle Versöhnung und inneren Frieden. Das Ideal bleiben Rechtschaffenheit, treue Freundschaft und die heilige Natur der tiefen und ehrlichen Liebe.

Nach Jahren des Krieges und dem Sieg über die angreifenden Sachsen verkündete Artus seinem weisen Berater Merlin: »Es ist Zeit für mich, eine Gemahlin zu wählen.« Und von Merlin nach seiner Wahl gefragt, sprach Artus von der wunderschönen Prinzessin Guinevere, Tochter des Königs Leodegrance von Cameliard. In sie war er schon verliebt, bevor er sie zu Gesicht bekommen hatte.

Als Wahrsager sah Merlin jedoch das tragische Ende dieser Beziehung bereits vorher. »Wenn ich als Euer Berater einwenden würde, dass Guinevere eine unglückliche Wahl ist, würde das etwas ändern?«, fragte Merlin.

»Nein«, antwortete Artus.

»Nun, wenn ich Euch sagen würde, dass Guinevere Euch mit Eurem teuersten Freund Lancelot betrügen wird …«, sagte Merlin.

»Dann würde ich Euch nicht glauben«, erwiderte Artus.

»Natürlich nicht«, meinte Merlin traurig. »Jeder Mann auf dieser Welt glaubt fest daran, dass die Kraft der Liebe für ihn allein die Gesetze der Natur außer Kraft zu setzen vermag. Selbst ich, da ich weiß, dass ein dummes Mädchen mir den Tod bringen wird, werde seinen Reizen doch keinen Augenblick widerstehen, wenn ich ihm erst einmal begegne. Ihr werdet Guinevere also heiraten. Ihr wünscht keinen Rat, sondern Zustimmung.«

Und so beauftragte Artus Lancelot, den Obersten der Ritter und Mann seines absoluten Vertrauens, Guinevere vom Hof ihres Vaters an Artus' Hof zu geleiten. Auf dem Weg erfüllte sich Merlins Prophezeiung: Lancelot und Guinevere verliebten sich ineinander. Doch keiner der beiden wollte seinen Treueschwur gegenüber dem König brechen.

Bald nach der Hochzeit musste der König in Regierungsangelegenheiten reisen. In seiner Abwesenheit stellte König Meleagant der Königin eine Falle und entführte sie in sein Königreich. Niemand wusste, was ihr genau geschehen war. Der einzige Weg zum Ort ihrer Gefangenschaft führte über eine gefährliche Brücke aus aneinander gefügten Schwertern. Noch keinem Angreifer war es gelungen, sie zu überqueren. Niemand wagte sich auf die Suche nach Guinevere zu machen, außer Lancelot. Lange musste er durch unbekanntes Land ziehen, bis er Guineveres Versteck entdeckte. Als er die Brücke überschritt, zog er sich schwere Wunden zu, doch tötete er König Meleagant im Kampf und befreite die Königin. Nach ihrer Rückkehr an den Hof pflegte die besorgte Königin selbst Lancelots Wunden. Auf seinem Krankenlager gaben sie sich schließlich ihrer heimlichen Liebe hin.

Bei Artus' Rückkehr erzählte Merlin ihm von einer Vision: Er habe die Königin und Lancelot zusammen gesehen, wie sie Ehebruch begingen. Auch andere Mitglieder seines Hofes berichteten von der heimlichen Liebe. Dennoch schreckte Artus vor einer Bestrafung zurück. Statt Anklage zu erheben, wollte er zunächst einen Rat einberufen – wusste er doch, wie sehr sowohl sein Freund als auch die Königin selbst unter ihrer Liebe litten und dass beide nach Kräften dagegen ankämpften. Eine öffentliche Anklage hätte das Ende seiner geliebten Freunde bedeutet. So wartete er also ab und alle drei waren voll Kummer über ihre ausweglos verstrickte Liebe.

Die Ritter bei Hofe indes waren wütend über die Schande, die die Königin und Lancelot über den König gebracht hatten. Zudem glaubten sie, ihre Macht vergrößern zu können, wenn sie Lancelot von der Seite des Königs verdrängten. So schmiedeten sie ein Komplott, Lancelot und Guinevere zusammen zu ertappen, ihre Untreue zu beweisen und Guineveres Vergehen öffentlich zu machen. Einer der Ritter, des Königs illegitimer Sohn Mordred, hatte es selbst auf den Thron abgesehen.

Eines Nachts lauerten die intriganten Ritter den Liebenden auf und stürzten in das Zimmer, in dem sie beisammenlagen. Lancelot entkam, doch die Königin wurde gefangen genommen und dem König zum Beweis ihres Verrats vorgeführt. Gegen seinen Willen war Artus nun gezwungen, öffentlich Anklage zu erheben und Gericht zu halten. So wurde Guinevere für schuldig befunden und zum Tod auf dem Scheiterhaufen verurteilt. Als das Urteil vollstreckt werden sollte, preschte Lancelot, der in seinem Versteck Nachricht erhalten hatte, auf seinem Pferd heran, um sie zu retten. Es gab einen erbitterten Kampf und viele Ritter waren erschlagen, als Lancelot mit der Königin auf sein Schloss Joyous Gard fliehen konnte.

Nun, da Lancelot einige seiner besten Ritter umgebracht hatte, war der König gezwungen, hart gegen ihn vorzugehen. Mit einer ganzen Armee belagerte der König Joyous Gard. Lancelot weigerte sich aber, sein Schloss zu verlassen: Auf keinen Fall wollte er im Kampf seine Hand gegen den König erheben. So sprachen Artus und Lancelot miteinander und sie erinnerten sich an ihre Liebe und Treue. Voll Reue schwor Lancelot, von der Liebe zur Königin abzulassen. Artus und Lancelot waren versöhnt.

Artus wollte seiner Frau vergeben und sie zurücknehmen, aber dagegen begehrten die rachsüchtigen Ritter auf. Sie verlangten Genugtuung und Lancelot, wollte er nicht als Feigling gelten, musste sich dem Kampf stellen. Es kam zu einem erbitterten Kampf. Als sich Artus und Lancelot im Schlachtgetümmel begegneten, hatten sie Tränen in den Augen. Doch das Geschehene war nicht rückgängig zu machen und so nahmen die Dinge ihren Lauf.

Bis zur völligen Erschöpfung währte die Schlacht. Am Ende kam es zum Waffenstillstand. Artus kehrte mit Guinevere an seinen Hof zurück und bot Lancelot seinen alten Platz an der Tafelrunde an. Mordred aber, der seine Macht schwinden sah, sann darauf, die drei zu stürzen, und zog offen gegen den König in den Kampf. In dieser Schlacht wurde Artus tödlich verwundet. Lancelot, der an der Seite des Königs kämpfte, tötete Mordred. Als die Schlacht vorüber war, fühlte Lancelot große Schuld und sagte der Königin, dass er fortgehen müsse und sie nie wieder sehen dürfte. Er trat in ein Kloster ein, wo er seine Tage mit Buße verbrachte. Auch die Königin konnte ihre Schuld und den Verlust beider geliebter Männer nicht ertragen und zog sich in ein Kloster zurück.

Viele Jahre vergingen. Eines Nachts hatte Lancelot eine Vision: Er sollte die Königin aufsuchen. Er machte sich auf den Weg und als er in dem Kloster eintraf, in dem sie ihre Tage verlebte, war sie eine halbe Stunde zuvor gestorben und er fand nur noch ihren Leichnam vor. Von diesem Tag an aß und trank Lancelot nicht mehr. Er wurde schwächer und gebrechlicher und schmachtete dahin, bis er schließlich starb.

Lancelot und Guinevere wurden gemeinsam aufgebahrt und zu seinem Schloss gebracht. Nun kamen alle Ritter, um sie zu ehren – selbst die, die zu ihren Lebzeiten ihren Niedergang gewünscht hatten. Denn nach all den Jahren der Buße war ihre große Liebe zueinander und zum König erwiesen. Erst im Tod fanden die drei Geliebten, denen man im Leben nicht vergeben wollte, Erlösung.

Kommentar

Die tragische Dreiecksbeziehung von Artus, Guinevere und Lancelot lässt sich als Vision menschlichen Edelmuts fassen. Eine Tugend, die als Potenzial in uns allen schlummert, jedoch im täglichen Leben leider nur selten zum

Tragen kommt. Dieses Beziehungsdreieck wird nicht von Zügellosigkeit, rücksichtsloser Begierde, Langeweile oder Leichtfertigkeit beherrscht. Die Beteiligten hegen eine tiefe Liebe zueinander, die nicht ausschließlich ist. Wir können für die unterschiedlichsten Menschen tiefste Liebe auf unterschiedlichen Ebenen empfinden. Für uns heute ist das schwer zu verstehen, weil wir in dem Glauben erzogen wurden, einen Partner zu lieben bedeute, niemand anderen lieben zu können. Unsere Heiratsversprechen basieren auf Ausschließlichkeit. Beobachten wir die Beteiligten eines solchen Dreigespanns, sind wir schnell bereit, den Betrügenden als oberflächlich und gefühllos zu verurteilen. Fremdgehen – bewusst oder unbewusst – mag oft vordergründig motiviert sein. Der Mythos von Artus und Guinevere zeigt, dass das nicht immer so ist. Es ist das Leben, das manchmal ungerecht ist – und so ist es auch die Liebe.

Wir können Artus, der sich weigert, Rache zu nehmen, für seine vorbildliche Haltung und Großzügigkeit nur beneiden. Verweigerung der Rache verweist auf eine vorbildliche Großzügigkeit und Haltung. Seinen Rittern fehlen diese Tugenden, wie so vielen Menschen, leider völlig. Sie verdammen laut und schnell, was sie nicht verstehen – in diesem Fall wirkliche Liebe. Ihre geheimen Wünsche machen die Ritter blind für Artus' Rechtschaffenheit. Man würde Artus heutzutage als »Schwächling« bezeichnen, weil er die beschämende Situation scheinbar tatenlos toleriert. Das Gegenteil trifft zu – denn Artus' Loyalität gegenüber seinem Freund Lancelot und seiner geliebten Frau verursacht ihm viel Leid. Trotzdem bleibt er sich treu und beweist so mehr Stärke als jeder der rachsüchtigen Ritter.

Im herkömmlichen Sinn findet keiner der Protagonisten in dieser Geschichte sein Glück in der Liebe. Wichtiger als ein glückliches Zusammenleben ist ihnen die Treue den eigenen Werten gegenüber, auch wenn das große Opfer fordert. Wäre es nicht wirkliche Liebe zwischen Guinevere und Lancelot gewesen, wären sie der Versuchung niemals erlegen. Wäre es nicht wahrhafte Liebe gewesen, die Artus für den Freund und die Königin empfand, hätte er sich gerächt, mit dem Beifall aller. Wenn wir selbst einmal solche Liebe erleben, werden wir verstehen, warum sie im Altertum als Heimsuchung Gottes empfunden wurde, gegen die der Mensch machtlos ist.

Oft dient die »große Leidenschaft« nur als Vorwand für das Ausleben seiner Begierden oder gar des heimlichen Wunsches, den Partner zu bestrafen. Das wahre Gesicht großer Leidenschaft zeigt sich erst im Zusammenhang mit den Entscheidungen, die zu treffen auch die drei mythischen Figuren gezwungen sind. Vielleicht können wir von Glück reden, wenn uns diese Feuerprobe im Leben erspart bleibt. Sie bedeutet in jedem Fall großes Leid für alle Beteiligten.

Sollte das Leben uns dennoch derart prüfen wollen, erinnern wir uns an Artus und Guinevere: Durch Verrat werden wir auf tiefstgreifende und erschütterndste Weise lernen zu erkennen, wer wir sind – und woran wir glauben.

3. Die Ehe

Mythen über die Ehe gibt es viele. Doch keiner schildert die »glückliche Ehe«, die wir uns eigentlich wünschen. Es entbehrt nicht einer gewissen Ironie, dass gerade der oft zitierte Mythos von der glücklichen Ehe in der Mythologie gar nicht vorkommt. Die Bilder, die die Mythen zur Ehe bieten, zeigen archetypisch das Auf und Ab menschlicher Gefühle und die Schwierigkeiten und Prüfungen, die jede aufrichtige Beziehung mit sich bringt. In den folgenden Geschichten werden wir keine Patentrezepte für ewiges Glück finden, doch werden uns Einblicke in die Dynamik zwischenmenschlicher Beziehungen gewährt. Im echten Leben braucht es für eine glückliche Ehe echtes Bemühen und Bewusstheit und wohl auch ein Quäntchen Glück. Ein in der menschlichen Seele verankerter Archetypus ist sie jedenfalls nicht.

Gerda und Freyr
Die Bedeutung des Werbens

Diese altnordische Geschichte erzählt davon, wie Gott Freyr die Riesin Gerda freite, wie sein beharrliches und intensives Liebeswerben, den Weg in eine glückliche Ehe bereitete. Zwar können wir nicht auf Zaubersprüche zurückgreifen, jedoch von Freyrs Leidenschaft und Entschlossenheit lernen, mit der er bzw. sein Freund und Diener Skirnir seine Braut umwirbt. Eine langfristige, erfüllte Beziehung fällt nicht vom Himmel, sondern verlangt unseren ganzen Einsatz und große Beharrlichkeit.

Als Freyr eines Tages, auf Odins Thron sitzend, amüsiert das Treiben unten auf der Erde beobachtete, erblickte er im Königreich der Riesen mit einem Mal eine unendlich schöne Jungfrau, die gerade aus dem elterlichen Haus trat. Der Schimmer ihrer weißen Arme erfüllte den Himmel und das Meer mit Licht. Ihr Name war Gerda. Freyrs Herz war sofort in Liebe zu ihr entbrannt, doch alsbald erfasste ihn tiefer Kummer, denn er wusste nicht, wie er ihre Liebe gewinnen konnte. Als seine Eltern seine Stimmung bemerkten, schickten sie seinen Freund und Diener Skirnir zu ihm, um etwas über seinen Kummer zu erfahren.

Skirnir verstand das Problem und erbot sich, in Freyrs Namen um die Hand des Mädchens anzuhalten. Freyr sollte ihm sein berühmtes Schwert leihen, das sich von selbst durch die Luft bewegte, und sein Pferd, auf dem man durch Feuer reiten konnte. Derart gerüstet ritt Skirnir durch die Nacht, bis er das Land der Riesen erreichte. Vor Gerdas Haus aber waren wilde Hunde angekettet und um das Anwesen zog sich ein magischer Feuerkreis. Skirnir fürchtete sich nicht. Er lenkte sein Pferd durch die magischen Flammen – und schon stand er vor ihrer Tür.

Als Gerda wegen des Hundegebells vor die Türe trat, überbrachte ihr Skirnir Freyrs Antrag. Er gab ihr elf goldene Äpfel und einen wunderschönen magischen Ring, der einst Odin gehört hatte. Gerda jedoch blieb ungerührt. Da ließ Skirnir das Schwert durch die Luft schwingen, als wolle er Gerda und ihren Vater töten. Doch auch diese Drohung ließ Gerda unbeeindruckt. Wild entschlossen sprach Skirnir Zaubersprüche und Beschwörungen aus. Er drohte Gerda damit, todbringende Runen in seinen Zauberstab zu ritzen, die sie zu einem einsamen Leben verdammen würden am eiskalten Ende der Welt – dort würde sie verdorren wie eine Distel.

Da bekam Gerda es doch mit der Angst zu tun. Nichts konnte schlimmer sein als ein Leben in völliger Einsamkeit. Und plötzlich schien Freyr nicht mehr so unattraktiv. Um Skirnir zu besänftigen, bot sie ihm Met als Willkommenstrunk.

Skirnir vereinbarte sofort ein Treffen mit Freyr, denn der verging schon vor Sehnsucht nach seiner Braut. Aber Gerda wünschte keine Hast: Sie erklärte sich bereit, Freyr in einem heiligen Hain ihrer Wahl und nach Ablauf einer Frist von neun Tagen zu treffen.

Unterdessen wartete Freyr voll Ungeduld und Kummer auf Neuigkeiten. Als er von Gerdas Antwort erfuhr, war sein Herz wieder voller Freude. Nur ihre Frist grämte ihn. »Eine Nacht ist lang«, sagte er zu Skirnir. »Doch um wie viel länger sind zwei Nächte! Und wie soll ich die Geduld für drei Nächte aufbringen? Wie neun Nächte überstehen?«

Er überlebte, wenn er auch Skirnir und seine Eltern mit seinen Klagen fast in den Wahnsinn trieb. Am Ende heiratete er Gerda und sie wurden ein glückliches Paar.

Kommentar

Anders als viele andere Mythen von Liebeswerben und Heirat hat diese altnordische Geschichte sogar ein Happy End. Das Glück verdankt sich einer Art der Brautwerbung, die uns auf den ersten Blick etwas merkwürdig erscheint. Nur aus Furcht willigt Gerda in die Eheschließung ein. Sie fürchtet nichts außer der Einsamkeit. Erst als Skirnir droht, sie werde ihr zukünftiges Leben in Einsamkeit fristen, willigt sie in die Ehe ein. Angst vor Einsamkeit ist nun einmal eine der treibenden Kräfte hinter dem Wunsch nach einer festen Beziehung – und anders gesagt, ist Einsamkeit eine der wichtigsten Ursachen für Kummer und Angst. Die Drohung Skirnirs wirkt, weil Gerda offen und aufrichtig zu sich selbst ist. Wir wollen vielleicht nicht zugeben, dass wir einen Partner suchen, weil wir nicht einsam bleiben wollen. Ungern gestehen wir uns unsere wachsende Bereitschaft ein, zu heiraten, weil wir Angst vor der Einsamkeit im Alter verspüren. Lieber sprechen wir von der Suche nach dem »richtigen« oder »seelenverwandten« Partner.

In unserer Zeit ist viel die Rede von der Freiheit des Single-Daseins. Natürlich muss man seine Selbstständigkeit bewahren und auch mal allein sein können. Beziehungen, die nur auf der Furcht vor dem Alleinsein gegründet sind, ohne gegenseitige Achtung und Austausch halten nicht lange. Vielleicht ist Gerda aber ehrlicher – und deshalb erfolgreicher in ihrer Ehe – als viele andere, die die Herausforderungen und Kompromissbereitschaft einer engen Beziehung scheuen und das Single-Dasein propagieren.

Merkwürdig erscheint uns, dass Freyr seiner Angebeteten nicht selbst den Hof macht. Als Freund und Diener Freyrs stellt Skirnir aber – wie das in den Mythen meist der Fall ist, in denen ein Stellvertreter die wirkliche Arbeit leistet – im Grunde einen Aspekt von Freyr selbst dar. Im Gegensatz zu Freyr, dem Gott, ist sein Diener bescheiden und muss nicht erst seinen Stolz überwinden. Selbst als er magische Kräfte verwendet, ist er lediglich Freyrs Fürsprecher. Will man seine Wunschbeziehung erfolgreich gestalten, sollte man sich nicht als höheres Wesen präsentieren, sondern als ganz normaler Mensch. Die Figur des Skirnir steht auch für Kommunikation. Er verfügt über die richtigen Hilfsmittel, Werkzeuge, über die richtige Sprache. Erst nach mehreren Annäherungsversuchen trifft er den richtigen Ton. Flexibilität, Einfallsreichtum und Kommunikationsvermögen sind in zwischenmenschlichen Beziehungen von großer Bedeutung. Darüber hinaus beweist Skirnir Durchhaltevermögen, als er angesichts Gerdas Sturheit nicht aufgibt. Sein Meister Freyr wäre vermutlich bald beleidigt gewesen und hätte sich zurückgestoßen gefühlt. Da bei Skirnir aber keine persönlichen Gefühle im Spiel sind, bleibt er objektiv. Er ist also nicht nur ein Bild für Kommunikationsfähigkeit, sondern auch für Distanz. Er hat keinen Stolz zu verlieren, keine Gefühle, die verletzt werden könnten. Es gilt also auch, eine gewisse Distanz zu kultivieren, um denen, die wir lieben oder denen wir näher kommen wollen, die richtige Botschaft zu vermitteln.

Die magische Waffe, die goldenen Äpfel und der wunderschöne Ring, die Gerda angeboten werden, haben keine Wirkung. Skirnir verspricht und droht, doch erst als er entdeckt, wie sehr Gerda die Einsamkeit fürchtet, hat er Erfolg. In diesem uns merkwürdig anmutenden Liebeswerben eines Gottes ist nicht leicht Eindruck schinden. Dasselbe gilt für uns Menschen. Durch bloßes Auftrumpfen gewinnt man keine Liebe. Am Ende muss man die Ängste des anderen ansprechen können – und also auch die eigenen kennen: So lassen sich Abwehrhaltungen durchbrechen und eine langfristige Beziehung aufbauen.

Nyneves Wandlung
Mitgefühl als Schlüssel zur Liebe

Wir sind Nyneve bereits in der Geschichte über die Verzauberung Merlins begegnet (siehe Seite 145–148). Sie war jung, gefühllos und egoistisch. Um ihre Macht zu vergrößern, betrieb sie Merlins Untergang. In der folgenden Geschichte lernt sie Weisheit und Mitleid durch Alter, Erfahrung und Leid. Und nur dank dieser Wandlung vermag sie eine wirkliche Ehe einzugehen, in der sie Freude und Erfüllung findet.

Rastlos wandelte Nyneve in den Wäldern umher. Sie hatte sich verändert, seit sie als ungeduldige und ehrgeizige junge Frau Merlins Geheimnisse und am Ende sein Leben geraubt hatte. Damals war es ihr um Macht und Ruhm gegangen. Welchen Preis sie dafür würde zahlen müssen, hatte sie nicht gewusst. In den folgenden Jahren hatte ihre Macht ihr eigenes Herz so sehr belastet wie sie einst Merlins Herz. Dank ihrer magischen Fähigkeiten vermochte sie Dinge, die gewöhnliche Menschen nicht zuwege brachten. Statt ihr aber Freiheit zu verschaffen, machten ihre Fähigkeiten sie zur Sklavin. Ihre Heilkraft ließ sie zur Sklavin der Kranken werden und ihre Macht über das Glück fesselte sie an die Unglücklichen. Auch ihr Wissen um die Geheimnisse anderer Menschen, mit dem sie alles versteckte Böse ans Licht brachte, war kein Segen. Es zwang sie vielmehr zu einem fortwährenden Krieg gegen Intrigen um sie herum. Ihre Stärke band sie an die Armen und Schwachen. Diese zeigten ihr gegenüber jedoch keinerlei Solidarität. Unsere Schuldner sind nicht unsere Freunde. Nyneve vereinsamte mehr und mehr und sie sehnte sich nach den alten Zeiten zurück, da Liebe und Freundlichkeit von allen zu gleichen Teilen in die Waagschale geworfen worden waren. Denn unvergleichlich ist die Einsamkeit desjenigen, der nur geben kann. Einzigartig ist die Wut derer, die nur empfangen – und die Last der Schuld hassen lernen. So mischte sich in ihre Freude über ihre Leistungen stets ein ungutes Gefühl ob der eigenen Macht und es trieb sie rastlos von Ort zu Ort.

Eines Tages begegnete sie im Wald einem weinenden Schildknappen. Auf ihre Frage, was ihn so bekümmere, sagte er, sein geliebter Meister sei von seiner Dame betrogen worden; nun sei sein Herz gebrochen und er erwarte den Tod.

»Führe mich zu deinem Herrn«, sagte Nyneve. »Er soll nicht aus Liebe zu einer unwürdigen Frau sterben. Ist sie rücksichtslos in der Liebe, soll ihre gerechte Strafe unerwiderte Liebe sein.«

So geleitete der Knappe sie zu seinem Meister, Sir Pelleas. Mit eingefallenen Wangen und fiebrigen Augen lag er auf seinem Lager. Doch Nyneve meinte, noch nie einen solch anmutigen und schönen Mann gesehen zu haben.

»Warum unterwirft sich das Gute dem Bösen?«, fragte sie und fuhr ihm mit ihrer kühlen Hand sanft über die hämmernde Stirn. Sie sang für ihn und ihre Magie schenkte ihm den Frieden und Zauber eines traumlosen, tiefen Schlafs. Dann suchte sie die untreue Frau, Ettarde, auf und brachte sie an das Lager des schlafenden Pelleas.

»Wie kannst du es wagen, einem solchen Mann den Tod zu bringen?«, fragte Nyneve. Nicht vergessen hatte sie, was sie selbst damals Merlin angetan hatte. Seither musste sie mit bitteren Selbstvorwürfen leben. »Wer bist du, dass du so hart sein kannst? Du sollst den Schmerz spüren, den du ihm zugefügt hast. Dank meines Fluches beginnst du bereits, diesen Mann zu lieben. Du liebst ihn mehr als alles in der Welt. Für ihn würdest du sterben, so sehr liebst du ihn.«

Durch den Zauberspruch gebannt, wiederholte Ettarde: »Ich liebe ihn. Oh Gott! Ich liebe ihn. Wie kann ich nun so lieben, was ich zuvor verachtete?«

»Es ist nur eine Ahnung dessen, was du ihm angetan hast«, sagte Nyneve. »Und nun wirst du die andere Seite kennen lernen.«

Lange flüsterte Nyneve dem schlafenden Ritter ins Ohr. Schließlich weckte sie ihn auf. Sie trat einen Schritt zurück, um zu beobachten, was geschah. Beim Anblick Ettardes erfasste Pelleas der Hass. Als jene liebevoll ihre Arme nach ihm ausstreckte, wich er voll Abscheu zurück. »Geh weg!«, schrie er. »Ich kann dich nicht mehr sehen.« Weinend sank Ettarde zu Boden.

Nyneve sagte: »Nun weißt du, was Schmerz ist. So ist es ihm ergangen.«

»Ich liebe ihn!«, rief Ettarde.

»Du wirst ihn immer lieben«, versetzte Nyneve. »Und du wirst mit deiner unerwiderten Liebe sterben. Dieser Tod ist wie ein Verdorren. Dorthin wirst du nun gehen.«

Dann wandte sich Nyneve wieder an Pelleas: »Erhebe dich und beginne, wieder zu leben. Eines Tages wirst du deine wahre Liebe finden und sie wird dich finden.«

»Niemals wieder werde ich lieben können«, antwortete der Ritter traurig. »Das ist vorbei.«

»Nein«, sagte Nyneve, »nimm meine Hand und ich werde dir helfen, deine Liebe zu finden.«

»Wirst du bei mir bleiben, bis mir das gelingt?«, fragte er.

»Ja«, antwortete sie. »Ich verspreche dir, an deiner Seite zu bleiben, bis du deine Liebe gefunden hast.«

Und sie lebten glücklich zusammen bis ans Ende ihrer Tage.

Kommentar

Die Geschichte von Nyneves Wandlung zeigt uns, was Liebe bewirken kann und wie dauerhafte Bindung entsteht. Sie lehrt uns, dass wir die Folgen unseres Handelns tragen müssen und diese tiefe Gerechtigkeit kann uns – sei es auf noch so verdeckte Weise – von gefühllosen Egoisten in verständnisvolle und mitfühlende Persönlichkeiten verwandeln. Aus Leid erwächst Selbsterkenntnis. Möglicherweise können wir unsere angeborene Fähigkeit zu lieben auch nur über eine Leiderfahrung entfalten.

Zuerst muss Nyneve erkennen, dass Macht und Stellung nur um den Preis der Abschottung von den Mitmenschen zu haben sind. Ob unsere Macht nun auf Reichtum, Wissen, Stellung, spezielle Kunst- oder Heilfähigkeiten, ungewöhnliche Schönheit oder Sexappeal zurückzuführen ist – wenn wir uns über unsere Besonderheit definieren, bringt dies stets die Last des Alleinseins mit sich. Wir können nicht erwarten, dass uns für unsere Hilfe Liebe entgegengebracht wird. Denn, wie Nyneve schmerzlich lernen muss, bilden Schuld und Liebe kein gutes Paar.

Schmerzen, die wir anderen zugefügt haben, können wir nicht durch gute Taten vergessen machen. Im Grunde wissen wir sehr genau, was wir anderen angetan haben und damit müssen wir ein Leben lang zurechtkommen. Dabei ist das, was wir für gewöhnlich als schlechtes Gewissen bezeichnen, ein eher nutzloser Mechanismus, der uns nur verstandesmäßig Schuld erkennen lässt, ohne sie wirklich zu fühlen. Nur tief empfundene Reue ermöglicht Veränderung. Was Nyneve Merlin angetan hat, lässt sich nicht mehr rückgängig machen. Das weiß Nyneve und mit zunehmendem Alter und der Erfahrung von Einsamkeit ist sie stets davon begleitet. Es lehrt sie Demut.

Sir Pelleas hilft Nyneve nicht etwa, weil sie ihn für sich gewinnen will, sondern weil sie in Ettardes Verhalten die Spiegelung ihres eigenen Vergehens an Merlin entdeckt. Sie erkennt einen guten Mann in Pelleas, den eine Frau durch ihre Herzlosigkeit beinahe zerstört. Nyneves Wut auf Ettarde ist in Wahrheit ihre Wut auf sich selbst und sie bestraft auch eigentlich sich selbst. Nur zu klar erkennt sie, dass der anmutige Ritter eine bessere Frau verdient, als sie selbst das einmal war. Als er erklärt, er würde nie wieder lieben, leidet sie so sehr mit ihm, dass sie schwört, ihm zu helfen eine neue Liebe zu finden. Dass sie selbst diese Liebe sein wird, davon weiß sie nichts.

Sie ist Pelleas gegenüber vollkommen uneigennützig. Das unterscheidet sich somit von allem, was sie bislang getan hat. Ihrer Reue entspringt es, Ettarde ihrer gerechten Strafe zuzuführen, denn Nyneve weiß, wie falsch es ist, diejenigen, die uns wirklich lieben, lieblos zu behandeln. Echte Veränderung stellt sich ein und das Böse der Vergangenheit wird geheilt. Der Lohn, den sie erhält – auf den sie nicht gehofft hatte –, ist eine langfristige Partnerschaft. Was die Liebe in guten Ehen am Leben erhält, ist ein Thema, das viele dicke Bücher füllt. Diese Geschichte beantwortet nicht alle Fragen dazu, aber sie enthält einige wichtige Hinweise zur geheimnisvollen Beziehung zwischen Liebe und Selbsterkenntnis, zwischen Demut und wirklichem Mitgefühl. Die Geschichte Nyneves macht den Unterschied deutlich zwischen »Gutes tun«, um Macht und Stellung auszubauen oder seine Einsamkeit zu lindern, und »Gutes tun« aus tief empfundenem Mitgefühl, das aus Selbsterkenntnis erwachsen ist.

Alkestis und Admetos
Jemanden mehr als sich selbst lieben

Die griechische Geschichte von Alkestis, die bereit ist, ihr Leben für das ihres Mannes zu opfern, steht symbolisch für hingebungsvolle eheliche Liebe. Oft scheinen Menschen sich für jemanden oder etwas aufzuopfern – doch bei genauer Betrachtung handelt es sich dabei um den Versuch, sich der Freundschaft des anderen zu versichern. In Ehen entspricht Selbstaufopferung oft einem unbewussten »Handel«, in dem man die Hingabe des Partners zu erstehen versucht. Der andere, der geliebte Partner steht in diesem Mythos an erster Stelle. Nicht weil sich der eine Teil davon Lohn oder Gegenleistung verspricht, sondern weil das Herz keine andere Wahl lässt.

Viele Könige und Prinzen hielten um die Hand von Alkestis an, der schönsten der Töchter von König Pelias. Da nur ein Bewerber zufrieden gestellt werden konnte, wollte Pelias seine Machtstellung nicht durch den Groll der abgelehnten Bewerber gefährden. So ließ er verkünden, Alkestis werde demjenigen gehören, der ein Wildschwein und einen Löwen vor seinen Wagen spannen und so eine Runde auf der Rennbahn fahren könne. Als dies König Admetos von Pherai zu Ohren kam, rief er sofort Apoll zu sich, den Zeus ihm für ein Jahr als Hirten zugeteilt hatte.

»Habe ich dich deiner Göttlichkeit angemessen behandelt?«, fragte Admetos den Sonnengott.

»Das hast du«, antwortete Apoll, »und ich habe dir meinen Dank erwiesen, indem ich all deine Mutterschafe Zwillinge gebären ließ.«

»Als letzten Gefallen«, sagte Admetos, »bitte ich dich, mir zu helfen, Alkestis zu gewinnen. Hilf mir bitte, Pelias' Bedingungen zu erfüllen.«

»Das will ich gerne tun«, erwiderte Apoll. Und im nächsten Moment lenkte Admetos bereits seinen Wagen auf der Rennbahn und sein Gespann wurde von einem Wildschwein und einem Löwen gezogen.

Nun hätte alles gut sein können, aber in seiner Euphorie vergaß Admetos, bei der Hochzeit der Mondgöttin Artemis das traditionelle Opfer darzubringen. Und Artemis zögerte nicht, ihn dafür zu bestrafen. Als der trunkene und mit einem Blumenkranz geschmückte Admetos in dieser Nacht das Brautgemach betrat, erstarrte er vor Entsetzen. Nicht seine wunderbare Braut erwartete ihn auf dem Hochzeitslager, sondern ein Knoten aus zischenden Schlangen. Schreiend rannte Admetos zu Apoll – der sich bereit erklärte, bei Artemis ein Wort für seinen Freund einzulegen. Schnell wurde das vergessene Opfer dargebracht. Am Ende erhielt Apoll von Artemis sogar ein Versprechen: Am Tag seines Todes würde Admetos verschont unter der Bedingung, dass ein Familienmitglied freiwillig für ihn in den Tod ginge.

Dieser Tag, von den Schicksalsgöttinnen schon lange festgelegt, kam allerdings früher als erwartet. Hermes, der Götterbote, betrat eines Tages den Palast und bestellte Admetos in die Unterwelt. Allgemeine Ratlosigkeit breitete sich aus. Apoll konnte noch etwas Zeit für Admetos gewinnen, indem er die drei Schicksalsgöttinnen betrunken machte und somit das Durchtrennen seines Lebensfadens hinauszögerte. Eilends rannte Admetos zu seinen Eltern. Auf den Knien flehte er sie an, für ihn auf ihre alten Tage zu verzichten. Beide lehnten ab: Sie hätten noch zu viel Freude am Leben und er solle gefälligst sein Schicksal akzeptieren wie jeder andere auch.

Da geschah etwas Unerwartetes. Aus Liebe zu Admetos vergiftete sich seine Frau Alkestis: Ihr Geist stieg in die Unterwelt hinab und so erfüllte sich die Bedingung des Abkommens zwischen Apoll und Artemis, das Admetos ein längeres Leben beschied. Persephone, die Göttin der Unterwelt, hielt es aber für schändlich, dass keiner außer Admetos' liebender Frau ein solches Opfer bringen wollte. Als Frau verstand sie Alkestis' große Liebe und belohnte sie dafür. Sie schickte Alkestis zurück in die Welt der Lebenden und das Paar lebte noch lange und glücklich zusammen.

Kommentar

Auf den ersten Blick scheint die Botschaft dieser Geschichte völlig klar: Es gibt keine größere Liebe als die, für die jemand sein eigenes Leben opfert. Der Mythos verrät uns aber mehr über das Wesen der Ehe, vielleicht sogar über das Geheimnis des Lebens. Von Anfang an sind die Götter im Spiel und greifen in die Geschehnisse ein. Als sein Freund und Diener steht der mächtige Gott Apoll Admetos immer zu Diensten. Wer ist dieser Gott und was symbolisiert er in dieser Geschichte? Als Herr der Sonne ist er ein Bild für das Licht, für den Geist, das Bewusstsein. Als kluger und geistesgegenwärtiger Mann ist Admetos den Anforderungen gewachsen, vor die Alkestis' Vater die Freier stellt. Das Anschirren eines Löwen und eines Wildschweins vor ein und denselben Wagen steht für die Kontrolle und Umlenkung der rohen, instinktiven Kraft zu zivilisatorischen Zwecken. So gesehen hat Admetos sich um die Zähmung seiner Triebnatur bemüht und seine inneren Kräfte auszugleichen versucht. Er steht auf der Seite des Lebens und des Lichtes. Deshalb trifft er auch mit seiner Braut eine glückliche Wahl.

Sein erster Verstoß, nämlich das Opfer für Artemis zu vergessen, wird ihm vergeben. Da die Göttin Artemis als Naturgöttin auch die rohen Triebe verkörpert, grollt sie Admetos, denn er steht für Bewusstheit und Selbstkontrolle. Doch regelt Apoll die Angelegenheit und Admetos bekommt zusätzliche Lebenszeit zugesprochen – vorausgesetzt, jemand liebt ihn so sehr, dass er statt seiner in die Unterwelt hinabsteigt. Apoll gelingt es sogar, die Schicksalsgöttinnen zu manipulieren, indem er sie betrunken macht – ein einmaliges Bild in der griechischen Mythologie, in der sich sonst sogar die Götter ihrem Schicksal beugen müssen. Vielleicht soll uns die Geschichte dazu ermutigen, unser Schicksal verantwortungsbewusst in unsere eigenen Hände zu nehmen und uns von blinden Zwängen zu befreien, wie sie die Schicksalsgöttinnen verkörpern. Mit dieser inneren Bewusstheit lässt sich – zumindest auf psychologischer Ebene – sogar der Tod eine Zeit lang in Schach halten.

Dass Admetos' Eltern seine Bitte, ihr Leben gegen seines zu tauschen, ablehnen, überrascht. Wollen wir dieses mythische Bild ernst nehmen, erweist sich die Liebe der Eltern für ihre Kinder und die der Kinder für ihre Eltern oft als unsichere Angelegenheit. Was in Familien als Liebe gilt, ist oft eher ein Netz aus wechselseitigen Bedürfnissen, Abhängigkeiten und Trennungsängsten und entspricht weniger echter, großzügiger Liebe in gegenseitigem Respekt. Deshalb lassen uns unsere Familien oft dann im Stich, wenn wir sie am meisten brauchen. Nur Alkestis ist bereit, sich für Admetos zu opfern. Sie schätzt ihn hoch genug, um dieses Opfer zu bringen. Ein solch absolutes Opfer für unsere Liebe wird uns für gewöhnlich nicht abverlangt, aber immer wieder kommt es vor, dass wir zuerst an den geliebten Partner denken und nur ihm zuliebe handeln, ohne die Folgen für uns selbst abzuwägen. Wir bringen ein Opfer, nicht weil wir uns Gewinn davon erhoffen oder den anderen pflichtschuldig an uns binden wollen. Die Liebe bricht vielmehr spontan und ohne Berechnung aus unserem tiefsten Inneren hervor.

Angesichts Alkestis' absolutem Edelmut weigert sich Persephone, ihren Tod anzuerkennen, und schickt sie ins Reich der Lebenden zurück. Persephone ist ein Bild für die geheimnisvollen Dimensionen des Lebens. Sie symbolisiert hier die Kreisläufe der Natur und der Zeit, die dem rationalen Bewusstsein verborgen bleiben. Sie verkörpert die tieferen Gesetze der Natur, die man auch als die Gesetze des Unbewussten begreifen kann. Alkestis wird belohnt, weil sie keine Belohnung erwartet. Sie wird mit Glück gesegnet, weil sie es nicht fordert. Sie liebt und wird geliebt, weil sie die Liebe über ihren eigenen Vorteil stellt. Es wäre wohl unrealistisch, ein solches Maß an Herzensgüte von uns Menschen zu erwarten. Einen kleinen Eindruck vom Zauber, der Alkestis' Lohn innewohnt, erhalten wir, wenn wir über unsere persönlichen Motive und Bestrebungen hinausgehen und zugunsten einer geliebten Person vorübergehend unsere eigenen Bedürfnisse und Wünsche vergessen. Wie kurz diese Episode auch sein mag – als heilsame Erfahrung trägt sie zur Erneuerung des Lebens bei. Diese Erfahrungen zeigen uns das wahre Wesen der Ehe.

Odysseus und Penelope
An den Partner glauben

Die Geschichte von Odysseus und Penelope bildet nur einen kleinen Teil des großen Epos vom Trojanischen Krieg. Sie schildert eine bemerkenswerte Ehe, in der die beiden Partner aller Prüfungen und Versuchungen zum Trotz in Treue und Liebe zueinander stehen.

Odysseus und Penelope, Herrscher über das Inselreich Ithaka, waren überglücklich über die Geburt von Telemachos, ihrem einzigen Sohn. Als Odysseus in den Krieg gegen Troja gerufen wurde, verließ er seine junge Frau und den kleinen Sohn nur widerwillig, denn er ahnte, dass ein langer und erbitterter Kampf bevorstand. So täuschte Odysseus Wahnsinn vor: Als Agamemnon und Palamedes auf ihrer Mission, ihn für den Krieg zu gewinnen, auf der felsigen Insel Ithaka eintrafen, fanden sie ihn bei einer merkwürdigen Beschäftigung vor; er war dabei, Salz in die steinigen Felder zu streuen; den Acker bearbeitete er mit einem Pflug, den ein Ochse und ein Esel gemeinsam zogen. Dadurch hatte es den Anschein, Odysseus sei verrückt geworden und könne deshalb nicht kämpfen. Aber nicht nur Odysseus, auch Palamedes war schlau. Schnell ergriff er Odysseus' Sohn, den kleinen Telemachos und setzte ihn genau in den Weg des Pfluges. Sofort hielt Odysseus das Gespann an. Seine Geistesgegenwart rettete den Sohn, bewies aber auch, dass er keineswegs verrückt geworden war, und so musste er mit der griechischen Flotte nach Troja segeln.

Über zehn Jahre sollte sich der blutige Trojanische Krieg hinziehen und als Odysseus endlich die Heimreise antrat, lagen noch viele Hindernisse vor ihm auf dem Weg. Unbedacht hatte er Gott Poseidon beleidigt und dieser schickte ihm Stürme, die Odysseus' Schiff vom Kurs abbrachten. Auf seiner Irrfahrt hatte Odysseus viele Prüfungen und Versuchungen zu meistern. Eine Zeit lang verfiel er den Reizen der Zauberin Kirke, der schönen Nymphe Kalypso und der Prinzessin Nausikaa. Dennoch war er im Herzen bei seiner Frau und seinem Sohn. Seine Irrfahrt währte weitere zehn Jahre, bis er endlich heim nach Ithaka kam.

Unterdessen hatte Penelope geduldig gewartet. Nie hatte sie die Hoffnung auf Odysseus' Rückkehr aufgegeben. Viele Freier waren nach Ithaka gekommen, die Penelope überreden wollten, ihren Mann zu vergessen und sich neu zu verheiraten. Sie alle wollten die schöne Penelope – und das Königreich. Unter einem schlauen Vorwand wies sie die Freier ab (es heißt, es seien einhundertundzwölf gewesen): Sie versprach, sich für einen der Freier zu entscheiden, sobald sie das Leichentuch für ihren Schwiegervater fertig gewoben haben würde. Während sie aber tagsüber die harte Webarbeit verrichtete, trennte sie das Tuch nachts heimlich immer wieder auf. So konnte sie ihr Werk niemals beenden. Es war nicht leicht, über zwanzig Jahre an Odysseus' Rückkehr zu glauben. Doch bewahrte sich Penelope ihr Vertrauen und ihre Treue – und wurde schließlich mit seiner Rückkehr und ihrer glücklichen Wiedervereinigung belohnt.

Kommentar

Der Mythos von Odysseus und Penelope zeigt uns eine Partnerschaft, die die Zeit, zahlreiche Versuchungen und lange Trennung überdauert. Dazu müssen beide Personen ihren Glauben an den anderen bewahren und an ihren gemeinsamen Idealen festhalten. Beide haben schwere Prüfungen zu bestehen und beide machen Fehler. In manchen Versionen des Mythos haben sowohl Odysseus als auch Penelope andere Liebesverhältnisse, was angesichts der langen Jahre der Trennung verständlich ist. Aber ihre Liebe und Sorge füreinander und für den Sohn festigt ihre Verbindung und lässt sie die schwierigsten Zeiten überstehen. In Homers großem Epos *Die Odyssee* wandern Odysseus' Gedanken immer wieder zu Penelope und Telemachos zurück, sobald er zu lange bei einer der Frauen bleibt, die versuchen ihn für sich zu gewinnen. Sie können ihn verführen, sein Herz können sie jedoch nicht wirklich berühren, denn das ist schon vergeben.

Über zweitausend Jahre hat das Bild der webenden Penelope die Fantasie der Leser gefesselt. Das tagsüber gewebte Leichentuch knüpft sie nachts wieder auf. Was bedeutet dieses Bild beständiger Treue angesichts verschiedener Angebote, der Einsamkeit zu entfliehen? Das Leichentuch spiegelt das Todesmotiv – den Tod der Liebe, das Loslassen der Vergangenheit, das Ablegen alter Bande und Verbindlichkeiten. Vor den Augen aller fährt sie zwar mit ihrer Arbeit fort, doch macht sie sie wieder rückgängig, sobald sie allein ist. Sie weigert sich, von der Liebe zu ihrem Gemahl, der Erinnerung und der gemeinsamen Vergangenheit abzulassen.

Das Weben ist ein archetypisches Bild für das Leben selbst: ein Tuch aus vielen verschiedenen Strängen, Erfahrungen, Gefühlen und Ereignissen. Jeder von uns hat seine ganz eigene Geschichte, die wir bei unserer Geburt zu weben beginnen und mit dem Tod abschließen. Penelope will das Tuch ihres früheren Lebens nicht fertig stellen. Sie blickt weder in die Vergangenheit noch in die Zukunft. Vielmehr lebt sie hier und jetzt, treu ihren Gefühlen und ihrer Intuition. Sie lässt sich nicht dazu drängen, ihre Hoffnung aufzugeben, verfällt aber auch nicht in nutzlose Fantasien. Tatsächlich lebt sie ganz im Moment des Augenblicks und das Leichentuch ist nur ein Vorwand, ein Mittel, um sich die aufdringlichen Freier vom Leib zu halten. Diese Fähigkeit, jeden Moment so zu nehmen, wie er kommt, und seinem Herz treu zu bleiben, unabhängig davon, was andere als wahr bezeichnen, mag der Schlüssel zur Beständigkeit dieser mythischen Ehe sein. Der Gedanke an seine Frau und seinen Sohn lässt Odysseus seinen tiefsten Werten treu bleiben. Es ist nicht einfach, wie Penelope, ruhig und gelassen im Moment zu leben und der alten Liebe dabei doch nicht abzuschwören. Das erfordert harte und lange Arbeit. Das Wesen der Liebe trotzt der Zeit, Entfernung und körperlichem Verlangen. Außer großer Kunst und Momenten mystischer Vision ist dies vielleicht das Einzige, was uns Sterblichen gelegentlich einen kurzen Blick auf die Ewigkeit gewährt. Wenn uns das gelingt, und sei es nur in kurzen Momenten, dann haben wir vielleicht eines der großen Geheimnisse der Unsterblichkeit entdeckt.

Vielleicht ermöglicht ja auch gerade die Distanz zwischen den beiden mythischen Figuren ihren Zusammenhalt. Hätte die Liebe von Odysseus und Penelope zwanzig Jahre lang das gewöhnliche Alltagsleben auf Ithaka überstanden? Oder haben die Ideale, die sie, während sie voneinander getrennt waren, aufrechterhielten, ihre Gefühle am Leben erhalten? In *Der Prophet* meint Khalil Gibran (1883–1931) zum Thema Ehe:

»Gestattet Räume zwischen eurem Zusammensein …
Steht zusammen, aber nicht zu nah beieinander.
Denn die Säulen der Tempel stehen getrennt,
Eiche und Zypresse wachsen nicht im Schatten des anderen.«

IV

Macht und Stellung

Seinen Weg in dieser Welt zu finden ist eine Aufgabe, die den einen fasziniert, den anderen einschüchtert. Erfolg und Misserfolg beschäftigt jeden von uns auf die eine oder andere Weise und es ist nicht leicht, Macht und Mitgefühl zu verbinden. Geld, Stellung und Macht sind nicht einfach nur »äußerliche« oder »weltliche« Dinge. Sie spiegeln auch tiefe Werte wider. Viele mythische Geschichten handeln von Ehrgeiz und Gier, Macht und Versagen, Verantwortungsbewusstsein oder Rücksichtslosigkeit. Sie zeigen unser grundsätzliches Verhältnis zu Geld – wie es unser Selbstwertgefühl ersetzt oder unseren Hunger nach Liebe. Mythen sagen uns etwas über unseren Platz auf dieser Welt, über unsere Berufung. Sie gewähren uns tiefe Einblicke über unseren Umgang mit der Gesellschaft. Darüber, was »richtig« und »falsch« ist, gibt es viele kollektive Vermutungen. Hier überraschen uns die Mythen, wenn sie auf sanfte Weise unsere Stärken und Schwächen, unsere Wahrheiten, Scheinheiligkeit, unsere falschen Wertesysteme, unser mangelndes Verständnis für eigene, weltliche Motive aufdecken. Dies gilt auch für unsere, vorsichtig formuliert, ambivalenten Gefühle denen gegenüber, denen es besser oder eben schlechter zu gehen scheint als uns selbst.

1. Eine Berufung finden

Das Wort »Berufung« drückt schon aus, worum es geht. Ein innerer Ruf veranlasst uns, einer bestimmten Aufgabe nachzugehen, die uns in dieser Welt angetragen ist. Berufung heißt nicht unbedingt, einem anerkannten Beruf nachzugehen oder Geld anzuhäufen. Es geht vielmehr um die Beteiligung des Herzens, die uns spüren lässt, dass wir unseren Platz im Leben gefunden haben. Äußere Erfolge können insofern hilfreich sein, als sie uns das Gefühl vermitteln, dass wir erreicht haben, wofür wir einstehen wollten. Für manche kann Berufung bedeuten, berufliche Erfolge zu erzielen. Für andere mag es die stillere, aber genauso verantwortliche Aufgabe sein, ein Kind großzuziehen oder seinen Garten zu gestalten. Wir alle benötigen ein Gefühl von innerer Berufung. Wir alle tun uns oft schwer, herauszufinden, was unsere innere Neigung ist und wie wir sie umsetzen können. Die Berufung mag aus innerer Eingebung erwachsen, aber auch äußere Umstände können uns auf einen Weg bringen, der sich erst später als der richtige erweist. Mythen bieten uns Beispiele für beide Varianten – und dafür, was wir auf unserem Weg tun und was wir lassen sollen.

Lugh
Gib nie auf!

Die keltische Geschichte von Lughs Eintritt in die Hallen der Tuatha Dé Danann unterstreicht, dass es wichtig ist, Durchhaltevermögen auf der Suche nach seinem Platz in dieser Welt zu beweisen. Wir fühlen uns zwar durch eine innere Stimme berufen, doch sind hohes Anpassungsvermögen an die äußere Welt sowie absolute Hingabe an die Sache von uns verlangt. Lugh ist eine Merkur-Figur – göttlich und trickreich. Die folgende Geschichte illustriert seine chamäleonartige Flexibilität als wichtige Eigenschaft auf der Suche nach dem eigenen Weg.

Auf einer großen Versammlung fanden sich die Tuatha Dé Danann, das Volk der Göttin Danu, in Tara ein: König Nuada wollte seine Rückkehr feiern.

Am Höhepunkt der Feierlichkeiten trat ein königlich gekleideter Fremder vor das Palasttor. Der Torwächter fragte ihn nach seinem Namen und Begehr.

»Ich bin Lugh«, antwortete der Fremde. »Ich bin der Enkel von Diancecht, Vater des Cian, und von Balor, Vater der Ethniu.«

»Ja ja«, sagte der Pförtner ungeduldig, »aber ich habe dich nicht nach deinem Stammbaum gefragt. Was ist dein Beruf? Hier findet nämlich niemand Einlass, der nicht Meister eines Handwerks ist.«

»Ich bin Zimmermann«, sagte Lugh.

»Wir benötigen keinen Zimmermann. Wir haben schon einen sehr guten. Sein Name ist Luchtainé«, erklärte der Pförtner.

»Ich bin ein hervorragender Schmied«, erwiderte Lugh.

»Wir wollen keinen Schmied. Wir haben schon einen sehr guten. Sein Name ist Goibniu«, sprach der Pförtner.

»Ich bin ein ausgebildeter Krieger«, sagte Lugh.

»Wir brauchen keinen. Ogma ist unser Stärkster«, erwiderte der Pförtner.

»Ich spiele die Harfe«, sagte Lugh.

»Wir haben einen hervorragenden Harfenisten«, meinte der Pförtner.

»Als Krieger bin ich eher für meine Geschicklichkeit als für rohe Kraft bekannt«, sagte Lugh.

»Wir haben schon einen solchen Mann«, versetzte der Pförtner.

»Ich bin ein Dichter und Geschichtenerzähler«, sagte Lugh.

»Einen solchen brauchen wir nicht«, sagte der Pförtner. »Unser Dichter und Geschichtenerzähler beherrscht seine Kunst zur Vollendung.«

»Ich bin ein Zauberer«, sagte Lugh.

»Wir brauchen keinen. Wir haben viele Zauberer und Druiden«, sprach der Pförtner.

»Ich bin ein Arzt«, sagte Lugh.

»Diancecht ist unser Arzt«, sagte der Pförtner.

»Ich bin ein Mundschenk«, sagte Lugh.

»Davon haben wir bereits neun«, winkte der Pförtner ab.

»Ich bearbeite Bronze«, sagte Lugh.

»Wir brauchen dich nicht. Wir haben schon einen Mann dafür. Er heißt Credné«, meinte der Pförtner.

»Dann frage den König«, sprach Lugh nun, »ob er einen Mann hat, der all diese Tätigkeiten zusammen beherrscht. Sollte das der Fall sein, muss ich in der Tat nicht nach Tara kommen.«

Also ging der Pförtner hinein und berichtete dem König, dass ein Mann namens Lugh Ioldanach, »Der Meister aller Künste«, gekommen sei. Er behaupte, er könne schlichtweg alles. Da schickte der König seinen besten Schachspieler, um gegen den Fremden zu spielen. Lugh gewann – indem er einen neuen Zug erfand, »Lughs Einschließung«. Daraufhin lud der König ihn zu sich und Lugh trat ein und setzte sich auf einen Stuhl, den man »Sitz des Weisen« nannte. Er war für die Weisesten aller Männer gedacht.

Der stärkste Kämpfer, Ogma, führte seine Kraft vor, indem er eine Steinplatte bewegte, so schwer, dass eigentlich vier Ochsen vor einem Pflug dafür nötig gewesen wären. Der Stein, so groß er war, war nur ein Bruchstück von einem sehr viel größeren Felsen. Lugh hob die Platte auf und passte sie wieder in den Felsen ein. Dann bat ihn der König, die Harfe zu spielen. Lugh stimmte die »Melodie des Schlafes« an. Prompt verfiel der König samt seinem ganzen Hof in tiefen Schlaf – bis zur selben Stunde am folgenden Tag. Als Nächstes spielte Lugh eine traurige Melodie und alle weinten. Dann spielte er eine Weise, die alle vor Freude jauchzen ließ.

Schnell bemerkte der König, wie hilfreich ein Mann mit diesen Begabungen für den Kampf gegen die Feinde seines Volkes sein konnte. So besprach er sich mit seinen Ratgebern. Dann überließ er Lugh für dreizehn Tage seinen Thron. Später wurde Lugh der Heerführer der Tuatha Dé Danann.

Kommentar

Für Menschen mag »Meister aller Künste« eine zu große Bandbreite an Talenten umfassen. Bei keiner Stellenausschreibung wird eine derart breit gefächerte Qualifizierung erwartet. Die Geschichte von Lugh sagt uns lediglich, dass wir, um in dieser ständig sich verändernden Welt unseren Platz zu finden, eine Reihe von Fähigkeiten entwickeln sollten. Diese alte keltische Geschichte ist merkwürdig pragmatisch und aktuell: Der Erwerb mehrerer Fähigkeiten kann wichtig sein, selbst wenn wir letztlich nur mit einer arbeiten wollen.

Eine Spezialisierung in nur einem Bereich war vor Jahrzehnten angemessen. Damals sah der ganze Arbeitsmarkt anders aus und das Computerzeitalter war noch nicht angebrochen. In der sich schnell und ständig verändernden Welt benötigen wir heute die Vielseitigkeit eines Merkur bzw.

eines Lugh, um gegen die Konkurrenz zu bestehen und unsere weltlichen Ziele zu erreichen.

Auch Lughs Ausdauer ist ein wesentlicher Grund für seinen Erfolg. Weder zieht er, nachdem er zunächst abgelehnt wird, beleidigt ab noch wird er wütend oder überheblich. Er antwortet einfach auf jede Ablehnung mit einem neuen Vorschlag. Er weiß, es genügt nicht, beim König als der beste Harfenist oder Krieger oder Zimmermann aufzutreten. Er muss vielmehr jede dieser Aufgaben meistern können und also die Fähigkeiten vieler unterschiedlicher Personen in sich vereinen. Seine Stärke liegt in seinem Selbstvertrauen und in seiner Vielseitigkeit. Damit vermag er jeden einschließlich des Königs von seinen Fähigkeiten zu überzeugen. Sein Selbstvertrauen basiert nicht auf Selbstüberschätzung, sondern auf praktischer Erfahrung. In einer lebendigen Beschreibung bereitet uns dieser äußerst pragmatisch ausgerichtete Mythos auf die Welt da draußen vor. Er zeigt, wie wir uns wappnen müssen und denen gegenüber präsentieren sollen, von denen wir einen Gefallen erwarten. Man sieht den König fast vor sich, wie er die Kosten-Nutzen-Rechnung aufmacht: Was bringt es, den Mann einzustellen, der die Arbeit von sechs anderen machen kann? Lugh erweist sich als eine sehr zeitgemäße Gottheit, mit marktkonformem Verhalten. Natürlich kann man viel tiefere und grundlegendere Fragen zur Berufung aufwerfen. Die werden wir im Folgenden mit Hilfe anderer Mythen erforschen. Doch die Geschichte von Lugh kann uns lehren, dass wir unsere Reise, mit beiden Füßen fest auf der Erde stehend, beginnen müssen.

Zwei Brüder
Eine Anleitung zum Erfolg

Diese Geschichte aus Ostafrika erzählt von den unsichtbaren Gesetzen, die wir zu beachten haben auf unserer Suche auf dieser Welt. Der eine Bruder macht es richtig, der andere falsch – nicht weil einer schlauer oder stärker wäre, sondern weil einer auf die Bedürfnisse der Mitmenschen eingeht, der andere nicht.

Ein Vater hatte zwei Söhne, der ältere hieß Mkunare und der jüngere Kanyanga. Die Familie war so arm, dass sie nicht eine einzige Kuh besaß. Schließlich schlug Mkunare vor, auf den Kibo zu steigen, einen der zwei Gipfel des Kilimandscharo: Er habe gehört, dass dort ein König lebe, der großzügig zu den Armen sei. So wollte er seine Berufung erfüllen und seine Familie und sein Volk retten.

Mkunare nahm etwas Proviant – so viel entbehrlich war – und brach in Richtung des Berges auf. Nach einer Weile traf er eine alte Frau, die am Wegrand saß. Ihre Augen waren so wund, dass sie kaum sehen konnte. Mkunare grüßte sie.

»Was führt dich hierher?«, fragte die alte Frau.

»Ich bin auf der Suche nach dem König, der oben auf dem Berg wohnt«, sagte Mkunare.

»Lecke meine Augen sauber«, sagte die alte Frau, »dann werde ich dir sagen, wie du dort hinkommst.«

Mkunare brachte es jedoch nicht über sich, ihre Augen abzulecken. So ging er seines Weges. Weiter oben kam er in das Land der Konyingo – das Kleine Volk bzw. die Klein-Menschen. Er sah eine Gruppe von Männern beim Viehgehege des Königs sitzen. Diese Männer waren sehr klein, wie kleine Jungen, und so hielt sie Mkunare auch irrtümlich für Kinder.

»Hallo«, rief er. »Wo sind eure Eltern und älteren Brüder?«

Die Konyingo antworteten: »Warte hier, bis sie kommen.«

Mkunare wartete bis zum Abend. Es kam aber niemand. Vor Einbruch der Dunkelheit trieben die Konyingo ihr Vieh in die Gehege und schlachteten ein Tier für das Abendessen. Mkunare gaben sie nichts ab. Sie sagten, er müsse warten, bis ihre Eltern und großen Brüder einträfen. Müde, hungrig und enttäuscht machte sich Mkunare auf den Heimweg. Auf seinem Weg vom Berg hinab traf er wieder auf die alte Frau. Trotz all seiner Bitten wollte sie ihm nichts darüber sagen, was ihm passiert war. Auf seinem Weg zurück verirrte er sich auch noch. Erst nach einem Monat kam er nach

Hause. Er hatte in seinem Unternehmen versagt und konnte seinen Leuten nur von den Leuten auf dem Kibo berichten, die zwar große Viehherden besaßen, aber gemein waren und Fremden nichts abgaben.

Da beschloss Kanyanga, der jüngere Bruder, einen zweiten Versuch zu wagen. Auch er wollte auf den Berg steigen, um die Not seiner Familie zu lindern. Nach einer Weile begegnete auch er der alten Frau am Wegrand. Er grüßte sie und als sie ihn nach dem Grund seiner Reise fragte, erklärte er ihr, dass er den König auf dem Berg suche.

»Lecke meine Augen sauber«, sagte die alte Frau zu Kanyanga, »dann werde ich dir sagen, wie du hinkommst.«

Kanyanga hatte Mitleid mit ihr und leckte ihre Augen gründlich sauber.

»Wenn du weiterkletterst«, erklärte die alte Frau Kanyanga, »dann kommst du zu den Siedlungen des Königs. Die Männer, denen du dort begegnen wirst, sind nicht größer als kleine Jungen. Sprich sie also nicht wie Kinder an, sondern als Mitglieder des königlichen Rats und grüße sie voll Achtung.«

Weiter oben gelangte Kanyanga tatsächlich zum Viehgehege des Königs der Konyingo. Ehrfurchtsvoll grüßte er die kleinen Männer. Sie geleiteten ihn zum König, der sich sein Hilfegesuch anhörte. Auch eine Mahlzeit und einen Schlafplatz für die Nacht ließ er ihm zuteilen. Als Dank für die Gastfreundschaft lehrte Kanyanga die Konyingo Gesänge – und Wege, ihr Getreide gegen Insekten und andere Schädlinge zu schützen. Darüber hinaus zeigte er ihnen, wie sie ihre Pfade mit unsichtbaren Barrieren gegen angreifende Feinde sichern konnten. Die Klein-Menschen waren so zufrieden mit diesen neuen Methoden, dass jeder von ihnen Kanyanga ein Tier aus der eigenen Herde schenkte. Kanyanga machte sich auf den Heimweg. Er trieb seine Herde vor sich her und sang ein Hirtenlied. So kamen er und seine Angehörigen zu Wohlstand. Über seinen älteren Bruder Mkunare sangen die Leute ein Lied, das immer noch gesungen wird:

»O Mkunare, warte bis die Väter kommen.
Mit welchem Recht verachtest du das Kleine Volk?«

KOMMENTAR

Wie so viele Menschen weiß Mkunare durchaus, was er will. Er möchte seiner Familie und seinen Angehörigen zu Wohlstand verhelfen. Dafür muss ihm jedoch jemand mit einem bestimmten Wissen einen Gefallen tun. Wie so viele Menschen ist er dermaßen auf sein Ziel fixiert, dass er nicht bemerkt, was um ihn herum wirklich vorgeht. Er hat auch kein Mitleid mit jemandem, dem es schlechter geht als ihm selbst. Er weist die alte Frau ab und betrachtet die kleinen Konyingo nicht genau genug, um den Unterschied zwischen Knaben und Männern zu erkennen. Deshalb erhält er auch keine Hilfe und muss mit leeren Händen heimkehren. So sind vielleicht auch wir beim Aufbruch in die weite Welt dermaßen auf unsere Ziele fixiert, dass wir unsere unmittelbare Umgebung nicht beachten. Gerade weil wir uns nicht dem Hier und Jetzt zuwenden, verfehlen wir die Ziele, die uns wichtig sind.

Die alte Frau, der Mkunare begegnet, ist vom Leben weniger begünstigt. Aber sie besitzt wichtige Informationen, ohne die Mkunare nicht an das Ziel seiner Träume gelangt. Sie steht für die Menschen, die schlechter gestellt sind als wir, aber durch bittere Erfahrung Weisheit erlangt haben, die uns fehlt. Sie ist ein Symbol für die schmerzlichen und ungerechten Seiten des Lebens, denen wir uns stellen müssen, wenn wir unsere Welt verstehen wollen. Wie auch immer wir die Alte deuten, die Botschaft liegt auf der Hand: Die Ablehnung ihrer Bitte führt zu fatalen Irrtümern und zum Scheitern der Mission. Figuren wie diese alte Frau tauchen häufig in Mythen auf. Manchmal werden sie als arme, kranke oder alte Menschen dargestellt, manchmal als Tiere, die Hilfe brauchen. Stets belohnen sie den Hilfsbereiten mit wichtigem Wissen oder einem Instrument, das zukünftigen Erfolg gewährleistet. Jeder von uns mag einmal in eine solche Situation geraten. Doch verkennen wir häufig die Bedeutung und zeigen kein Mitgefühl.

Mkunares zweiter Fehler ergibt sich unvermeidlich aus dem ersten: Da er das Kleine Volk für Kinder hält, behandelt er sie ohne Achtung. Sie entsprechen nicht Mkunares Bild von königlichen Ratgebern, weswegen er sie von oben herab betrachtet. Auf sehr ähnliche Weise beurteilen wir andere ausschließlich aufgrund ihrer Erscheinung und behandeln sie respektlos. Obendrein bemerken wir dabei nicht einmal, dass sie den Schlüssel zu unserem höchsten Ziel in Händen halten. Und selbst wenn diese kleinen Leute Kinder wären, verdienten sie natürlich Achtung. Wenn sie klug genug sind, eine Herde zu hüten, sind sie es auch wert, von Mkunare auf eine angemessene Weise angeredet zu werden. Stattdessen übergeht er sie – und sie lassen ihn für seinen Mangel an Höflichkeit bezahlen.

Mkunare lernt nichts aus seinen Erlebnissen; später sagt er jedem, die Konyingo seien zu geizig gewesen, irgendetwas mit ihm zu teilen. Ein so negativer und zynischer Blick auf andere hat als Ursache in der Regel nicht die Gemeinheit anderer, sondern ist das Ergebnis eigener Dummheit.

Anders als sein älterer Bruder ist Kanyanga nicht gefühllos, oberflächlich oder blind gegenüber anderen. Er hat Mitleid mit der alten Frau und gibt ihr, was sie braucht. Sein Mitgefühl ist stärker als der Ekel. Die wunden Augen einer beinahe blinden Frau abzulecken ist ein starkes Bild dafür, jemand anderem Erleichterung in seinem Schmerz zu verschaffen. So wird Kanyanga über das Kleine Volk gewarnt und verwechselt es nicht mit Kindern. Er geht aber noch weiter, als nur einen guten Rat zu befolgen. Auf die Großzügigkeit der Konyingo reagiert er selbst mit Großzügigkeit, indem er ihnen alles beibringt, was er weiß.

Das tut er nicht, weil er sich etwas davon verspricht, sondern weil sein Herz es ihm sagt. Schließlich kann er mit der Viehherde Wohlstand nach Hause bringen. Die Botschaft ist klar.

Sooft Zeus selbst auf Abwegen gewesen sein mochte – den Gedanken an eine Untreue seiner Frau konnte er nicht ertragen. Nachdem er sie verloren geglaubt hatte, war er überglücklich, wieder mit ihr vereint zu sein.

James Barry (1741–1806):
Jupiter und Juno auf dem Berg Ida

Nächste Doppelseite:
Vom ersten Moment ihrer Begegnung an verliebten sich Lancelot und Guinevere unsterblich ineinander. Doch wollte zunächst keiner der beiden den Treueschwur gegenüber König Artus brechen.

Herbert James Draper (1864–1920):
Lancelot und Guinevere

König Artus' illegitimer Sohn Mordred betrieb Artus' und Lancelots Niedergang. Er führte ein Heer gegen den König, der, auf dem Schlachtfeld tödlich verwundet, starb.

James Archer (1829–1904):
Der Tod des Artus

Die Göttin Freia lieferte die magischen goldenen Äpfel, mit deren Hilfe Skirnir, Bote und Freund von Freyr, für Freyr um die schöne Riesin Gerda warb. Gerda aber blieb ungerührt.

ARTHUR RACKHAM (1867–1939):
Freia, die Schöne

Trotz ihrer magischen Kräfte und ihrer Schönheit war Nyneve unglücklich, denn ihre Gaben hatten sie ihren Mitmenschen entfremdet und ihr ein einsames Leben beschert.

Anthony Frederick Augustus Sandys (1829–1904): *Morgan le Fay: Königin von Avalon*

Admetos' Tod war nur zu verhindern, wenn ein Familienmitglied freiwillig für ihn sterben würde. Also nahm seine Frau Alkestis Gift und ihre Seele stieg statt seiner in die Unterwelt hinab.

JEAN FRANÇOIS PIERRE PEYRON (1744–1814):
Alkestis opfert sich, um ihren Mann Admetos, König von Pherai, zu retten

Viele Prüfungen und Versuchungen musste Odysseus überstehen, bevor er nach dem Ende des Trojanischen Krieges zu seiner Frau und zu seinem Sohn heimkehren konnte. Darunter auch den lieblichen Gesang der Sirenen, der die Seeleute in den Tod lockte.

Herbert James Draper (1864–1920):
Odysseus und die Sirenen

Phaëton und der Sonnenwagen
Zu schnell zu weit

Der traurige griechische Mythos von Phaëton handelt von den Wünschen und Schwierigkeiten junger Menschen auf ihrer Suche nach einem Platz in dieser Welt. Er enthält eine deutliche Warnung, zu schnell zu weit kommen zu wollen. Und vielleicht noch wichtiger: Die bewunderten Eltern kopieren zu wollen führt nicht immer zur Entdeckung der eigenen Berufung.

Von glänzenden Säulen getragen, erhob sich der Palast des Apoll funkelnd und gleißend in den Himmel. Dorthin kam der Sohn des Apoll, Phaëton, den der Gott mit einer Sterblichen gezeugt hatte. Phaëtons Vater saß auf seinem goldenen Thron, umgeben von seiner Gefolgschaft: den Tagen, den Monaten, Jahren, Jahrhunderten, Jahreszeiten und den Musen, die wunderbar musizierten und anmutig tanzten. Der Anblick des schönen Jünglings, der da stand und in stillem Staunen seine Umgebung bewunderte, überraschte Apoll.

»Was führt dich hierher, mein Sohn?«, fragte Apoll.

»Auf der Erde verspotten mich die Menschen und verleumden meine Mutter Klymene», antwortete Phaëton. »Sie sagen, ich gäbe nur vor, himmlischen Ursprungs zu sein, und in Wahrheit sei ich der Sohn eines unbekannten Sterblichen. So komme ich zur dir, ein Zeichen zu erbitten, das auf Erden beweist, dass mein Vater wirklich der Sonnengott Apoll ist.«

Apoll erhob sich und umarmte seinen Sohn. »Ich werde dich nie verleugnen«, versicherte er dem jungen Mann. »Wenn du jedoch mehr als mein Wort brauchst, schwöre ich beim Fluss Styx, dir jeden Wunsch zu erfüllen.«

»Dann lass meinen größten Wunsch wahr werden!«, rief Phaëton aus. »Lass mich einen Tag lang den geflügelten Sonnenwagen lenken!«

Furcht und Bedauern überschattete das glitzernde Gesicht Apolls. »Du hast mich zu übermütiger Rede verführt«, meinte er traurig. »Könnte ich mein Versprechen nur zurücknehmen! Du verlangst etwas von mir, das deine Kräfte übersteigt. Du bist jung, du bist sterblich und was du so sehnlich wünschst, steht nur mir als einem Gott zu. Mein Wagen muss einen steilen Weg hinauf nehmen. Das ist eine schwierige Strecke für die Pferde, selbst wenn sie im Morgengrauen noch frisch sind. Die Hälfte des Weges liegt im Zenith des Himmels. Ich selbst erzittere oft vor Furcht, wenn ich in einer solchen Höhe aufrecht in meinem Wagen stehen muss, und blicke ich nach unten auf die Erde, erfasst mich selbst ein Schwindelgefühl. Der letzte Abschnitt führt sehr steil nach unten und erfordert eine ausgesprochen sichere Hand an den Zügeln. Selbst wenn ich dir meinen Wagen anvertraute – wie könntest du die Kontrolle über ihn bewahren? Zwing mich nicht, mein Wort zu halten. Wünsch dir etwas anderes, solange es noch möglich ist. Wähle irgendetwas anderes, das Himmel oder Erde zu bieten haben. Bitte nicht um eine so gefährliche Sache!«

Phaëton aber bat und flehte und Apoll hatte schließlich sein heiliges Versprechen gegeben. So nahm er seinen Sohn bei der Hand und begleitete ihn zum Sonnenwagen. Seine Deichsel, Achsen und Felgen waren aus Gold, die Speichen aus Silber und das Gespann war mit Edelsteinen verziert. Als im Osten die Sonne aufging, stand Phaëton nur staunend da. Apoll befahl den Horen, die Pferde anzuspannen. Er trug eine magische Salbe zum Schutz vor der Hitze der Flammen auf das Gesicht seines Sohnes auf.

»Mein Sohn, lass den Stachelstock ruhen und konzentriere dich auf die Zügel, denn die Pferde werden von selbst rasen«, sagte er. »Deine Aufgabe ist es, ihren Flug zu verlangsamen. Halte dich sowohl vom Südpol als auch vom Nordpol fern. Ziehe deine Bahnen nicht zu tief, denn sonst fängt die Erde Feuer, und nicht zu hoch, sonst entflammst du den Himmel.«

Der junge Mann hörte seinen Vater schon kaum mehr. Er sprang auf den Wagen und sofort rasten die Pferde los und durchbrachen den Frühnebel. Sie merkten, dass ihre Last leichter als sonst war, und bald begann der Wagen zu schlenkern und schwamm ziellos durch die Lüfte – die Pferde wichen von der vorgesehenen Spur ab und bedrängten sich gegenseitig in wilder Hast. Phaëton war völlig desorientiert und bekam Angst. Da er nicht wusste, in welche Richtung er die Zügel ziehen sollte, verlor er die Kontrolle über die Tiere. Beim Blick hinunter auf die Erde zitterten ihm die Knie. Er wollte die Pferde rufen, kannte ihre Namen aber nicht. Versteinert vor Angst, ließ er die Zügel fallen – und die Pferde preschten seitwärts in unbekannte Himmelsregionen davon. Sie schrammten die Wolken, die aufleuchteten und glühten. Sie rasten auf die Fixsterne zu und die Erde begann zu frieren, Flüsse verwandelten sich in Eis.

Dann stürzten die Pferde plötzlich nach unten auf die Erde zu. Die Pflanzen vertrockneten, die Blätter der Bäume verdorrten und fingen Feuer. Die Welt stand in Flammen und selbst Phaëton litt unter der furchtbaren Hitze. Die Rauchschwaden und Aschewolken, die von der Erde aufstiegen, quälten ihn. Pechschwarzer Rauch umfing ihn. Dann begannen seine Haare zu brennen. Schließlich stürzte er vom Wagen. Wie eine Sternschnuppe schoss er durch die Luft, bis ihn weit unten der Ozean verschluckte.

Sein Vater Apoll, der das Unglück und die Zerstörung heraufkommen sah, verhüllte seinen strahlenden Kopf. Er versank in Kummer. Es heißt, an diesem Tag habe er der Welt kein Licht gebracht. Nur die Feuersbrunst war weithin sichtbar.

Kommentar

Wie so viele übermütige Jugendliche will sich Phaëton der Welt beweisen. Er fühlt sich beleidigt, da jemand behauptet hat, er sei der Sohn eines Niemands, nicht der Sohn des strahlenden Sonnengottes. Wie oft hören wir junge Leute mit Erfolg und Stellung der Eltern prahlen, ohne selbst jemals etwas geleistet zu haben. Und genauso oft erleben wir von Kindern aus weniger wohlhabenden Familien, dass sie mit erfundener Abstammung prahlen, um Eindruck zu schinden. Phaëton ist weder böswillig noch dumm. Aber er ist nicht reif genug, geduldig auf den Tag hinzuarbeiten, an dem Erfolg und Anerkennung die Früchte seiner eigenen Anstrengungen und Fähigkeiten sein werden.

Er sucht nach seinem Platz in dieser Welt, nach seiner wahren Berufung. Er will unbedingt Lohn ernten, bevor er überhaupt seine Fähigkeiten und Grenzen kennen gelernt hat.

Apoll ist in dieser Geschichte ein durchaus liebevoller und besorgter Vater. Er will alles in seiner Macht Stehende tun, um dem jungen Mann bei der Suche nach seinem Weg zu helfen. Voreilig verspricht er, seine Wünsche zu erfüllen, vielleicht auch, um eine Vernachlässigung an anderer Stelle wettzumachen. Den Porsche an den unerfahrenen Sohn zu verleihen oder den Sohn zum Partner im Familienbetrieb zu ernennen, bevor er seine eigenen Fähigkeiten unter Beweis gestellt hat, ist das Äquivalent zu diesem mythischen Bild. Viele Väter haben Schuldgefühle, weil sie so wenig Zeit mit ihrer Familie verbringen. Finden sie sich dann mit dem Kummer ihres Kindes konfrontiert, wollen sie das mit Hilfe materieller Geschenke wieder gutmachen. Als Phaëton um die Fahrt mit dem Sonnenwagen bittet, sieht Apoll als Gott der Vorsehung und Weissagung schon den tragischen Ausgang vorher. Er warnt Phaëton, dass er nicht stark genug für die Aufgabe ist, ja dass diese Tätigkeit keinem Sterblichen erlaubt ist. Er kann sein geleistetes Versprechen aber nicht mehr rückgängig machen. Für seinen Fehler, den er teils aus Liebe, teils aus Schuldgefühlen begangen hat, muss er teuer bezahlen.

Wie so viele Figuren aus der griechischen Mythologie ist auch Phaëton von Hybris befallen. Er will gottähnlich sein und akzeptiert seine Grenzen als Sterblicher nicht. So mögen auch wir Größe und Ruhm in dieser Welt suchen, ohne die menschlichen Grenzen zu bedenken, ohne unsere Stärken und Schwächen sachlich einzuschätzen.

Die eigene Berufung zu finden ist immer eine Herausforderung. Das kann in der Jugend sein oder mitten im Leben, wenn wir neue Wege gehen wollen, uns in neue Richtungen weiterentwickeln wollen. Seine eigenen Begabungen zu erkennen und, wenn nötig, sich zu bescheiden und von zu großen Zielen Abstand zu nehmen gehört mit zum Schwierigsten.

Manchen Menschen fehlt der nötige Ehrgeiz, sie entwickeln ihre wahren Fähigkeiten gar nicht entweder aus Unsicherheit oder äußerer Umstände wegen, die sich ihrem Einfluss entziehen. Andere sind zu bequem, um sich höhere Ziele zu setzen. Wieder andere ahmen wie Phaëton jemanden nach, dessen Glanz und Größe sie erreichen wollen, ohne die dafür notwendigen Eigenschaften zu besitzen.

Kummer und Herabsetzung sind die Folgen solcher Fehleinschätzung. Glanz und Gloria sind verführerisch und die Vorstellung ein kleines, bedeutungsloses Leben zu führen, an das sich zukünftige Generationen nicht erinnern werden, plagt uns. Unbewusst fühlen wir, dass das Leben kurz ist, und versuchen die Gelegenheiten zu nutzen, die uns eine besondere Position verschaffen kann.

Phaëton träumt den unmöglichen Traum. Etwas, das wir, vor dem Hintergrund unserer Zeit mit dem wachsenden Gefühl von Sinnlosigkeit und Langeweile, sehr verständlich finden. Doch selbst wenn wir Gefahr laufen, in der Bedeutungslosigkeit zu versinken, sollten wir den Mut aufbringen, Grenzen anzuerkennen. Übermäßiger Ehrgeiz ohne entsprechende Fertigkeiten oder Begabung ist gefährlich.

Phaëtons Niedergang können wir in unserer Welt dort wieder erkennen, wo hochtrabende Ziele in finanziellem Ruin enden oder wir eine berufliche Demütigung erfahren, weil unsere Fähigkeiten unseren Ansprüchen nicht genügen. In jedem Fall sagt uns dieser Mythos in aller Deutlichkeit, dass der Sonnenwagen außerhalb unserer Reichweite liegt. Was wir auf dieser Welt jedoch mit gutem Recht und allem Grund zur Hoffnung anstreben sollten, ist kein geringeres Ziel als unsere Selbstfindung als Mensch.

2. Ehrgeiz und Gier

Gier nach körperlichem Vergnügen wie auch nach Reichtum ist eine grundlegende menschliche Eigenschaft. Das Gleiche gilt für den Wunsch, der Erste und Beste zu sein. Es wäre naiv, anzunehmen, man könnte diese Dinge durch eiserne Prinzipien oder moralische Gesetze einfach aus der Welt schaffen. Allerdings können wir unsere Gier so im Zaume halten, dass sie andere zumindest nicht verletzt. Persönlicher Ehrgeiz kann, auf der Grundlage ethischen Denkens modifiziert und »umgeleitet«, auch anderen zugute kommen. Leider ist dies nicht so einfach – und die Mythen quellen über von Beispielen blinder Gier und verzehrendem Ehrgeiz. Die folgenden Mythen zeigen die unterschiedlichsten Aspekte von Ehrgeiz und Gier: die produktiven wie die destruktiven Formen dieser machtvollen menschlichen Triebe.

Arachne

Begabung bedarf der Bescheidenheit

In gewisser Weise ist Talent ebenso beneidenswert wie riskant, denn es bedeutet Verantwortung und Herausforderung gleichermaßen. Ehre erweisen wir unseren Gaben, wenn wir sie so gut wie möglich zur Geltung bringen und dabei doch menschlich und bescheiden bleiben. Die griechische Geschichte der überheblichen Arachne zeigt sehr eindrücklich, dass noch so große Begabung nicht immer Erfolg bedeutet und Arroganz Feindschaft und Rache auf sich zieht.

Arachne war in der Kunst des Webens mit einer seltenen Begabung gesegnet. Sie war so geschickt, dass sich nicht nur einfaches Volk um sie versammelte, ihre Arbeit zu bewundern, sondern sogar Wald- und Flussnymphen angelockt wurden. Jeder wollte ihre Webkunst und ihre wunderbaren Werke sehen. Nach einer Weile kam ihr Ruhm sogar Athene, der

Göttin dieser Künste, zu Ohren. In der Tat lehrte Athene die Menschen das Weben und diese Kunst zu beherrschen war ein Geschenk der Göttin. Ihr also verdankte Arachne eigentlich ihr Talent.

Schon die Andeutung dieses Zusammenhangs verletzte jedoch Arachnes Stolz. Verächtlich schüttelte sie ihren Kopf: »Athene?! Nur mir selbst verdanke ich mein Talent und auf der ganzen Welt und im Himmel gibt es niemanden, mit dem ich keinen Wettkampf aufnehmen würde. Soll Athene doch gegen mich antreten.«

Ihre Freunde zitterten vor Furcht über eine solche Rede und aus der Menge, die sich wie üblich um sie versammelt hatte, trat eine alte Frau an sie heran. »Pass auf, was du sagst, meine Teure. Mit Alter und Erfahrung kommt das Wissen. Höre auf meine Worte und erkenne die Macht der Göttin an. Sie verteilt ihre Segnungen an Sterbliche, die sie dafür ehren. Keine menschliche Arbeit ist so gut, dass sie sich nicht verbessern ließe.«

»Törichte alte Frau! Wenn ich deinen Rat benötige, frage ich dich danach!«, antwortete Arachne wütend. »Wenn Athene einen Wettkampf wünscht, soll sie nur kommen.«

»Hier bin ich!«, ertönte eine herrschaftliche Stimme. Und wo die alte Frau gestanden hatte, war nun Athene selbst in all ihrer Pracht. »Lasst den Wettkampf beginnen!«

Erst war Arachne nervös. Bald fasste sie sich jedoch und stolz nahm sie die Herausforderung an. Zwei Webstühle wurden aufgestellt und die beiden Rivalinnen machten sich an die Arbeit.

Athene wählte die Götterversammlung auf der Akropolis in Athen als Motiv: Zeus in seiner ganzen Herrlichkeit, Poseidon mit seinem Dreizack und Athene selbst mit dem Olivenbaum als Geschenk an die Menschheit. Um diese Szene herum sah man törichte und verwirrte Sterbliche und rebellische Riesen, die in Berge verwandelt wurden. Als Anspielung auf ihre anmaßende Gegnerin fanden man auch schwatzende Mädchen – in schreiende Vögel verwandelt. Umkränzt war das Ganze von einer Zierleiste mit Olivenblättern.

Arachne wiederum wollte sich mit ihrem Werk über die Götter lustig machen. Als Motive wählte sie Situationen, in denen sich die Götter selbst lächerlich gemacht hatten: Zeus beim Freien sterblicher Frauen in wenig würdevollen Situationen, Apoll als bescheidener Hirte und Diener auf Erden, der betrunkene Dionysos mit seinen albernen Streichen, und all das umrahmt von Efeu und Blumen. In ihrer wunderbar kunstfertigen Bearbeitung schienen diese respektlosen Szenen so wirklichkeitsgetreu, dass man versucht war, die Tiere und das Blattwerk zu berühren. Arachnes Talent war unzweifelhaft und als Athene die Arbeit begutachtete, konnte sie es nicht leugnen. Wütend zeigte sie mit ihrem Finger auf Arachne: »Mögest du für immer weiterweben. Sei aber versichert, so fein und schön dein Werk sein mag – bei den Menschen wird es doch immer nur Schrecken und Abscheu hervorrufen. So vielfältig und faszinierend deine Wandteppiche sein mögen – stets wird man sie einfach wegkehren!«

Mit Entsetzen merkte Arachne da, wie ihre menschlichen Züge, ihre menschlichen Glieder, ihr menschlicher Körper schrumpften. In weniger als einer Minute hatte sie sich in die erste Spinne auf Erden verwandelt. Von nun an würde sie zu ewigem Weben verdammt sein – ohne dass ihre Leistungen je anerkannt würden.

Kommentar

Wie so viele Mythen lehrt diese Geschichte, dass das Übertreten bestimmter Grenzen Unglück bringt. Niemand ist so schlau, intelligent und begabt, jeglicher Katastrophe vorzubeugen. »Hochmut kommt vor dem Fall«, heißt das Sprichwort und diese Geschichte illustriert es eindringlich.

Wie so viele talentierte Menschen hielt sich Arachne für einzigartig und unangreifbar. Ihr Talent war ja auch außerordentlich, schließlich gewann sie sogar den Wettbewerb mit Athene. Damit zu prahlen besiegelte aber ihren Niedergang und den Fluch, bis in alle Ewigkeit Spinnweben zu spinnen. Hohn steckt in Athenes Fluch, denn Arachne hatte ihren Neid erregt. Die Götter sind neidisch und ihren Zorn zu erregen ist unklug. Dies bekam Arachne schmerzhaft zu spüren.

Das Szenario lässt sich tagtäglich beobachten, etwa wenn begabte Künstler, ob Maler, Musiker, Sänger oder Schauspieler, übermütig und überheblich werden. Die alte Geschichte fällt einem ein vom großen Schauspieler, der launischen Diva. In manchen Fällen benimmt sich ein begabter Schauspieler oder ein besonders attraktives Model so schlecht, dass Regisseure oder Fotografen die Zusammenarbeit verweigern. Bei aller Begabung oder Schönheit zählen andere Eigenschaften letztlich mehr.

Der Ring des Polykrates

Hochmut vor den Göttern

Das Wort Hybris beschrieb für die Griechen Überheblichkeit und Maßlosigkeit. Mit Hybris zog man unweigerlich den Zorn der Götter auf sich. Die Strafe legte der Missetäter dabei unbewusst selbst fest. Die Geschichte von Polykrates zeigt in aller Deutlichkeit, wie Überheblichkeit, gepaart mit ganz banaler Gier, unausweichlich zum Fall führt.

Polykrates, der Tyrann von Samos, erschien aller Welt als ein vom Schicksal begünstigter, glücklicher Mensch. Er herrschte über eine reiche Insel, die er seinen zwei Brüdern gewaltsam entrissen hatte, und nachdem er den einen Bruder ermordet und den anderen verbannt hatte, war er der unumstrittene Herrscher. Kaum ein Tag verging ohne eine Siegesbotschaft über seine Flotte. Ständig liefen Schiffe, voll beladen mit Reichtümern und Sklaven, in seinen Hafen ein. Er war so reich und mächtig, dass er die Herrschaft über ganz Ionien anstrebte.

Auf der Höhe seiner Macht bot Polykrates König Amasis von Ägypten ein Bündnis an. Den König, der zuerst begeistert war über das Angebot, beschlichen aber doch Zweifel und er sandte Polykrates eine Nachricht:

»Ein Mann, der immer Glück hat, muss vieles fürchten. Niemand bleibt ohne Feinde, der sich zu so großer Macht erhebt. Die Götter selbst werden neidisch auf den Erfolgreichen. Es ist das Schicksal des Menschen, dass auf das Gute das Schlechte folgt, auf das Schlechte das Gute. Noch nie hörte ich von einem Großen, dass er sorgenfrei gelebt und ein glückliches Ende genommen hätte. Beherzige meinen Rat: Nimm deinen teuersten Schatz und opfere ihn den Göttern, auf dass sie sich nicht gegen dich wenden.«

Lange dachte Polykrates über die Nachricht nach. Schließlich beschloss er, den Rat von König Amasis zu befolgen. Er wählte einen ihm sehr teuren und äußerst wertvollen Siegelring aus Smaragd aus und nahm ihn mit auf ein reich geschmücktes Schiff. Im Vertrauen darauf, die Gunst der Götter zu erkaufen, warf er den Ring vor seinen Höflingen und Wachen ins Meer.

Noch vor seiner Rückkehr nach Hause begann Polykrates allerdings, den Verlust des Ringes zu bereuen. Mehrere Tage lang machte er sich Vorwürfe, das Schmuckstück so übereilt weggeworfen zu haben. Eine Woche später brachte ein armer Fischer einen sehr großen Fisch zum Tor des Palastes. Er meinte, ein solches Geschenk würde den Herrscher von Samos erfreuen.

Beim Zerlegen des Fisches fanden die Diener in seinem Bauch ebenjenen Smaragdring, den der König ins Meer geworfen hatte. Voller Freude übergaben sie ihn ihrem Herrn.

Polykrates war hocherfreut und nahm dies als ein Zeichen, dass ihm die Götter von nun an stets gut gesinnt sein würden. Überglücklich schrieb er König Amasis, er habe seinen Rat befolgt, die Götter aber hätten das Opfer zurückgeschickt. Aber Amasis' Bote meldete erneut, dass sein König das Angebot ablehnte, denn hier, so lautete die Nachricht, werde einer bestimmt Unglück und Leid auf sich ziehen.

Der Tyrann in seinem Stolz hörte nicht auf die Warnung. Vielmehr setzte er seine Jagd auf Macht und Reichtum fort. Vom Erfolg berauscht, wähnte er sich unbesiegbar. Nach einiger Zeit erhielt Polykrates Nachricht von König Oroites von Persien. Er schlug ihm ein Bündnis vor und bot ihm im Austausch für seine Hilfe einen großen Schatz an. Polykrates konnte der Versuchung nicht widerstehen. Er schickte einen Diener zu Oroites, um herauszufinden, welche Schätze er genau zu erwarten hätte. Der Diener bekam acht Truhen zu sehen, die in Wirklichkeit mit einfachen Steinen gefüllt waren – nur die obere Schicht bestand aus Gold und Edelsteinen. So berichtete der Diener seinem Herrn begeistert von dem wunderbaren Schatz. Umgehend brach der Tyrann auf.

Die befragten Orakel und Omen waren gegen diese Reise. Vor seiner Abreise träumte Polykrates' Tochter, wie er in die Luft gehoben wurde, von Zeus gewaschen und von der Sonne gesalbt. Polykrates deutete den Traum als Voraussage einer großen Ehrung oder Feier und segelte nach Persien, ohne die Warnungen weiter zu berücksichtigen. Sobald König Oroites ihn in seiner Gewalt hatte, ließ er ihn kreuzigen. So wurde der Mann, der meinte, er habe nichts im Himmel oder auf Erden zu fürchten, vom Himmel gewaschen und von der Sonne gesalbt.

Kommentar

Das Schicksal hat Polykrates sich selbst bereitet, so wie man es auch heute allenthalben beobachten kann. Wie oft laufen Geschäftsleute und Politiker ins Verderben, weil sie nicht wissen, wann und wo sie aufhören müssen. Dieses Schicksal droht jedem, der ein Ziel erreicht hat und nur ungeduldig das nächste anstrebt. Denn nichts fördert Überheblichkeit so sehr wie Erfolg, sofern wir nicht bestimmte Gesetze anerkennen, die im Leben gelten und uns immer an unsere Sterblichkeit und unsere Grenzen erinnern.

Polykrates' größter Fehler ist nicht, dass er maßlos und ehrgeizig ist. Das Problem ist, dass er die Götter nicht ehrt. Was nicht heißen soll, dass wir unseren Hang, zu übertreiben und überheblich zu sein, durch strikte Religiosität bekämpfen sollen. Wichtig ist, dass wir das Leben und den Mitmenschen achten. Nur dadurch können wir Machtgelüsten, die sich trotz bester Absichten einschleichen, widerstehen. Mit seinem Vorschlag, Polykrates solle den Göttern seinen größten Schatz opfern, beweist der ägyptische König Amasis tiefes Verständnis für die menschliche Seele. Messen wir unseren Wert an unseren Erfolgen auf dieser Welt, dann verlieren wir unsere innere Identität und unsere wahren Wertmaßstäbe. Nur wer es unterlässt, sich mit seinem Erfolg zu identifizieren, bleibt frei und unabhängig im Herzen. Dann können wir auch noch zu uns selbst stehen, wenn sich das Schicksal gegen uns wendet. Während des großen Börsenkrachs im Jahr 1929 stürzten sich viele Leute von Hochhäusern in den Tod. Nach Verlust ihres Wohlstands vermochten sie keine Bedeutung und keinen Wert mehr im Leben oder in sich selbst zu erkennen. Ein Ausdruck dafür, wie sehr sich diese Menschen mit den äußeren Abzeichen eines erfolgreichen Lebens identifizierten und kein Selbstwertgefühl unabhängig davon entwickelten.

Schon als Polykrates beschließt, den Göttern zu opfern, tut er es nicht, weil er ihre Macht anerkennt, sondern weil er ihren Zorn fürchtet. Seine Wahl fällt auf einen wertvollen Ring. Der Ring – ein Symbol, dem wir schon in der Sage von Siegfried begegnet sind (siehe Seite 95–99) – muss aber aus freien Stücken geopfert werden. Andernfalls ist das Opfer bedeutungslos. Ummittelbar nach der Opferung bereut Polykrates bereits, seinen Ring ins Wasser geworfen zu haben. Um ein wirkliches Opfer zu bringen, muss man sich im Herzen dazu entscheiden. Deshalb überrascht es nicht weiter, dass die Götter dieses Opfer ablehnen. Psychologisch betrachtet stehen die Götter für die tieferen menschlichen Instinkte und unbewussten Muster. Wenn wir dieses tiefere Selbst nicht ehren, leiten wir damit möglicherweise unseren Untergang ein.

Polykrates glaubt sich in seiner Überheblichkeit den Göttern ähnlich. Überheblichkeit macht uns in unserem Leben unempfänglich für die Signale anderer und führt dazu, dass wir Situationen falsch einschätzen. Wenn wir meinen, wir könnten uns über alles und jedes hinwegsetzen, werden wir den Ärger und die Wut anderer nicht bemerken. Wir werden uns Feinde machen und Widerstand in unserer Umgebung hervorrufen. Sind wir von unseren Mitmenschen entfremdet, werden diese gegen uns arbeiten oder uns Hilfe in der Not verweigern. Sollten wir unsere Lektion über Hybris dann immer noch nicht gelernt haben, werden wir uns am Ende noch über unser schweres Schicksal beklagen. Dabei dürfen wir indes nicht allzu viel Mitgefühl erwarten. Macht, so heißt es, korrumpiert. Und absolute Macht korrumpiert total. Wir mögen vielleicht bescheiden und mit besten Absichten beginnen. Sind wir aber erst auf den Geschmack von Macht und Einfluss gekommen, sind wir versucht, anderen nicht mehr zuzuhören, und machen dabei schwere Fehler.

Die Geschichte von Polykrates hat eine klare und eindeutige Botschaft für alle, die auf dieser Welt etwas erreichen wollen: Es bedarf einer bescheidenen und selbstkritischen Haltung, will man Gewonnenes nicht gleich wieder verlieren.

König Midas

Reichtum allein macht nicht glücklich

Die bekannte griechische Geschichte über König Midas zeigt deutlich, dass zu viel des Guten so schädlich sein kann wie zu wenig. Am Ende wird – anders als in vielen heutigen Beispielen – die legendäre Habgier des Protagonisten jedoch gesühnt. Mit Hilfe der Götter lernt Midas seine Lektion.

Schon früh hatte König Midas von Makedonien eine Neigung zu weltlichen Vergnügungen und Reichtum. In seiner Kindheit hatte man eine Reihe von Ameisen dabei beobachtet, wie sie Körner an der Seite seiner Wiege hinauftrugen und sie auf die Lippen des schlafenden Kindes platzierten – ein Wunder, das die Wahrsager als Omen für großen zukünftigen Reichtum des Kindes deuteten.

Und so geschah es. Midas war reicher als die meisten Menschen. Aber wie so viele, die viel besitzen, wollte er aber immer noch mehr. Als er eines Tages einem Gott zu Diensten sein konnte, bot sich eine besondere Gelegenheit seinen Reichtum zu mehren. Er fand den alten Satyr Silen, Tutor des Gottes Dionysos, betrunken in seinem Rosengarten. Anstatt ihn zu rügen, kümmerte sich Midas fünf Tage und Nächte lang rührend um ihn und fand großes Vergnügen an den Geschichten des trunkenen Silen. Später brachte er ihn wohlbehalten zu Dionysos zurück, der erfreut war, dass Midas so umsichtig und großzügig für den alten Trunkenbold gesorgt hatte. Als Belohnung bot er ihm an, ihm jeden Wunsch zu erfüllen.

Midas zögerte nicht. »Bitte mach, dass alles, was ich berühre, sich in Gold verwandelt!«

»So sei es!«, antwortete der Gott und lachte dabei etwas merkwürdig. Der König aber machte sich eilends auf den Weg, ungeduldig und glücklich über dieses Geschenk.

Unterwegs riss Midas einen Zweig von einem Baum ab und sofort verwandelte er sich in glänzendes Gold. Fröhlich las er Kieselsteine auf, die sich in Goldklumpen verwandelten. Ausgelassen kam er in den Palast getanzt, berührte Säulen und Pfeiler – die alle blitzartig zu Gold wurden. Alle seine Möbel berührte er und war fasziniert vom glänzenden Ergebnis.

Endlich müde und hungrig von den Aufregungen und Anstrengungen des Tages wollte er essen und wie üblich brachten ihm seine Diener zunächst eine Schüssel mit Wasser, damit er seine Hände vor dem Mahl waschen konnte. Doch das Wasser fror zu goldenem Eis. Da befiel Midas eine stechende Furcht. Er erschauderte, als er sich an Dionysos' Gelächter erinnerte. Als ihm dann jeder köstliche Happen im Mund zu glänzendem Metall wurde, verwandelte sich seine Freude vollends in Verzweiflung.

Von Hunger und Durst gequält, erhob er sich von einer goldenen Tafel, die seiner zu spotten schien. Zum ersten Mal beneidete er den ärmsten Küchenjungen, der sich seine Mahlzeit richtig schmecken ließ. Der Anblick der stetig wachsenden Reichtümer freute ihn nicht mehr, sondern machte ihn krank. Als sich seine jüngste Tochter, die herbeilief, um seine Hand zu ergreifen, in eine goldene Statue verwandelte, weinte Midas bitterlich. Bei Einbruch der Dunkelheit sank Midas auf sein weiches Lager – das sofort hart und kalt wurde. Ruhelos wälzte er sich hin und her. Jede berührte Decke verwandelte sich in eine frostige Schicht aus Gold. Er war zugleich der reichste und ärmste Mensch auf Erden.

Am nächsten Morgen beeilte sich Midas, Dionysos aufzusuchen – und bat ihn dann inständig, sein glitzerndes Geschenk zurückzunehmen, das ihn so ins Elend gestürzt hatte. Dionysos war sichtlich amüsiert. »Wie oft sich doch die sehnlichsten Wünsche der Mensch als unklug erweisen!«, sagte er lächelnd. Er erinnerte sich aber daran, wie sich Midas dem alten Silen gegenüber verhalten hatte. So hieß er ihn, in den reinen Wassern des Flusses Paktolos zu baden.

Von Hunger und Durst gequält, rannte Midas zum Fluss, eine Goldspur hinter sich lassend. Er stürzte sich in das heilende Wasser und alles Gold wurde von ihm abgewaschen. Zu seiner großen Freude konnte Midas nach dem Bad wieder essen und trinken. Die Ufer des Paktolos aber glänzen golden bis zum heutigen Tag.

Kommentar

Die wunderbare Geschichte enthält eine klare Botschaft: Reichtümer sind nutzlos, sofern sich die einfachsten Bedürfnisse im Leben nicht befriedigen lassen. Die gewöhnlichen täglichen Freuden machen das Leben lebenswert, für Arm und Reich gleichermaßen. Fehlen uns diese Freuden oder können wir sie nicht mehr genießen, können dies auch alle Reichtümer dieser Welt nicht ersetzen. Alles, was Midas berührt, wird zu Gold. Das soll nicht nur seine Gier nach Gold und Reichtümern darstellen, sondern beschreibt auch, wie unter seinen Händen alles Warme und Lebendige erstarrt und eine Verbindung zu ihm unmöglich wird: so wie die Fähigkeit bei Menschen, die wie besessen Reichtümer anhäufen, verkümmert ist, sich einfachen menschlichen Freuden hinzugeben. Insofern sind Hunger und Durst, die Midas erleidet, nicht körperlicher Art, gemeint ist eine subtilere Art von Nahrung, die das Leben lebenswert macht.

Bei der Berührung durch Midas verwandelt sich seine Tochter in Gold. Einen Menschen aber kann man nicht kaufen, vor allem nicht, wenn man eine tiefe Verbindung eingehen will. So steht diese Szene für das Abtöten einer Beziehung durch die Überbewertung von Geld. Man mag Midas' Geist in den Leuten erkennen, die sich vor lauter Geldverdienen ihren Familien und Freunden entfremden und sich dann auch noch über ihre Einsamkeit wundern. Diese einfache Geschichte illustriert plastisch, wie töricht Menschen sind, die meinen, Glück ließe sich mit Reichtum erkaufen.

Natürlich kann sich, wer über ausreichende Mittel verfügt, einige Unannehmlichkeiten ersparen. Wer schon einmal unter Geldnot gelitten hat, weiß nur zu gut, wie das Geld das Leben bestimmen kann, wenn nicht genug davon da ist. Das Wort »genug« kennt Midas gar nicht. Es reicht ihm nicht aus, ein wohlhabender König zu sein, er will noch mehr. Schließlich vergiftet seine Gier alles, was ihm einst Freude bereitet hat.

Dionysos ist ein ambivalenter Gott: Gerne tut er Midas einen Gefallen – und ist zugleich amüsiert über die tragischen Folgen der königlichen Gier. Dionysos ist der Herr des Chaos und der Ekstase, der Patron all jener, die sich mit Hilfe von Alkohol, Drogen, Tanz oder künstlerischen Visionen über die irdischen Grenzen hinwegsetzen wollen. Er ist ursprüngliche Lebenskraft jenseits üblicher Moralvorstellungen, das Symbol der fließenden Natur selbst. Er berät Midas nicht, lässt ihn in die schlimme Situation hineinschlittern – und aus seinen Fehlern lernen. Und am Ende ist er es auch, der den König befreit. In den reinen Wassern des Paktolos zu baden, rät er dem König. Als Midas seinen Kopf in das Wasser taucht, wird der Fluch, den er als Segen verstanden hatte, von ihm abgewaschen. Im übertragenen Sinn muss Midas sich in den Wassern verlieren und seine Gedanken an Kontrolle loslassen. Nur so wird er frei für die Rückkehr ins normale Leben. Von Stolz und Begierde abzulassen ist das einzige Mittel gegen die auszehrende Gier eines Midas. Diese Botschaft, hier in mythischer Form, bildet den Kern der Lehren aller Weltreligionen.

Wie oft hört man Leute davon reden, wie glücklich sie wären, wenn sie im Lotto gewännen. Sie wollen glauben, dass Reichtum all ihre Probleme lösen würde. Ebenso oft hört man indes, dass die Gewinner unglücklicher denn je sind, weil sie all ihre Freunde verloren haben und sich nicht länger auf die Liebe und Loyalität anderer verlassen können. Natürlich ziehen Reichtümer nicht automatisch Unglück nach sich. Genauso wenig garantieren sie aber Glück, wenn die betreffende Person sich nicht die Fähigkeit zum Genießen der einfachen Dinge des Lebens bewahrt.

Die Geschichte des Midas sagt nicht, dass Reichtum an sich schlecht ist – es ist die Gier danach, die alles gefrieren lässt und befleckt, was schön und wertvoll ist.

Andvaris Verderben
Macht ist kein Ersatz für Liebe

Dieser altnordische Mythos über das Gold des Zwerges Andvari bildet die Grundlage für die erste Oper in Richard Wagners »Der Ring der Nibelungen« (der Zwerg heißt dort Alberich). Sowohl die ursprüngliche Geschichte als auch Wagners Oper erzählt eine Geschichte von Verbitterung und Gier. Es geht um zerstörerischen Ehrgeiz und die Korruption der Seele, wenn verschmähte Liebe in ruchloses Machtstreben umschlägt.

Der Zwerg Andvari besaß nicht nur einen großen Goldschatz, sondern auch die Macht, ihn noch zu vermehren. Der Schatz forderte aber bitteren Tribut von ihm – und am Ende verlor er ihn wieder. Eines Tages, als er gerade im Fluss schwamm, um sich einen Fisch zum Abendessen zu fangen, erblickte Andvari etwas Glänzendes und Helles im Flussbett. Es war das Gold der Flussnymphen, die sich an dem edlen Metall erfreuten. Den Zwerg verlockten mehr noch als das Gold die Nymphen, die um ihn herumschwammen und ihn mit neckischem Lächeln und Komplimenten aufreizten. Doch jedes Mal, wenn er eine von ihnen ergreifen wollte, entzog sie sich schnell und Andvari blieb atemlos und enttäuscht zurück. Immer weiter neckten und verführten sie ihn und während sie vor ihm ihre Reize spielen ließen, beleidigten sie ihn und machten sich über seine krummen Glieder und sein hässliches Gesicht lustig. Andvari wurde wütend, dunkler Hass erfüllte sein Herz und seinen Geist. Einmal mehr fiel sein Blick auf das glänzende Gold am Grund des Flusses.

Da tauchte der Zwerg schnell hinunter, ergriff das Gold und schwamm zurück zur Oberfläche. Die Nymphen schrien und wollten ihr Spielzeug zurück. Aber Andvari hörte nicht auf sie. Sie riefen und schmeichelten ihm, versprachen ihm sinnliche Genüsse als Belohnung, wenn er ihnen ihren Schatz zurückgebe. Ihre Zurückweisungen und ihr Spott hatten Andvari jedoch verbittert. Er wusste, dass er hässlich war – und dass keine Frau ihn jemals begehren würde. Wollte er Liebe, dann würde er sie erkaufen müssen.

So wandte sich Andvari an die Nymphen und rief so laut, dass auch alle Götter es hören konnten: »Ich will keine von euch mit euren Reizen! Ich schwöre der Liebe ab! Vor allen Göttern schwöre ich, dass Gold allein ich lieben werde und die Macht, die es mir verschafft!« Mit diesen Worten – die bindend waren, da man sie überall im Himmel und auf der Erde vernommen hatte – stahl Andvari das Gold und nahm es mit in sein Reich. Und es gelang ihm, mit Zauberformeln und Beschwörungen einen magischen Ring zu schmieden, mit dem er Gold schuf und der ihm Macht über alle anderen Zwerge gab.

Andvari lebte in einsamer Verbitterung, versklavte sein Volk und füllte die dunklen Höhlen seines Reiches mit immer mehr Gold, bis plötzlich Ereignisse im Reich der Himmelsgötter in das Schicksal des Zwerges eingriffen.

Odin, König des Himmels und Gebieter über alle oberen Reiche, war selbst in Schwierigkeiten geraten und musste sich freikaufen. Dazu brauchte er eine große Menge Gold. Er wandte sich an seinen schlauen und verschlagenen Berater Loki, den Feuergott. Der sagte, das nötige Gold sei im Reich der Zwerge zu finden. Obwohl die Götter wussten, was Andvari getan hatte, hatte sich bislang keiner in der Lage gesehen, in die Geschehnisse im unterirdischen Reich einzugreifen.

Mit Odins Erlaubnis ersann Loki einen Plan. Er wusste, wie gerissen Andvari war und wie schwierig an das Gold heranzukommen sein würde. Zunächst reiste er in die Tiefen des Ozeans zum Palast der Meeresgöttin Ran. »Die Götter sind in Gefahr!«, erklärte er Ran atemlos. »Odin selbst liegt in Fesseln und nur dein Netz kann sie retten!«

Die Meeresgöttin öffnete ihre kalten blassen Augen. Was sich im Himmel ereignete, wusste sie nicht, ebenso wenig, ob Loki die Wahrheit sprach. Der Feuergott aber war die Überzeugungskraft in Person. »Leih mir dein Netz, mit dem du Männer fängst. Es wird zur Rettung von Göttern dienen.«

So gab ihm Ran ihr Netz und Loki machte sich schnell auf den Weg, bevor sie ihre Meinung ändern konnte. Sein Ziel war nun das Reich der Zwerge. Er musste ein Labyrinth vieler feuchter Gänge und Kammern durchqueren, in die nur fahles Zwielicht drang, bis er in einen großen Hohlraum unter der Erde gelangte. Die Decke lastete auf Felssäulen, dicker als Baumstämme, die Ecken und Winkel wirkten düster und bedrohlich. Loki erblickte ein großes Wasserbecken und das Wasser darin schien aus dem Nichts zu kommen und auch wieder dorthin zu fließen. Er wusste, dass sich Andvari im Element des Wassers ebenso sehr zu Hause fühlte wie im Dunklen unter der Erde. Er wusste auch, dass der Zwerg sein Kommen spüren und sich verstecken würde. Rasch breitete Loki Rans engmaschiges Netz aus und warf es in das Becken, zog es durchs Wasser und wieder heraus, und siehe da: Darin hing, um sich schlagend und sich windend, der Zwerg. Loki packte ihn fest am Nacken und holte ihn aus dem Netz.

Was willst du?«, wimmerte Andvari – obwohl er, scharfsinnig wie er war, schon eine Ahnung davon hatte, warum der Feuergott hier war.

»Was ich will, ist all dein Gold«, sagte Loki. »Andernfalls werde ich dich auswringen wie ein Stück nasser Wäsche.«

Andvari schauderte es. Er führte Loki aus der geheimnisvollen Echokammer hinaus und über einen sich verzwickt windenden Weg hinab in eine Schmiede. Heiß und rauchig war es dort. Ganze Berge von Goldstücken erglänzten im Licht des Feuers.

»Sammle es auf«, sagte Loki und trat mit dem Fuß gegen eines der Goldstücke.

Andvari scharrte herum, er fluchte und seufzte. Er türmte einen Haufen aus Goldklumpen und Goldbarren auf, aus fertigen und halb fertigen Stücken. Beim Anblick dieses Vorrats war Loki zufrieden. »Ist das alles?«, fragte der Feuergott.

Andvari schwieg. Er gab das Gold in zwei alte Säcke und stellte sie vor Loki.

»Und was ist mit diesem Ring?«, meinte Loki und deutete auf die Faust des Zwerges. »Ich habe gesehen, wie du ihn versteckt hast.«

Andvari schüttelte den Kopf.

»Steck ihn in den Sack«, sagte Loki.

»Lass ihn mir«, bettelte Andvari. »Nur diesen Ring. Lass ihn mir. Nur so kann ich wieder neues Gold herstellen.«

Aber Loki verstand sofort, dass der Ring magische Kräfte haben musste. Er trat vor, öffnete Andvaris Faust mit Gewalt und nahm den kleinen Ring an sich. Man konnte nie wissen, wann die Götter vielleicht mehr Gold brauchen würden. Den wunderbar geschmiedeten Ring steckte sich Loki an seinen kleinen Finger. »Was nicht freiwillig gegeben wird, muss man mit Gewalt nehmen.«

»Nichts habe ich freiwillig gegeben«, rief Andvari noch. Doch Loki nahm keine Notiz von ihm. Er schulterte die beiden Säcke und wandte sich der Tür der Schmiede zu.

»Du wirst es noch bereuen, den Ring genommen zu haben!«, schrie der Zwerg. »Auf dem Ring und dem Gold liegt mein Fluch! Wer auch immer der Besitzer sein mag – ich werde ihn zerstören! Niemand wird mit meinem Reichtum glücklich!«

Loki drehte sich nur kurz um und machte sich dann, mit Andvaris Flüchen und Beschimpfungen im Ohr, auf den Weg aus der Welt der Zwerge zurück in den Himmel. Dort erwartete ihn Odin ungeduldig.

Kommentar

Andvari ist wie so viele Menschen durch eine frühe Zurückweisung oder Enttäuschung verbittert. Seine Seele ist unterentwickelt, gewissermaßen zwergenhaft wie er selbst. Was ihn antreibt, ist einzig seine Machtbesessenheit. Für die Liebe, die ihm versagt blieb, sucht er Ersatz. Reichtum und Macht können ihn jedoch nicht froh machen und bezeichnenderweise wird ihm beides von anderen entrissen, die skrupellos sind wie er selbst. Der Mythos beschwört hier ein Bild vom Leben im Dschungel des Materialismus, das wir in der modernen Welt der Politik und Wirtschaft jederzeit wieder erkennen können. Wir finden es sogar in den Familien vor – man denke nur an die Manöver in Erbschafts- oder Scheidungsstreitigkeiten. Andvari symbolisiert unsere Wut nach einer persönlichen Enttäuschung. Die Verbitterung, die dazu führt, dass wir das Gefühl für unsere Mitmenschen ganz verlieren.

Im Mythos von Siegfried (siehe Seite 95–99) haben wir die symbolische Bedeutung des Goldes bereits kennen gelernt. Das natürliche Gold, das unerkannt und ungeformt im Flussbett liegt, ist ein Bild für die natürlichen Ressourcen: Sie schlummern in jedem von uns – und in der kollektiven menschlichen Seele. Solche Ressourcen können ungenutzt bleiben oder aus den Tiefen unseres Bewusstseins »nach oben geholt«, zum Guten wie zum Schlechten verwandt werden. Da Andvari sich als hässlich und missgeformt empfindet, schwört er der Liebe für immer ab bzw. will nur noch Gold lieben. Die Hässlichkeit ist ein mythisches Bild für Andvaris Eigenschaft, mit Wut und Hass auf die spöttischen Provokationen der Nymphen zu reagieren. Wir alle tragen diese primitiven Eigenschaften in uns – die finsteren Seiten des Menschen. Sie müssen aber nicht unser Handeln bestimmen, wir müssen nicht unsere höchsten Werte opfern, nur weil das Leben uns nicht zu rechten Zeit gibt, was wir wollen.

Andvaris Seele ist zwergenhaft: Er ist eben nicht großzügig, tolerant oder selbstbewusst genug, die Provokationen der Nymphen zu ignorieren. Er nimmt sie deshalb so schwer, weil er schon verbittert ist. Andvaris Geschichte lehrt uns, dass sich nicht jede menschliche Verfehlung mit dem Verweis auf eine schwierige Vergangenheit rechtfertigen lässt. Auf einer tieferen Ebene haben wir die Wahl, ob wir auf frühe Verletzungen mit Hass oder mit Verständnis reagieren. Wir alle sehen uns vor diese Wahl gestellt, möglicherweise mehrmals im Leben, und durch sie können wir unsere Zukunft formen.

Da Andvari sein Gold auf unehrliche Weise bekommt, sind ihm die Götter nicht gewogen. Als Odin selbst Gold braucht, hat er keinerlei Skrupel, Andvari, den Dieb, auszurauben. So kommt seinesgleichen zusammen. Indem er sich für die dunkle Seite entscheidet, besiegelt der Zwerg sein eigenes Schicksal. Zum Verständnis dieser Logik bedarf es keiner religiösen Leitsätze, keiner Vorstellung von göttlicher Verheißung oder Strafe. Unser Handeln auf dieser Welt hat Folgen und letztlich werden wir mit einer gewissen Wahrscheinlichkeit so behandelt, wie wir andere behandeln. Da Andvari niemanden liebt, wird er auch nicht liebevoll behandelt. Da er die anderen Zwerge versklavt, unterwirft ihn Loki und nimmt ihm sein Gold.

Das Leben erteilt uns harte Lektionen; eine der bedeutendsten schildert dieser Mythos. Gier nach Reichtum und Macht ist oft ein pervertiertes Nebenprodukt emotionaler Verletzung und Verbitterung, das uns oft genug dazu veranlasst, uns selbst aus der Verantwortung für unsere Mitmenschen zu entlassen. Im weiteren Sinn ist diese Gier ein »Pakt mit dem Teufel«, auch wenn der Teufel in dieser Geschichte in der Person selbst steckt. Auch auf globaler Ebene finden sich überall Beispiele: Waffenhandel mit berüchtigten Diktatoren oder die Ausbeutung der armen Bevölkerung der Dritten Welt zur Mehrung unseres Reichtums.

Uns selbst können wir wieder erkennen: in der Art, wie wir Mitarbeiter oder Angestellte behandeln, in unserer Einstellung zum Geld im Alltag – wie wir für ein attraktives Angebot unsere ethischen Bedenken über den Haufen werfen. Derartiges Fehlverhalten aus Bequemlichkeit entwickelt sich oft aus unbewusster Verbitterung und Wut auf andere Menschen, weil wir glauben, im Gegensatz zu ihnen weniger Glück und Freude im Leben zu haben, als wir eigentlich verdienten. Aber dieses Verhalten wird früher oder später auf uns zurückfallen. Selbst wenn Loki das Gold nicht geraubt hätte, können wir uns vorstellen, welches Leben Andvari unter der Erde gefristet hätte: einsam ohne Freunde, allein mit seinem Gold, das ihn trösten soll.

Die Geschichte Andvaris zeigt, dass Geld zwar nicht die Wurzel allen Übels ist. Von Übel ist es aber, wenn es sozusagen die Unfähigkeit zu vergeben finanziert oder andere Mängel kompensieren soll.

3. Verantwortung

Mit dem Erfolg wächst die Verantwortung, sowohl nach innen wie nach außen. Eine mächtige Position zu erlangen ist eine bedeutendere und komplexere Angelegenheit, als einen Preis zu gewinnen oder einen lange ersehnte Wunsch erfüllt zu bekommen. Macht betrifft immer auch die Frage nach dem verantwortlichen Umgang mit anderen. Unsere Ideale hinsichtlich Lebensführung und eingegangener Verpflichtungen finden sich konkreter auf dem Prüfstand. So gesehen ist Macht auch eine Art Dienst. In der Mythologie ist die Unbeständigkeit der Macht vielfach beschrieben und meist hat dabei ein Gott die Hand im Spiel. Macht ist also mit etwas Höherem verbunden: Gerade der Mächtige benötigt ein hohes Maß an Bescheidenheit und Weisheit und sollte denen Ehre erweisen, die er regiert – und denen er dient.

König Minos und der Stier

Macht und Integrität

Dieser berühmte griechische Mythos zeigt sehr eindringlich die Folgen mangelnder Gottesfurcht bzw. eines mangelnden Verantwortungsbewusstseins im Umgang mit der Macht. Man sagt, Macht korrumpiert – doch was genau ist das Wesen dieser Korrumpierung? Hier können wir beobachten, was passiert, wenn die Mächtigen davon betroffen sind.

Als Himmelsherrscher Zeus die schöne Prinzessin Europa erblickte, entflammte sein Begehren. Die junge Frau war jedoch nicht einfach zu verführen. Da verwandelte sich Zeus in einen weißen Stier und entführte sie über das Meer auf die Insel Kreta. Dort verging er sich an ihr. Er fühlte sich auch weiterhin zu ihr hingezogen, so dass er immer wieder zu ihr zurückkehrte, was ungewöhnlich war für den unsteten Zeus. So gebar ihm Europa drei Söhne – Minos, Rhadamanthys und Sarpedon. Der kretische König Asterios verliebte sich in Europa, heiratete sie – und adoptierte auch ihre drei Söhne.

Nach dem Tod des Asterios brach zwischen den drei Söhnen ein Streit um die Thronfolge aus. Minos, der älteste, beendete den Streit mit Hilfe des Meeresgottes Poseidon, der seine Bitten um ein göttliches Zeichen erhörte: Er versprach ihm als Zeichen, dass er seine Thronfolge unterstützte, einen Stier aus dem Meer. Minos versprach dafür, den Stier als Zeichen seiner Treue zu opfern und damit jedermann kundzutun, wem er seine Herrschaft verdankte. Er sollte allen und jedem zeigen, dass seine Macht nicht ihm allein gehörte und er sie auf verantwortliche Weise gebrauchen musste.

Poseidon hielt seinen Teil der Vereinbarung ein: Aus den Wellen erhob sich ein großartiger weißer Stier. Nachdem Minos erst einmal gekrönt war, schenkte er dem Versprechen keine Aufmerksamkeit mehr. Von Eitelkeit und Gier erfasst, suchte er nach Möglichkeiten, den Gott um das versprochene Opfer zu bringen. Den einzigartigen Stier zu schlachten schien ihm jetzt zu schade. Viel lieber wollte er ihn als Zuchttier in seiner Herde behalten, als ihn auf dem Opferaltar zu verschwenden. So opferte er seinen zweitbesten Stier als Ersatz. Dies sollte sich als folgenreiche Fehlentscheidung erweisen – Poseidon kochte vor Wut: Er bestrafte Minos, indem er seine Frau Pasiphaë in Liebe zu dem weißen Stier entbrennen ließ.

Der Handwerker Dädalus kam Pasiphaë zu Hilfe: Er baute eine lebensechte Kuh, in die Pasiphaë hineinschlüpfte und sich so mit dem Stier vereinigen konnte. Das Ergebnis dieser seltsamen Paarung war Minotaurus – ein Ungeheuer mit Menschenkopf und Stierkörper, der sich ausschließlich von jungfräulichem Menschenfleisch ernährte. Um diese beschämende Kreatur, seinen Stiefsohn, verborgen halten zu können, beauftragte Minos Dädalus mit dem Bau eines ausgeklügelten Labyrinths. Dieses Gefängnis des Minotaurus war so verzweigt, dass niemand seinen Weg herausfinden konnte.

Jedes Jahr musste Athen neun Jünglinge und neun Jungfrauen schicken, um den furchtbaren Appetit des Minotaurus zu befriedigen. Das Ungeheuer zerfraß Jahr für Jahr gleich einem geheimen Krebsgeschwür im Inneren von Minos' Königreich den Frieden der Insel Kreta. Erst mit der Ankunft des Helden Theseus aus Athen sollte sich dies ändern. Mit Hilfe von Minos' Tochter Ariadne tötete er den Minotaurus und befreite Kreta von diesem schrecklichen Fluch. Von Schuld und Kummer gebeugt, starb Minos und Theseus wurde Herrscher über Kreta und Athen.

Kommentar

Von allen Folgen menschlichen Handelns sind keine so sichtbar wie jene, die sich aus dem Handeln der Mächtigen ergeben. König Minos ist zunächst ein anständiger Mann. Nicht durch Gewalt oder Verrat eignet er sich den Thron an, wie so oft in den griechischen Mythen der Fall. Er wendet sich Rat suchend an die Götter. Für seine Bescheidenheit wird er belohnt. Alter Symbolik zufolge ist der König immer Gefäß des Göttlichen. Er ist eine Art »guter Hirte«, der sein Volk mit der Gnade Gottes regiert und seine Macht durch den Schwur, beiden zu dienen, legitimiert. Diese alte und tiefe Dimension der Herrschaft ist heute weitgehend in Vergessenheit geraten. Nach wie vor umgibt die Herrscher (ob durch Wahl oder Vererbung) jedoch eine gewisse Magie und vielleicht verdankt der Herrscher, der seinen Thron auf ehrenhafte Weise beansprucht, seine Rolle auf dieser Welt ja wirklich einer höheren Bestimmung.

Im Falle Minos' gewinnen seine Eitelkeit und Gier die Oberhand. Auch heute erleben wir Machtmissbrauch, indem sich Menschen mehr anmaßen, als ihnen zusteht. Überheblichkeit spielt eine Rolle, denn einmal an die Macht gekommen, vergisst man nur zu leicht seine ursprünglichen Ideale, die einen nach dieser Position streben ließen. Nach und nach fühlt man sich denen, über die man Macht ausübt, vielleicht sogar überlegen. Zahlreiche historischen Beispiele lassen sich aufzählen, in denen Herrscher vergaßen, wem sie ihre Macht verdankten. Ein Verhaltensmuster, das sich auch heute in jedem Betrieb, jedem Unternehmen und in der Politik beobachten lässt. Poseidon war bereit, Minos zur Krone zu verhelfen, vorausgesetzt, dieser würde ihn ehren. Doch wie so viele von uns war Minos, sobald er hatte, was er wollte, damit nicht mehr zufrieden. In seiner Gier behandelte er Poseidon wie einen Dummkopf, was ihn natürlich erzürnte. Auch wenn wir heute nicht mehr an göttliche Gerechtigkeit glauben, auf seine eigene Art konfrontiert uns das Leben früher oder später mit den Folgen unseres Handelns.

Der Minotaurus steht für etwas Blindes, Bestialisches und Rücksichtsloses im Innersten von Minos' Königreich und damit auch im Herzen des Königs selbst. Das Ungeheuer ist ein starkes Bild für den Prozess der Aushöhlung und Korrumpierung der menschlichen Seele. Wenn wir aus Gier und Arroganz schonungslos über andere hinweggehen, verlieren wir nach und nach unsere Menschlichkeit. Der Minotaurus verschlingt seine jungen Opfer.

Wenn Machtgelüste über unsere Integrität die Oberhand gewinnen, neigen auch wir zu zerstörerischem Verhalten gegenüber allem Verletzlichen – in anderen wie auch in uns selbst. Möglicherweise behandeln wir unsere Kinder unsensibel und sogar brutal, weil sie von uns abhängig sind und sich nicht wehren können. Wir kommandieren die, die uns etwas schulden, herum und genießen es, sie zu demütigen. Immer wieder hört man von Geschäftsleuten, denen es zwar gut geht, die aber trotzdem alles riskieren, um ihr Geld zu verdoppeln – und um dann doch wieder alles zu verlieren. Manche lassen sich durch lockende Belohnungen zu unehrenhaften oder gar gefährlichen Unternehmungen hinreißen. Doch früher oder später erwartet sie, privat oder öffentlich, eine demütigende Niederlage. Darüber liest man natürlich nichts in der Zeitung, denn die Folgen des skrupellosen Machtstrebens mögen geheim sein und sich nur im Privatleben oder gar im Innersten der Betroffenen niederschlagen. Gottes Mühlen mahlen bekanntlich langsam, aber gründlich.

Die Geschichte von Minos lehrt uns, dass wir nicht nur unseren Mitmenschen einen integren Umgang mit Macht schulden. Es geht auch um eine tiefe innere Verantwortung dem gegenüber, was wir das Göttliche oder Höchste nennen können – ob wir uns nun religiöser Begriffe bedienen oder die allgemeine Sprache der Menschlichkeit verwenden. Bei einer Herzensentscheidung bewahren wir uns die innere Kraft der Authentizität. Mit falschen Versprechungen – etwa zum Stimmengewinn bei Wahlen – können wir zwar den einen oder anderen überlisten. Unsere eigene Seele können wir nicht überlisten: Uns bleibt das schlechte Gewissen und ein schaler Nachgeschmack.

KÖNIG ARTUS' ARMEE IN FRIEDENSZEITEN
Was passiert, wenn das Ziel erreicht ist?

Diese kleine Episode aus der Artus-Legende enthält zwar hauptsächlich einen Dialog zwischen dem König und der Königin und nur wenig Handlung, dafür aber einen tiefsinnigen Kommentar über die Natur des Menschen. Im Besonderen zeigt sie, dass oft erst nach Erreichen eines großen Ziels klar wird, dass das Streben danach und nicht das Erreichen dieses Ziels unseren Charakter und unsere Herzen formt.

Nach langen Jahren des Krieges hatte der edle König Artus Frieden geschaffen. Dank eines günstigen Schicksals und seiner Kampfkraft hatte er die Feinde innerhalb und außerhalb des Reiches besiegt und Frieden mit ihnen geschlossen und so seine Herrschaft in Britannien festigen können. Dafür hatte Artus die besten Ritter und stärksten Kämpfer um sich gesammelt. Jeder hatte seinem Ruf Ehre gemacht und tapfer und geschickt für den König gekämpft.

Nachdem er nun also durch Krieg Frieden geschaffen hatte, fand sich Artus neuen Schwierigkeiten gegenüber: Was sollte er in Friedenszeiten mit seinen Kriegern anstellen? Da die Gewalt, obwohl sie im Moment gebändigt schien, jederzeit wieder ausbrechen konnte, wollte er seine Armee nicht vollständig auflösen. Andererseits schien es ihm schwierig, wenn nicht gar unmöglich, Stärke und Mut seiner Männer zu erhalten, ohne sie kämpfen zu lassen. Denn nichts rostet schneller als ein unbenutztes Schwert und ein untätiger Kämpfer.

Artus musste erkennen, dass der Frieden eine ebenso große Gefahr für seine Männer war wie der Krieg. Nicht Gefahr, sondern Sicherheit ist die Mutter der Feigheit. Fülle, nicht Mangel, schaffen Angst und Unruhe. Voll Kummer erkannte er auch, dass der Frieden, den ganz Britannien so lange ersehnt hatte – Frieden, für den man so schmerzhafte Kriege hatte führen müssen –, mehr Verbitterung hervorrief als jeder noch so blutige Kampf auf dem Weg dorthin. Immer deutlicher und mit wachsender Sorge sah König Artus, wie seine jungen Krieger, vorher bereit, gegen jeden ebenbürtigen Gegner zu kämpfen, nun gelangweilt, untätig und aggressiv ihre Kraft in kleinlichen Streitereien und Klagen verschwendeten.

Sogar Lancelot, der größte unter den Rittern, verzagte mehr und mehr ohne ein gegnerisches Schwert, das sein eigenes geschärft hätte. Wie ein Raubtier ohne Beute wurde dieser edle und mutige Kämpfer unruhig, reizbar und dann ganz offen zornig. Er zeigte bislang unbekannte Schwächen und Gebrechen.

Königin Guinevere, die Lancelot liebte und die Männer verstand, war betrübt über seine schleichende Selbstzerstörung. Sie sprach zu Artus und so erfuhr sie auch von dessen Sorgen über die jungen Ritter.

»Ich wünschte, ich könnte das verstehen«, sagte Artus. »Sie bekommen eine gute Verpflegung, schlafen auf bequemen Lagern, lieben, wen und wann sie wollen. Sie stillen einen Appetit, der schon halb gestillt ist, müssen keinen Hunger und keine Schmerzen, keinen Schlafentzug und strenge Führung mehr ertragen. Dennoch sind sie nicht zufrieden. Sie klagen, dass die Zeiten ihnen nicht gewogen sind.«

»Das sind sie auch nicht«, antwortete die Königin.

»Wie meinst du das?«, fragte Artus.

»Sie sind untätig. Sie haben sich ihre lang gehegten Träume erfüllt und haben jetzt nichts mehr, worauf sie ihr Herz verwenden könnten. Auf jeden erfüllten Wunsch folgt erst Leere. Sie sind nicht gefordert. Der wildeste Jagdhund, das schnellste Pferd, die beste Frau, der tapferste Ritter – keiner kann der ätzenden, zersetzenden Wirkung der Untätigkeit standhalten. Sogar Lancelot beklagt sich in seinem bequemen Sessel wie ein verwöhntes, unzufriedenes Kind.«

»Was kann ich tun?«, rief der König aus. »Die edelste Gemeinschaft der Welt droht auseinander zu brechen. In den dunkleren Zeiten betete ich, arbeitete und kämpfte für den Frieden. Nun, da wir ihn haben, fehlt uns der innere Frieden. Manchmal wünsche ich mir geradezu einen Krieg, der diese Schwierigkeiten beseitigen würde.«

»Du bist nicht der erste Herrscher, der so denkt, und wirst auch nicht der letzte sein«, sagte Königin Guinevere. »Es herrscht allgemeiner Frieden, das ist wahr. So wie aber der Gesunde von kleinen Schmerzen geplagt wird, so gleicht der Frieden einem Wandteppich mit vielen kleinen Kriegen darauf. Um uns herum spielen sich viele kleine Kriege ab. Einer schlägt dem Nachbarn wegen einer verlorenen Kuh den Schädel ein, eine Frau vergiftet ihre Nachbarin, weil sie ein schöneres Gesicht hat. Darauf folgt eine Familienfehde über Generationen. Überall gibt es diese kleinen Kriege, stets zu klein für eine Armee, aber immer zu groß für einen einzelnen Menschen. Was die Ritter brauchen, ist eine Mission, eine Suche, Herausforderung.«

»Die jungen Ritter lachen über diese altmodischen Dinge und die alten Ritter haben echte Kriege erlebt.«

»Die eine Sache ist es, nach Größe zu streben, die andere danach, nicht klein zu sein. Ich glaube, alle Menschen wollen größer als sie selbst sein. Dies gelingt ihnen jedoch nur als Teil von etwas viel Größerem, als sie selbst es sind. Fehlt ihm die Herausforderungen, verliert der größte Ritter an Statur. Wir müssen einen Weg finden, einen großen Krieg über kleine Dinge zu erklären. Wir müssen die Banner aufspüren, unter denen sich die kleinen Übel sammeln, die jede Gemeinschaft bedrohen. Dagegen könnten wir eine Armee aufstellen, auch wenn diese Kämpfe klein und subtil und nahezu unsichtbar sein mögen. Wir könnten sie die Königliche Gerechtigkeit nennen. Und jeder Ritter wäre der persönliche Wahrer und Repräsentant dieser Gerechtigkeit. Jeder einzelne wäre dafür verantwortlich. Dann wäre jeder Ritter ein Werkzeug für etwas Größeres.«

»Ich frage mich, wie ich diesen Krieg erklären könnte«, dachte König Artus laut nach.

»Beginne mit dem besten Ritter der Welt: Lancelot. Gib ihm den schlechtesten Ritter als Gefährten. Sein Neffe Lyonel ist ein guter Kandidat, er ist der faulste Taugenichts überhaupt. Dann muss der Schlechteste dem Besten nachstreben.«

»Der Schlechteste und der Beste«, lächelte Artus. »Das ist eine mächtige Verbindung. Ein solches Bündnis wäre unschlagbar.«

»Nur über derartige Bündnisse lassen sich Kriege überhaupt führen«, antwortete die Königin.

Und so geschah es. Die Ritter hatten von da an neue Ziele und neue Visionen. Dieser neue Krieg war ein endloser: Da war kein Gegner, gegen den man in die Schlacht ziehen konnte, nur die Niedertracht des unentwickelten menschlichen Herzens.

Kommentar

Die Nachwirkungen eines großen Erfolges sind oft tiefe Depression. Die Gefahr innerer Korrumpierung droht eher durch Untätigkeit als durch den Kampf. Das ist die tiefe, aber unwillkommene Wahrheit, die Artus für sich entdeckt – und die auch Guinevere, schon gezeichnet durch ihre verbotene Liebe zu Lancelot, erkennt.

Wenn wir nach langem Kampf und schweren Zeiten ein großes Ziel erreicht haben, erwarten wir ein Gefühl der Zufriedenheit und der Ruhe. Oft trifft das Gegenteil ein und wir verstehen nicht, warum, nachdem die Bergspitze erklommen ist, die Aussichten so grau, trübe und hoffnungslos erscheinen. Ob es sich nun um eine verantwortliche Stellung oder um materielle Güter handelt – so viele Menschen werden getrieben von dem Wunsch nach Besitz, Gewinn und Erfolg. Diese Geschichte verrät über die menschliche Natur, dass nicht Gewinn, sondern Anstrengung ein Gefühl von Lebendigkeit vermittelt. Strebend bündeln wir unsere Liebe und Hingabe. Auch wenn wir es nicht gerne zugeben: Es ist der Kampf, der das Beste aus uns herausholt.

Ein Phänomen, das wir bei vielen erfolgreichen Menschen beobachten, die nach Jahren des Kampfes um Anerkennung und Wohlstand, seelisch verkümmern. Sie werden krank und von etwas, das sich als Finsternis der Seele beschreiben lässt, heimgesucht. In gewisser Weise stehen Artus' kämpfende Ritter für die motivierte Seite in Artus selbst: mutig und voll Sehnsucht, bereit, viele Widrigkeiten auf sich zu nehmen für den Sieg in einem großen Kampf.

Was fängt man mit diesem ungestümen, edlen Geist an, wenn es nichts gibt, wofür man kämpfen könnte? In Friedenszeiten kann eine Armee zum ernsten Problem werden, denn mangels Feind kann Kampfgeist auch der besten Soldaten in die falsche Richtung umschlagen. Wir müssen jedoch keine Soldaten sein, um diese Erfahrung zu machen. Allen stark motivierten Menschen droht diese innere Niederlage, der Verlust der Orientierung, nachdem das Ziel erreicht ist.

Guinevere kennt die Lösung. Es bedarf neuer Ziele, um Kraft und Orientierung zu erneuern. Dieses Ziel muss das vorherige überragen und größer sein als unsere persönlichen Bestrebungen. Diese Episode zeigt auch, dass man jenseits seiner persönlichen Ambitionen irgendwann einen Beitrag für die größere Gemeinschaft leisten muss, damit die Lebensenergie wieder fließen kann. Den Frieden hat Artus in seinen mittleren Jahren erreicht.

Für ein Engagement in einem größeren Lebenszusammenhang sind wir am ehesten bereit, wenn wir schon ein paar unserer persönlichen Kämpfe ausgefochten haben. Denn dabei lernt man sein eigenes Wesen kennen, seine eigenen Möglichkeiten und Grenzen. Mit Machtgewinn geht Verantwortung einher und Erfolg verlangt von uns, dass wir uns nach innen wenden: um herauszufinden, von welchem Nutzen sie waren, wem und wozu sie wirklich dienten.

DAS URTEIL SALOMOS
Verantwortung bedarf der Weisheit

Die biblische Geschichte über das Urteil Salomos zeigt exemplarisch die Bedeutung von Weisheit und Demut für den Mächtigen. Salomo regiert mit dem Kopf und mit dem Herzen. Seine Weisheit ist ein Geschenk Gottes. Er kennt weder Überheblichkeit noch Gier. Eine seltene Erscheinung unter den Herrschenden, damals wie heute.

Nach dem Tod seines Vaters König David wurde Salomo Herrscher über ganz Israel. In einem Traum erschien ihm Gott und sprach zu ihm: »Bitte mich um das, was ich dir geben soll.«
Und König Salomo sprach: »Deinem Diener, meinem Vater David, hast du dich gnädig erwiesen. Nun hast du mich zum König gemacht, obgleich ich noch ein Kind bin. Ich weiß nichts. Schenke mir also bitte ein verständiges Herz, um mein Volk einschätzen und zwischen gut und böse unterscheiden zu können.«

Diese Rede freute den Herrn und er sagte: »Da du mich darum gebeten hast und nicht um ein langes Leben oder Reichtümer für dich selbst oder den Tod deiner Feinde, erfülle ich deinen Wunsch. Ich gebe dir ein weises und verständiges Herz.«

Salomo erwachte aus seinem Traum.

Einige Zeit danach traten zwei Frauen zu ihm, zwei Huren. Die erste Frau sagte: »O Herr, ich und diese Frau leben in dem gleichen Haus. Ich habe ein Kind in dem Haus zur Welt gebracht. Am dritten Tag danach brachte aber auch diese Frau ein Kind zur Welt. Wir waren zusammen und niemand anderer war bei uns. Das Kind dieser Frau starb in der Nacht. Um Mitternacht erhob sie sich und nahm meinen Sohn von meiner Seite, während ich schlief. Sie legte ihr totes Kind an meine Brust. Als ich morgens aufwachte und mein Kind stillen wollte, da war es tot. Als ich aber darüber nachdachte, wusste ich, es war nicht mein Sohn.«

Die zweite Frau sagte: »Nein, das lebende Kind ist mein Sohn und das tote ist dein Sohn.«

Die erste Frau erwiderte: »Nein, das tote ist dein Sohn und das lebende ist mein Sohn.« Und so stritten sie vor dem König.

Dann sprach Salomo: »Eine von euch sagt, ›es ist mein Sohn, der lebt‹, und die andere sagt, ›nein, es ist mein Sohn, der lebt‹. Bringt mir ein Schwert.« Ein Schwert wurde für den König gebracht. Salomo sagte: »Teilt das Kind in zwei Teile und gebt die eine Hälfte der einen, die andere Hälfte der anderen Frau.«

Da rief die erste Frau: »O Herr, gebt ihr das lebende Kind und tötet es nicht! Lieber soll es leben und nicht meins sein, als dass ihm etwas angetan wird.«

Die andere Frau aber schrie: »Nein, lass es weder meins noch ihres sein – teilt es!«

Da sagte der König: »Gebt der ersten Frau das lebende Kind und tötet es nicht. Denn sie ist seine Mutter.«

In ganz Israel hörte man von diesem Urteil des Königs und das Volk ehrte ihn, denn es sah, dass die Weisheit Gottes in ihm war.

KOMMENTAR

Die biblische Geschichte Salomos zeigt uns, dass Macht – ob politisch, finanziell, sozial oder emotional – große Verantwortlichkeiten in sich birgt. Dieser König beherzigt, dass er nichts ist ohne diejenigen, über die er herrscht. Er ist um sein Volk besorgt, nicht um seinen eigenen Ruhm. Als ihn Gott nach seinem Wunsch fragt, erbittet er sich nichts als ein gutes Urteilsvermögen aus, damit er sein Volk weise und gut regiere. Salomos Bescheidenheit fehlt vielen Mächtigen leider völlig, ob in der Mythologie oder im wirklichen Leben. Man fragt sich, wie die Welt aussehen würde, wenn die Machthaber auch nur ein bisschen von Salomos Weisheit besäßen.

In Salomos berühmtem Urteil geht es nicht um Krieg oder Frieden, Zins- oder Steuererhöhung, es geht um das Schicksal zweier einfacher Frauen, von denen eine ein Kind verloren hat. Das ist das wahre Regierungsgeschäft, denn ohne Verständnis für die alltäglichen Belange unserer Mitmenschen haben wir auch nicht das Recht, über sie zu herrschen. Für eine hohe weltliche Stellung ist es eher charakteristisch, sich vom Leben der Menschen abzuschotten, folglich auch kein Verständnis mehr für ihre Alltagssorgen aufzubringen. Viele Menschen, die Karriere machen, vergessen auf dem Weg dorthin, wie es ist, sich Sorgen um ein Kind zu machen, über den Verlust eines Haustieres zu trauern oder beim Anblick eines schönen Sonnenuntergangs zu lächeln. Die sprichwörtliche Weisheit Salomos gründet nicht auf militärischem oder finanziellem Geschick, sondern auf seinem Verständnis für das Wesen der Liebe. Er überführt die wahre Mutter als diejenige, die lieber auf ihr Kind verzichten würde, als es leiden zu sehen.

Diese Welt ist nicht vollkommen, genauso wenig wie wir Menschen. Und die Weisheit eines Salomo zu erlangen, können wir nicht erwarten. Sie scheint vielleicht in Momenten wichtiger Entscheidungen auf. Nie dürfen wir vergessen, wem wir als Manager, Direktor, Abgeordneter, Vorstand, Präsident oder Premierminister wirklich dienen. Durch sein Urteil gewinnt Salomo die Anerkennung seines Volkes und er kann sein Land ohne die Gefahr einer Rebellion oder eines Umsturzes regieren. Das enthält eine deutliche Botschaft an die Mächtigen, die den Verlust ihrer mühsam erworbenen Macht fürchten. Eine Macht, die nicht durch Bescheidenheit und den Wunsch zu dienen gebändigt, vielleicht sogar motiviert ist, währt nicht lange.

Trotz der furchtbaren Prüfungen, die sowohl Penelope als auch Odysseus zu überstehen hatten, hielten sie in Treue und Liebe zueinander. Nach zwanzig Jahren waren sie glücklich und triumphierend wieder vereint.

Jean-Jacques-François Le Barbier (1738–1826): *Odysseus verlässt Sparta mit Penelope*

Die biblische Geschichte vom Urteil des Salomo zeigt, dass die große Kunst nicht darin liegt, Macht zu erlangen, sondern darin, sie weise und umsichtig zu gebrauchen.

Sebastiano del Piombo (ca. 1485–1547):
Das Urteil Salomos

Da Phaëton die Hinweise seines Vaters missachtet hatte und die Pferde einem jungen und unerfahrenen Wagenlenker nicht gehorchen wollten, geriet der Sonnenwagen außer Kontrolle.

GUSTAVE MOREAU (1826–89):
Phaëtons Sturz

Die Zuschauer hielten den Atem an, beim Wettkampf am Webstuhl zwischen Athene und der prahlerischen Arachne. Mochte die Qualität von Arachnes Werk noch so herausragend sein – ihre Überheblichkeit war schließlich der Grund für ihren Niedergang.

DIEGO VELAZQUEZ (1599–1660):
Die Fabel von Arachne

Als Midas sich setzte und bemerkte, dass alle Teller und Kelche sich in Gold verwandelten, lächelte er. Als sich der Wein bei der Berührung seiner Lippen ebenfalls in Gold verwandelte, konnte er keinen Tropfen trinken.

NICOLAS TOURNIER (1590–1638/39): *König Midas*

Poseidon war sehr erzürnt, als Minos ihn um seine versprochene Opfergabe betrog. Als Strafe belegte er Minos' Frau Pasiphaë mit dem wilden Verlangen, sich mit dem weißen Stier zu paaren.

MEISTER DER CASSONI CAMPANA:
Pasiphaës Leidenschaften (ca. 1510)

Die Flussnymphen verführten Andvari mit ihrer Anmut und Schönheit,
machten sich jedoch über ihn lustig, indem sie sich seinen
gierigen Händen im letzten Moment entwanden.
Traurig und beschämt ließen sie ihn zurück.

Guillaume Seignac:
Die Wassernymphe (ca. 1900)

Der Minotaurus mit dem Stierkopf auf einem Menschenkörper
ist ein tragisches mythisches Bild für die blinden Triebe
des Menschen, die uns Vernunft, Sittlichkeit und die
Achtung vor anderen Lebewesen verlieren lassen.

G. F. WATTS: *Der Minotaurus* (1895)

Die Ritter der Tafelrunde schworen einen Eid, die Gesetze einzuhalten, Gewalt nur für die gute Sache einzusetzen, Gnade walten zu lassen, die Schwachen zu beschützen und nie aus Eigennutz zu handeln.

Die Ritter der Tafelrunde aus der ›History of the Holy Grail‹ (Geschichte des Heiligen Grals, 15. Jahrhundert)

Zu den beiden Frauen, die sich um das Kind stritten, sagte König Salomo: »Nehmt dieses Schwert und teilt das Kind zwischen euch auf.« Dank seines klugen Vorgehens war die wahre Mutter schnell gefunden.

William Blake (1757–1827): *Salomos Urteil*

Im Fährmann Charon, der die Seelen der Toten über den Styx zur Unterwelt bringt, sehen wir unser intuitives Verständnis für den Tod als Übergangsritual versinnbildlicht.

JOACHIM PATENIER (1487–1524): *Charon*

Nackt, krank und elend, seiner Familie und seiner weltlichen Güter beraubt, ließ sich Hiob nicht zur Gotteslästerung hinreißen und vertraute weiterhin auf den Herrn.

LEON JOSEPH FLORENTIN BONNAT (1833–1922): *Hiob*

Als sein Leben ohne die geliebte Eurydike sinnlos geworden war
und er nicht länger an ihrem Grabe trauern konnte, folgte
Orpheus ihr nach in das düstere Reich des Hades.

GUSTAVE MOREAU (1826–89): *Orpheus an Eurydikes Grab* (Ausschnitt)

Orpheus wird von einem furchtbaren Zweifel gepackt und kann die Ungewissheit, ob Eurydike ihm wirklich auf dem Weg aus der Unterwelt folgt, nicht mehr ertragen. Er dreht sich um und verliert sie für immer.

ENRICO SCURI BERGAMO (1805–84): *Orpheus und Eurydike* (Ausschnitt)

Der weise Kentaur Chiron war sanft und voller Mitgefühl für menschlichen Schmerz. Er, der selbst so viel Leid zu ertragen hatte, sorgte sich um andere, die verletzt waren und seine Hilfe benötigten.

Giovanni M. Falconetto (16. Jahrhundert):
Der Berg Helikon mit Pegasus und dem Kentaur Chiron (Ausschnitt)

V

Riten des Übergangs

Über viele Jahrhunderte haben die großen Rätsel des Lebens das Denken von Philosophen, Theologen und Psychologen beschäftigt: das Geheimnis menschlichen Leidens, die Suche nach einer tieferen und höheren Wirklichkeit, die Frage nach dem Tod. Mythen bieten tiefe Einblicke in das Wesen von Übergangsriten und können der Orientierung dienen, wenn wir mit dem Unerklärlichen in Berührung kommen. Menschen wachsen an den Erfahrungen, die sie in Krisenzeiten machen. Dennoch ist es nicht leicht den Sinn hinter einer traurigen und schmerzlichen Erfahrung zu entdecken und konstruktiv mit ihr umzugehen. Eher sind wir desillusioniert und verbittert, weil wir die tiefere Bedeutung und das Potenzial hinter diesen Wendepunkten unseres Lebens nicht erkennen können. Paradox erscheinen die Mysterien des Lebens. Gerade deshalb bieten uns die Mythen, die von diesen Ereignissen erzählen, einen umfassenderen Einblick als die Wissenschaften und religiösen Lehren: Der Mensch ist zu wahrer Seelengröße fähig, wenn er erkennt, dass, obschon er keine Antwort auf seine Fragen erhält, Bedeutung in dem liegt, was ihm rätselhaft und unergründlich scheint.

1. Trennung, Verlust und Leid

Trennung und Verlust sind archetypische menschliche Erfahrungen. Es ist unwahrscheinlich, dass ein Mensch durchs Leben kommt, ohne jemals darunter gelitten zu haben. Stets haben die etablierten Lehren Antworten auf die Frage nach dem Leid gesucht, besonders wenn es ungerecht oder unverdient erscheint. So unbefriedigend sie dem kritischen Denken letztlich vorkamen, so sehr haben diese Antworten doch zu allen Zeiten Trost gespendet. Anders als religiöse Lehren haben Mythen nie Antworten auf die Frage nach dem Grund für unser Leiden gegeben oder Hinweise, wie wir es vermeiden können – oder was wir dafür von Gott im Austausch erhalten. Mythen lassen erahnen, welche Kraft zur Wandlung das Leiden birgt, und deuten damit den tieferen Sinn von Leiderfahrung an. Mythen über Trennung und Verlust besitzen besondere Heilkraft. Wie in einem Spiegel erkennen wir darin unsere Situation und sehen, dass wir nicht allein sind. Wir müssen die mythische Sichtweise nur tief genug wirken lassen, um zu erfahren, wie Heilung vom Leid erlangt werden kann: im menschlichen Miteinanderteilen und Mitgefühl liegt mehr Heilkraft als in den trügerisch einfachen Antworten, die die größten Rätsel wegerklären sollen.

Hiobs Prüfungen

Das Rätsel des Leids

Die biblische Geschichte von Hiob zeigt, wie ungerecht das Leben sein kann. Eindringlich schildert sie, wie kindliche Träume darüber, dass das Gute belohnt, das Böse bestraft würde, zu Desillusionierung führen und uns verbittern können. Hiob verliert seinen Glauben nicht, so groß sein Leid auch ist. Und obgleich unbeantwortet bleibt, warum er diese Prüfungen auf sich nehmen muss, behält er sein Vertrauen in die göttliche Weisheit. Oder, anders ausgedrückt, sein Vertrauen in das Leben.

Im Land Uz lebte ein Mann namens Hiob. Er war fromm und rechtschaffen, fürchtete Gott und mied das Böse. Er hatte sieben Söhne und drei Töchter und war ein wohlhabender Mann mit vielem Vieh und einem großen Haushalt. In der Tat war er der angesehenste Mann des Ostens.

Doch das Ende von Hiobs Reichtum und gutem Leben war besiegelt. Eines Tages traten die Engel nämlich vor Gottes Thron und unter ihnen war Satan. Als Gott ihn fragte, woher er komme, antwortete dieser: »Ich habe die Erde durchwandert, um zu sehen, was dort vor sich geht.«

Da sagte der Herr zu Satan: »Hast du meinen Diener Hiob auf deinen Reisen gesehen? Es ist kein Zweiter auf Erden wie er – ein vollkommener und rechtschaffener Mann, einer, der Gott fürchtet und das Böse meidet.«

Satan sagte: »Ist Hiob ohne Grund gottesfürchtig? Du hast ihn beschützt und gesegnet. Doch strecke nur deine Hand gegen ihn aus und nimm ihm alles, was er hat, und er wird dir ins Angesicht fluchen.«

Von dieser Antwort war der Herr irritiert und sagte also zu Satan: »Gut, dann prüfe ihn. Alles, was er hat, ist in deiner Gewalt. Nur ihn selbst lasse unangetastet.« Hochzufrieden verabschiedete sich Satan von Gott.

Daraufhin begann Hiobs Unglück. Seine Ochsen, Esel und Kamele wurden gestohlen, seine Diener erschlagen und vom Himmel fiel ein Feuer und verzehrte all seine Schafe. Dann erfasste ein gewaltiger Wind das Haus, in dem seine Söhne und Töchter aßen, und tötete sie alle.

Hiob zerriss sein Gewand, rasierte sich seinen Kopf kahl und warf sich auf die Erde. Er sagte: »Nackt kam ich aus dem Schoß meiner Mutter und nackt kehre ich dorthin zurück. Der Herr hat's gegeben und der Herr hat's genommen, gelobt sei der Name des Herrn.« Satan war widerlegt, denn in all seinem Leid verfluchte Hiob Gott nicht.

Dann trat Satan abermals vor Gott und Gott sprach: »Bin ich nicht bestätigt, was meinen Diener Hiob betrifft? Es gibt keinen Zweiten auf der Erde wie ihn. Er bleibt rechtschaffen, obwohl du gegen ihn vorgegangen bist und ohne Grund alles, was er hatte, zerstörtest.«

Satan entgegnete: »Wahrlich, alles, was der Mensch besitzt, gibt er hin für sein Leben. Streck nun aber deine Hand aus und rühre an seine Knochen und sein Fleisch und er wird dir ins Angesicht fluchen.«

Der Herr sprach: »Gut, er ist in deiner Hand. Schone aber sein Leben.«

Satan ging weg von Gott und schlug Hiob mit einem bösartigen Geschwür von der Fußsohle bis zum Scheitel. Hiob setzte sich in Asche und betete zu Gott. Da sagte seine Frau zu ihm: »Hältst du immer noch fest an deiner Frömmigkeit? Lästere Gott und stirb!«

Hiob aber antwortete: »Du redest töricht. Sollen wir das Gute von Gott erhalten und nicht auch das Leid?« Bei all seinem Leid verfluchte Hiob Gott nicht.

Dann kamen Hiobs Freunde, um ihn zu bedauern und zu trösten, und konnten ihm nur falschen Trost bieten. Sie taten so, als ob sie die Weisheit besäßen, Gottes Handeln zu verstehen, in Wahrheit wussten sie jedoch nichts. Sie meinten, Hiob habe wohl gesündigt und Strafe auf sich gezogen, oder Gott prüfe ihn und würde ihn schließlich belohnen. Ihre Worte brachten Hiob keinen Trost, sondern nur Kummer.

Der Herr aber war wütend wegen der trügerischen Worte der Männer und sprach zu Hiob: »Wer sind sie, die Rat ohne Wissen anbieten? Was wissen sie oder du von der Macht Gottes? Wo warst du, als ich die Fundamente der Erde legte? Kennst du die Pläne des Himmels?« Und noch einige Fragen stellte Gott.

Da sagte Hiob: »Was soll ich antworten? Ich werde mir die Hand vor den Mund halten und nichts mehr sagen.«

Da gab der Herr Hiob so viel zurück, wie er besessen hatte, bevor Satan alles zerstört hatte. Nach einer Zeit hatte er weitere sieben Söhne und drei Töchter und er lebte 140 Jahre und erlebte seine Söhne und die Söhne der Söhne bis in die vierte Generation hinein. Hiob starb alt und am Ende eines erfüllten Lebens.

Kommentar

Außerhalb von Disney-Land kommen die Bösen oft ungestraft davon, während es die Guten trifft. Junge, talentierte, gute Menschen sterben an schrecklichen Krankheiten und brutale Diktatoren, verantwortlich für die Ermordung Tausender, erreichen ein hohes Alter und sterben friedlich in ihren Betten.

Diese harte und ungerechte Seite des Lebens hat Stoff für Jahrtausende religiöser Kontroversen geliefert. Und obgleich die genaue Definition des Guten auch den selbstgerechtesten religiösen Lehren nicht gelingt, hoffen wir Menschen immer noch, den Schicksalsschlägen des Lebens entkommen zu können, sofern wir nur die richtige Formel für das Gute entdecken.

Die Geschichte Hiobs lehrt uns, dass die Ursache menschlichen Leids und der Ungleichheit nicht einfach in Sünde und ihrer Bestrafung liegen.

Hiob hat nicht gesündigt und muss doch leiden. Das merkwürdig irritierende Gespräch zwischen Gott und Satan zeigt ein Universum bar ebenjener Moral, mit der wir uns in der Hoffnung auf himmlische Belohnungen wappnen. Weder mit Logik noch Vernunft ist Gottes Bereitschaft, Hiobs Schicksal dem Satan zu überlassen, zu erklären. Es genügt Satans provokative Behauptung, Hiob werde seinen Glauben verlieren, sobald Gott nicht mehr gut zu ihm ist. Trotz der wenig erfreulichen Qualität des Göttlichen, die uns in dieser Geschichte vor Augen geführt wird, stellt Hiob weder das Wesen noch die Größe Gottes in Frage.

Gott ist Gott, und auch durch die Suche nach den verborgenen menschlichen Sünden lässt sich das Rätsel des Leids nicht lösen. Mit anderen Worten: Es gibt keinen Grund für das Leid. Es ist schlicht ein Teil des Lebens. Eine bittere Pille für die, die sich Gott immer noch als Weihnachtsmann vorstellen möchten. Wir müssen demütig sein gegenüber den Geheimnissen des Lebens. Demut erlangen wir nur über Leid, Verlust, tiefe Zweifel – wenn wir das Leben anerkennen, wie es ist.

Hiobs Freunde meinen es gut, wie die meisten von uns. Sie haben aber nur oberflächliche Erklärungen zu bieten, die die leidende Person nicht wirklich berühren. Die gut gemeinten Worte von Freunden und Ratgebern sind wenig hilfreich, wenn sie vor allem ihre eigene Angst bändigen wollen, indem sie unseren Schmerz kleinreden. Trauer hat ihre eigenen Gesetze und ihre eigene Zeit und der einzig wirkliche Trost liegt vielleicht in einer stillschweigenden Solidarität mit dem Leidenden. Im Gegensatz dazu können wir andere sogar verletzen, wenn wir als Erklärung für ihr gegenwärtiges Leid einfache Antworten und Versprechungen anführen. Hiobs Geschichte lehrt uns, dass wir das Göttliche beleidigen, wenn wir versuchen die kosmischen Geheimnisse nach menschlichen Maßstäben zu ergründen.

Am Ende der Geschichte werden Hiobs Reichtum und sogar sein Familienglück wieder hergestellt. Seine verstorbenen Kinder werden nicht wieder von den Toten erweckt, denn nicht einmal Gott kann das Geschehene rückgängig machen. Wir können die Vergangenheit nicht auslöschen, unsere Verletzungen oder unser Unglück einfach wegzaubern. Was Hiob durchmacht, lässt ihn zum Mann werden. Diese alte Geschichte schildert einen Reifungsprozess, den wir alle, früher oder später, durchlaufen müssen. Wir werden vielleicht nicht so leiden müssen wie Hiob, aber früher oder später werden wir mit der Ungerechtigkeit des Lebens konfrontiert, werden unverdienten Schmerz verspüren und Verlusterfahrungen machen.

Unser Grundvertrauen mag auf dem Glauben an Gott oder dem Glauben an den Menschen beruhen.

Hiobs Geschichte lehrt uns, dass wir letztlich ohne rationale Erklärungen und ohne das Versprechen auf mögliche zukünftige Belohnung Trost finden müssen. Nur das gibt uns Kraft, unser Leben nach Verlust und Leid zu erneuern.

Orpheus und Eurydike
Der Umgang mit Kummer

Die traurige Geschichte über Orpheus und seine Frau Eurydike beschreibt den bittersüßen Schmerz, der uns erfasst, wenn wir etwas festzuhalten versuchen, was wir unweigerlich verlieren werden. Dieser Mythos bietet keine einfachen Lösungen im Umgang mit Verlust. Er hilft uns aber verstehen, dass oft nur das weiterlebt, was wir loslassen können, und das, woran wir uns über die Zeit hinaus festklammern, in uns selbst stirbt.

Orpheus von Thrakien war für seine wunderbare Musik bekannt. Er war der Sohn der Muse Kalliope und des thrakischen Königs Oiagros – auch wenn gemunkelt wurde, er sei in Wahrheit der Sohn des Sonnengottes Apoll. Sein Spiel auf der goldenen Leier – eine von Apoll empfangene Gabe – war so bezaubernd, dass sogar reißende Flüsse stillstanden, um ihm zuzuhören, und Felsen und Bäume zu ihm kamen, um seiner Musik zu lauschen.

Leicht gewann der Sänger, der sogar Steinen Leben einhauchen konnte, die Liebe der schönen Eurydike. Zunächst war ihre Ehe von Glück erfüllt. Es sollte jedoch nur von kurzer Dauer sein: Eurydike wurde von einer Schlange gebissen und kein Gegengift konnte sie bei den Lebenden halten. Voll Kummer trat Orpheus an ihr Grab, seine traurigen Melodien bewegten die Herzen aller Trauergäste tief. Nun, da ohne Eurydike kein Licht mehr in seinem Leben war, machte er sich zu den Pforten des Hades auf. Dort, wo kein Lebender Zutritt findet vor seinem Tode, wollte er seine Geliebte suchen.

Durch sein ergreifendes Spiel bezauberte Orpheus den Fährmann Charon, der nur die Seelen der Verstorbenen über den Fluss Styx übersetzen durfte. Ohne weitere Fragen ruderte der alte Fährmann den Sänger über den schwarzen Fluss, der die Welt des Sonnenlichts von dem kalten Reich des Hades trennt. So bewegend waren die Töne von Orpheus' goldener Leier, dass die Gitterstäbe der Tore des Todes von selbst zurückwichen und Zerberus, der dreiköpfige Hund, Wächter der düsteren Pforte zum Todesreich, besänftigt durch die Wohlklänge, friedlich niedersank, ohne auch nur seine Zähne zu zeigen. So konnte Orpheus ungehindert in die Schattenwelt eindringen. Ein paar bezaubernde Momente lang waren die Qualen der Verdammten des Tartaros gelindert und sogar das harte Herz von Hades, dem Herrn der Unterwelt, wurde weich. Demütig kniete Orpheus vor dem Thron des Königs und der Königin der Toten nieder. In seiner geheimnisvollsten Melodie bat er um Eurydikes Rückkehr in die Welt der

Lebenden. Persephone, Herrscherin der Unterwelt, flüsterte ihrem Mann etwas ins Ohr und plötzlich wurde Orpheus' Leierspiel durch eine tiefe, schallende Stimme unterbrochen. Die ganze Unterwelt war verstummt, um Hades' Urteil zu hören.

»So sei es denn, Orpheus. Kehre zur Welt der Lebenden zurück und Eurydike soll dir als Schatten folgen! Auf deinem Weg halte aber nicht an, sprich nicht mit ihr und vor allem: Sieh dich nicht nach ihr um, bis ihr die Welt der Lebenden erreicht habt. Falls du es doch tust, wirst du sie nie wieder sehen. Macht euch gleich auf den Weg. Vertraue darauf, dass du auf eurem stillen Weg nicht allein sein wirst.«

In Ehrfurcht und Dankbarkeit wandte sich Orpheus vom Thron des Todes ab und machte sich auf den Weg durch das eisige Dämmerlicht zur Welt des Tageslichtes. In den stillen Gewölben hallten nur seine Schritte nach, als er zum Licht hineilte, das immer klarer leuchtete, je näher er seinem Ziel kam. Dann, als er gerade in das Licht treten wollte, erfasste ihn ein quälender Zweifel. Und wenn ihn Hades überlistet hatte? Was wäre, wenn Eurydike in Wahrheit gar nicht hinter ihm war? Er konnte sich nicht beherrschen – und drehte sich um. In dem Moment sah er, wie Eurydike mit flehend ausgestreckten Armen zurückfiel und ein zweites Mal starb. Jetzt blieben ihm die Tore zur Unterwelt verschlossen. Allein und untröstlich kehrte er in die Welt des Tageslichts zurück, in der die Sonne indes Jahre lang nicht mehr scheinen wollte.

Schließlich wurde Orpheus Priester. Er lehrte die Thraker die Mysterien des Lebens und des Todes. Auch predigte er gegen das Ritual des Menschenopfers. Vielen brachte er mit seiner Musik Freude, heilte und tröstete durch sie. Für sich selbst aber fand er keinen Trost. Schließlich hatte er seine einzige Chance vertan, den Tod selbst zu überlisten. Am Ende starb er selbst eines gewaltsamen Todes, denn Dionysos grollte allen Sterblichen, die geachtet und angebetet wurden wie Götter. So ließ Dionysos seine wahnsinnige weibliche Gefolgschaft über Orpheus herfallen und ihn zerreißen. Die Musen begruben seinen verstümmelten Körper am Fuße des Bergs Olymp. Angeblich singen die Nachtigallen dort bis heute süßer als irgendwo sonst auf der Welt.

Kommentar

Der Mythos des Orpheus berührt etwas tief in uns. Er lässt uns hoffen, wir könnten den Tod überwinden, einen unvermeidlichen Verlust doch noch vermeiden. Dann zerschlägt er jedoch diese Hoffnungen. Orpheus' Begabung ist einzigartig. Sollte irgendjemand eine Ausnahme von der Regel des sicheren Todes erwirken können, dann er. So glauben auch wir manchmal, dass uns Kummer und Verlust vielleicht erspart blieben, wenn wir uns nur durch ein bestimmtes Talent auszeichnen könnten: sei es eine besondere Kunstfertigkeit, Schönheit, Tugend und Rechtschaffenheit, oder auch nur die Begabung, Reichtum und Macht zu erlangen. Orpheus' Musik klingt in uns wider, weil wir uns – sei es versteckt oder unbewusst – besonders fühlen wollen. »Ich weiß, jeder muss einmal sterben«, sagen wir. »Aber erst einmal bleiben meine Lieben und ich verschont. Ich kann mir nicht vorstellen, dass mir oder uns etwas passiert.« Wir wollen nicht glauben, dass Kummer unausweichlich ist, nicht wahrhaben, dass Trennung und Verlust sich nicht nach den Verdiensten des Einzelnen richten.

Die Geschichte von Orpheus und Eurydike lehrt uns, dass schlicht jeder Mensch Verlust erleben – und sterben muss. Orpheus und Eurydike sind Menschen. Eurydikes Todesart unterstreicht die Ungerechtigkeit und Unberechenbarkeit des Lebens, dessen integraler Bestandteil der Tod ist. Mit seiner Musik, die sogar den harten Hades nachgeben lässt, scheint Orpheus zunächst gute Karten in der Hand zu haben. Im letzten Moment jedoch verliert er sein Vertrauen, er blickt zurück – und verliert alles. Wir denken natürlich: »Hätte er nicht ...« Tief im Inneren wissen wir jedoch, dass es geschehen musste, denn Orpheus ist ein Mensch und als solcher nicht in der Lage, dem Unsichtbaren absolut zu vertrauen. Sogar die christliche Geschichte von der Kreuzigung Jesu zeigt uns, wie unvermeidlich Zweifel sind. Immer wird der Moment kommen, geboren aus großem Schmerz, da wir das Vertrauen verlieren und sich die Dunkelheit herabsenkt.

Ein verstörendes Paradox liegt in dieser Geschichte. Wir dürfen nicht zurückschauen, denn dadurch erleben wir unseren ganzen Kummer und die Verlustgefühle noch einmal. Und wenn wir uns wirklich nicht umwenden – können wir den Tod dann überlisten? Kann überhaupt irgendein Mensch der Versuchung zurückzublicken widerstehen? Betrachten wir die in Aussicht gestellte Auferstehung Eurydikes unter psychologischen Gesichtspunkten, entdecken wir die Weisheit, die sich hinter dieser Geschichte verbirgt. Wünschen wir mit einem Blick zurück die Vergangenheit zu ändern – das ewige, uns allen wohlbekannte »hätte ich nur ...« –, verdammen wir uns selbst dazu noch einmal unseren eigenen Kummer und unsere Ohnmacht angesichts des Unvermeidlichen zu durchleben. Erst wenn wir Verluste akzeptieren, den Blick nach vorne in die Zukunft richten, bleiben die, die wir verloren haben, für immer bei uns. Wir erinnern uns in Freude und Liebe. Denn stets tragen wir die in uns, die wir geliebt haben und deren Liebe uns auf die ein oder andere Art verändert hat. Vielleicht ist das die tiefere Bedeutung von Eurydikes Rückkehr in die Welt des Lichts: Nicht als ein körperlich auferstandener Mensch, sondern als Teil von Orpheus' Herz und Seele soll sie weiterleben. Über einem Verlust zu brüten bedeutet, sich ein kummervolles Leben zu bereiten, ohne Hilfe auf Erlösung. So verlieren wir mehr, als wenn wir den Verlust ertragen und darauf vertrauen, dass das Leben noch einen Sinn für uns enthält.

Nach einem Verlust erscheint uns die Welt als ein düsterer Ort und wir müssen uns durch die Phasen der Trauer arbeiten. Trauer ist ein sehr komplexer Prozess, von eigener Dauer und eigenem Rhythmus in dem Wut, Verzweiflung, Verdrängung, Idealisierung, Schuld, Vorwürfe, Depression und Betäubung eine Rolle spielen – bevor das Leben wieder in uns erwacht. Diese Entwicklung verläuft nicht regelmäßig und linear. Plötzlicher Schmerz kann uns unerwartet überwältigen. Darauf sollten wir vorbereitet sein und es gestatten.

In diesem Sinne mag man auch Hades' Befehl verstehen. »Sieh nicht zurück!« Denn wenn wir zurückblicken, versuchen wir im Grunde den Moment einzufrieren und den Prozess des Trauerns kurzzuschließen. Er bewahrt sein Heilungspotenzial aber nur dann, wenn er seinem eigenen Rhythmus folgen darf. Es irritiert uns, wenn andere länger trauern, als wir das für angemessen halten. Wir haben feste Vorstellungen darüber, wie lange wir trauern dürfen und was wir über diejenigen fühlen sollen, die wir verloren haben. Jeder Mensch ist jedoch anders und so läuft auch dieser Vorgang in jedem von uns anders ab. Nicht mehr zurückzublicken bedeutet auch, dass wir uns von der Vorstellung verabschieden, das Leben werde gerade für uns eine Ausnahme machen. Wir müssen dem natürlichen Prozess des Trauerns vertrauen – wie lange er auch dauern und was für unwillkommene Gefühle er mit sich bringen mag. Dann gibt es tatsächlich ein ewiges Leben zu entdecken: in der Liebe, die wir mit denen teilten, die wir verloren haben. Schließlich erreichen wir die andere Seite des Kummers, in der statt verbitterter Resignation gelassenes Akzeptieren die Lebensenergie neu zum Fließen bringt.

Chiron, der Kentaur

Die Ungerechtigkeit des Lebens

Sich mit der Ungerechtigkeit des Lebens zu versöhnen fällt schwer. Wir versuchen die Unbilden des Lebens mit Hilfe bestimmter Lehren und Philosophien vernunftmäßig zu begreifen und auf diese Weise unseren Glauben an die Gerechtigkeit des Universums zu retten: Die Guten werden belohnt und die Bösen bestraft – wenn nicht in diesem Leben, dann im nächsten. Ähnlich wie die biblische Geschichte über Hiob ist der griechische Mythos des Chiron eine Geschichte über Schmerzen und Leid. Weit davon entfernt, unserer Naivität Vorschub zu leisten, lehrt er uns, dass es keinen Grund für ungerechtes Leiden gibt. Sehr wohl aber kann das Leiden Sinn erhalten, wenn wir dadurch zu innerer Wandlung bereit werden.

Hoch oben auf den verschneiten Gipfeln des Berges Pelion lebte Chiron, der älteste und weiseste der Kentauren – dieser geheimnisvollen Wesen, in Gestalt halb Mensch, halb Pferd. Die Kentauren waren Kinder von Kronos, der in Gestalt eines Pferdes eine Nymphe vergewaltigt hatte. Und so waren die Nachkommen aus dieser Verbindung halb Tier, halb Gott.

Im Gegensatz zu den meisten anderen wilden und ungestümen Kentauren war Chiron ungewöhnlich weise und sanftmütig, ein Freund der Menschen. Er spielte außergewöhnlich gut Harfe und gab, begleitet von der wunderbaren Musik seines Instruments, den Menschen oft profunde Ratschläge. Er kannte alle Geheimnisse der Kräuterheilkunde und vermochte viele Krankheiten zu heilen, bei denen die Medizin der Menschen versagte. Auch war er in Astronomie und Astrologie bewandert. Sein Ruhm war so groß, dass nicht wenige Prinzen seiner Obhut anvertraut wurden. Er lehrte diese jungen Schüler, die Götter zu fürchten, das Alter zu ehren und einander in Schmerz und Unglück beizustehen. Sein Unterricht umfasste Musik, Tanz, Ring- und Boxkampf, Laufen, Klettern und die Jagd. Die Schüler lernten Omen zu deuten, aber auch entzündungshemmende und schmerzlindernde Pflanzen zu erkennen. Sie verstanden, der Gefahr ins Gesicht zu lachen, Faulheit und Gier zu überwinden und allen Herausforderungen und Prüfungen mutig und guter Dinge zu begegnen. Sie wuchsen zu gut ausgebildeten und starken jungen Männern heran, bescheiden und tapfer, zum guten Regieren erzogen, weil sie Gehorsam gelernt hatten.

Einer von Chirons Freunden war der mächtige Herkules. Dieser Held von riesenhafter Gestalt hatte gegen ein furchtbares Ungeheuer namens

Hydra gekämpft und nach seinem Sieg ein paar seiner Pfeile in ihr vergiftetes Blut getunkt, um aus ihnen eine noch gefährlichere Waffe zu machen. Er war auf dem Weg, Chiron einen Besuch abzustatten, als er in den Hinterhalt eines Stammes wilder, brutaler Kentauren geriet. Es folgte ein erbitterter Kampf – in dem sich Herkules allein gegen eine ganze Horde von Angreifern zur Wehr setzen musste. Vom Lärm des Kampfes aufgeschreckt, lief Chiron aus seiner Höhle. Mit zum Zeichen des Friedens erhobenen Händen warf er sich zwischen einen Kentauren und Herkules, als dieser seinen Pfeil gerade gegen den Kentauren schickte – und Chiron wurde in der Hüfte schwer getroffen.

Wäre Chiron ganz Tier oder Mensch gewesen, hätte ihn der Pfeil sofort getötet. Für den Halbgott aber sollte sich die Unsterblichkeit als furchtbare Last erweisen. Wehklagend, unter großen Schmerzen zog sich der Kentaur in seine Höhle zurück. Kein Mittel konnte der heilkundige Chiron gegen das Gift der Hydra und den unerträglichen Schmerz finden. Er musste damit leben. Der Schmerz zwang ihn, viele neue Heilmittel auszuprobieren, die anderen Leidenden von großem Nutzen waren, seine Schmerzen jedoch nicht zu lindern vermochten.

Verzweifelt flehte Chiron Zeus an, ihn sterben zu lassen. Zeus hatte Mitleid und Chiron durfte schließlich wie ein gewöhnlicher Sterblicher in die Hallen der Unterwelt eintreten. Durch den Tod wurde er von seinem Leid befreit.

KOMMENTAR

Dieser düstere Mythos ist nicht leicht zu verstehen. Es scheint furchtbar ungerecht, dass ein so gutes Wesen wie Chiron, weise und zivilisiert, derartig leiden sollte, nur weil er zur falschen Zeit am falschen Ort ist. Auch in der heutigen Welt verwirren uns solche Ereignisse und erfüllen uns mit hilfloser Wut. »Warum musste das jemandem so Jungem … so Freundlichem … so Gutem passieren? Warum ist das nicht jemandem Bösen zugestoßen?« Wir wollen an Gerechtigkeit im Leben glauben, weil das Leben damit kontrollierbarer erscheint. Wenn Belohnung auf die Guten wartet – dann müssen wir ja nur gut sein. Das ist einfach und kontrollierbar. Die Vorstellung, gut zu sein und dann Opfer eines Unfalls zu werden, der unser Leben zerstört, ist unerträglich. Kollektive Katastrophen, ob nun vom Menschen selbst (etwa durch Krieg) oder von der Natur geschaffen (durch Erdbeben, Dürren oder Flutkatastrophen), konfrontieren uns immer wieder mit der Ungerechtigkeit des Lebens. Wie sehr wir auch an einen gerechten Kosmos glauben wollen, früher oder später werden wir dem Rätsel ungerechten Leids begegnen.

Geschieht etwas Ungerechtes, haben wir keine andere Wahl, als es zu erleiden, ob wir es nun »verdienen« oder nicht. Zuerst versuchen wir möglicherweise, die Schuld auf jemand oder etwas anderes zu schieben. Ein Sündenbock soll unseren Kummer verringern. Wir beschuldigen die Eltern, die Gesellschaft, die Regierung, eine Minderheit, wen auch immer, denn eine Situation, in der keine Schuldzuweisung möglich ist, halten wir nicht aus. Am Ende ist jedoch die einzig mögliche Reaktion, Verständnis und Mitleid zu entwickeln. Das Wort »Mitleid« weist ja schon darauf hin, dass wir das Leid mit allen anderen teilen und dass es also auch zu einem Gefühl tiefer Verbundenheit mit anderen beitragen kann. Auch ohne jemals eine Rechtfertigung für unverdienten Schmerz zu entdecken, können wir in dieser Erfahrung doch ein wenig von der Kraft zur Läuterung und Veränderung des menschlichen Herzens erahnen.

In die Geschichte des Chiron eingebettet ist die Idee, dass wir einen Preis bezahlen müssen für den Versuch, die wilde Seite des menschlichen Wesens zu zivilisieren. So ungerechtfertigt dieser Preis fraglos ist, so entspricht er doch dem Wesen des Lebens: Zur Schaffung einer besseren Welt bedarf es eines Kampfes zwischen dem bewussten Ich – durch Herkules symbolisiert – und den zerstörerischen Kräften der Instinkte im Menschen – symbolisiert durch die wilden Kentauren. Manchmal bringt dieser Kampf ungerechten Schmerz und Verluste mit sich. Nur von einem höheren Standpunkt aus betrachtet, lässt sich ein tieferer Sinn in dieser Geschichte erahnen.

Chirons freiwilligen Tod sollte man in seiner symbolischen Bedeutung erfassen. Er tauscht seine Unsterblichkeit für das Schicksal aller sterblichen Kreaturen ein. Vielleicht kann man diesen Tod als eine seelische Verwandlung betrachten, ein inneres Annehmen der menschlichen Begrenzungen. Wenn wir uns, weil wir glauben, etwas ganz Besonderes zu sein, von den Schicksalsschlägen des Lebens ausgenommen wähnen, werden wir wirklich an dem Gift in Chirons Wunde leiden. Dieses Gift kann man deuten als einen ätzenden, aushöhlenden, fortgesetzten Groll. Gerade wenn wir glauben, ein Anrecht auf ein idyllisches, behütetes Leben zu haben, werden wir verbittert reagieren, wenn wir andere Erfahrungen machen müssen. Dringt ungerechtes Leid in unser Leben ein, sollten wir die normale menschliche Reaktion »Warum gerade ich?« vielleicht durch ein »Warum nicht ich?« ersetzen. Chirons Gaben und seine Unsterblichkeit bewahren ihn nicht vor dem Leben – so wie dies weder unsere eigenen Talente noch ein spirituell ausgerichtetes Leben zu tun vermögen. Auch wir müssen unsere Grenzen als sterbliche Wesen akzeptieren. Den inneren Tod zu durchleben ermöglicht uns, uns zu wandeln und uns mit dem gewöhnlichen menschlichen Leben zu versöhnen.

Obzwar der Kentaur ein Fantasiewesen ist, handelt der Mythos des Chiron tatsächlich vom Menschen. Wir sind eine Mixtur aus Gegensätzen und Widersprüchen, halb Tier und halb Gott. Wir sind fähig zu großer Weisheit und Güte, aber auch zu bestialischer Brutalität. Die wilden Kentauren, mit denen Herkules kämpft, sind ebenso ein Teil von uns wie Chirons Edelmut. Diese in sich verschlungenen Gegensätze des menschlichen Daseins werden sich wohl nie ganz entwirren lassen. Wir sind gebildet, ja weise und trotzdem fähig zu Grausamkeit und Brutalität. Diesen Dualismus teilen wir mit allen Menschen, auch wenn wir uns als Individuen ganz dem Licht, nicht dem Dunkel verschrieben haben. Wir alle können ungerechtes Leid erfahren, Schmerzen körperlicher oder seelischer Art. Von derartigen Verletzungen werden wir auch nie mehr ganz geheilt, unsere Unschuld lässt sich nie wieder ganz herstellen. Es liegt aber an uns, ob wir den heilsamen Weg des Mitleids und des Akzeptierens menschlicher Grenzen gehen oder den des anhaltenden, zersetzenden Grolls auf das Leben.

2. *Die spirituelle Suche*

Über Jahrtausende hinweg hat die spirituelle Suche für Literatur und Kunst Stoff geboten. Der menschlichen Seele wohnt ein Streben nach etwas Größerem als die eigene Existenz inne. Der Glaube an das Ewige, das über den physischen Tod hinaus weiterlebt, wird niemals verloren gehen. Dies mag der größte Unterschied zwischen uns und den anderen Lebewesen auf dieser Welt sein. Die spirituelle Suche ist aber nicht nur der Wunsch, Gott zu dienen, sondern auch der Wunsch, Wissen zu erlangen. Damit kann das Wissen um das Göttliche gemeint sein oder das Wissen um die Gesetze der Natur, denen die größten Wissenschaftler und Psychologen unablässig nachspüren. Die Suche nach Erkenntnis kann uns zum Licht führen oder ins Dunkel, zeigt uns das Böse in uns selbst ebenso wie das Gute. Die folgenden Mythen handeln von der spirituellen Suche, in der ihre Protagonisten mit sich selbst konfrontiert werden. Diese Begegnung bringt den tiefen Widerstreit von Dunkelheit und Licht, das Wesen der menschlichen Seele, plastisch zum Ausdruck.

Das Schicksal des Doktor Faustus

Ohne das Böse bleibt das Gute unbegreiflich

In keinem Mythos findet sich der geheimnisvolle Kampf zwischen Gut und Böse im Menschen besser dargestellt als in der Geschichte von Doktor Faustus. Sowohl Marlowes großartige Tragödie über Doktor Faustus als auch Goethes feinsinnige Dichtung Faust *gehen auf eine mittelalterliche Geschichte zurück über einen Mann, dessen spirituelle Suche dazu führt, dass er seine Seele an den Teufel verkauft. Er muss erkennen, wie eitel irdische Freuden sind. Da er am Ende Reue und Mitleid empfindet, wird er erlöst. Dies sind machtvolle Bilder, die ausdrücken, dass wir beides kennen müssen, das Licht und das Dunkel, um den inneren Frieden zu finden.*

Es lebte einmal ein brillanter Philosoph und Theologe namens Doktor Faustus. Was die Philosophie und Theologie über das Wesen Gottes und die Bedeutung des Lebens zu sagen hatten, konnte ihn nicht zufrieden stellen. So groß sein Wissen war, so groß war auch sein Stolz und Antwort auf die letzten Fragen wollte er lieber selbst finden, als sie von anderen hören, die er insgeheim verachtete. Nur so würde auch aller Ruhm ihm gebühren.

Faust wandte sich schließlich von der Theologie ab und begann hermetische Magie zu studieren. Mit Hilfe von alchemistischen Experimenten und verbotenem magischen Wissen aus Ägypten wollte er das Geheimnis des Lebens entschlüsseln. Doch auch hier konnte er nicht alles, was er zu lernen wünschte, erfahren und er versank in tiefe Melancholie. Verzweifelt rief er die Geister der Hölle an.

Da erschien ein schwarzer Hund in seiner Gelehrtenkammer, der sich vor ihm in die finstere Gestalt des Mephistopheles verwandelte. Als der Geist, der stets verneint, stellte er sich vor. Mephistopheles, der Geist des Negativen, war stets darauf aus, eine menschliche Seele auf seine Seite zu ziehen und Gott abspenstig zu machen. Faust wiederum war begierig, Mephistopheles' Wissen um die Geheimnisse des Lebens und um das Wesen des Göttlichen zu erfahren.

So schlossen sie einen Pakt, besiegelt mit Blut: Mephistopheles verpflichtete sich, Faust in dieser Welt zu dienen, und umgekehrt willigte jener ein, in der nächsten Welt Mephistopheles zu gehorchen. Mephistopheles kannte den Preis, den Faust zu bezahlen hatte, nur zu gut. Doch der Philosoph hatte noch nicht verstanden, dass es seine unsterbliche Seele war, die er da für alle Ewigkeit verkauft hatte.

Eine Zeit lang versetzten Magie und Geheimnis des Mephistopheles Faust in Aufregung und er glaubte, auch die Geheimnisse Gottes ergründen zu können. Aber Mephistopheles' negative Kraft höhlte den Willen seines Schülers aus. Sie lockte ihn immer tiefer in die Falle sinnlicher Lust und Eitelkeit und er gab seine spirituelle Suche auf. Faust begehrte ein Mädchen namens Gretchen, das ihm Mephistopheles zuspielte. Es wurde schwanger und verfiel dem Wahnsinn, als Faust es verließ. In seiner Verzweiflung tötete es sein Kind und wurde für sein Verbrechen hingerichtet. Als Faust erkannte, dass er verantwortlich war für das schreckliche Schicksal dieses jungen Lebens, erfasste ihn tiefe Reue. Trotz Mephistopheles' schlechtem Einfluss hatte er begonnen, diese Frau wirklich zu lieben – wodurch etwas in seiner Seele vor der Verderbnis geschützt war. Damit aber, mit der erlösenden

Macht der Liebe, hatte Mephistopheles, der Geist der stets verneint, nicht gerechnet.

Mephistopheles' Macht über Faust war aber über Jahre hinweg stetig gewachsen. Der Philosoph gab sich jeder Art sinnlichen Genusses hin, ging jedem verbotenen Geheimnis nach. Was er einst kennen lernen wollte, hatte er erfahren – Himmel und Hölle hatte er gesehen. Wie ein Geschwür indes wuchsen die Selbstvorwürfe wegen Gretchens Tod in seinem Inneren. Etwas in ihm war nicht korrumpiert, strebte zum Licht. Während all dieser Zeit wartete Mephistopheles geduldig und voll Vorfreude darauf, dass der Gelehrte alterte und starb. Mit dem Tage seines Todes würde seine Seele der Macht des Dunklen gehören. Im letzten Moment jedoch, als sich Faust die Folgen seines Paktes vergegenwärtigte, war er so sehr von Leid, Liebe und Reue erfüllt, dass seine Seele Mephistopheles' Griff entglitt und in den Himmel aufstieg.

Kommentar

Die Geschichte des Faust ist ein Bild für die Suche jedes Menschen nach Licht inmitten der Finsternis. Faust steht beispielhaft für unser Innenleben, das in Konflikt steht zwischen unseren egoistischen Wünschen und der starken Sehnsucht, etwas Höherem zu dienen. Aufgrund seiner christlich-mittelalterlichen Wurzeln finden sich Gut und Böse in diesem Mythos etwas vereinfacht dargestellt. Besonders unter psychologischen Gesichtspunkten geht die Botschaft des Faust-Mythos jedoch weit über spezielle religiöse Betrachtungen hinaus. Dann ist Faust ein Symbol für den suchenden Geist in jedem Menschen, der mutig und unabhängig genug ist, die Dogmen konventioneller religiöser Autoritäten abzulehnen. Zugleich ist er aber gefährlich überheblich, wenn er meint, im Namen der Wissenschaft die grundlegende menschliche Moral missachten zu dürfen. Wir können Faust für seine Gier und Überheblichkeit verurteilen. Zugleich bewundern wir ihn für seine mutige Entschlossenheit, seine Seele aufs Spiel zu setzen, um bis ins Herz der menschlichen Geheimnisse vorzustoßen. Wir finden uns hier mit dem tiefen Paradox von Gut und Böse konfrontiert. Wir können das eine, das Gute, nicht ohne das andere, das Böse, verstehen. Um tiefere Erkenntnis zu erlangen, müssen wir möglicherweise zuerst dem Bösen in uns selbst begegnen.

Fausts Desillusionierung über die konventionellen philosophischen und theologischen Angebote spiegelt die Schwierigkeiten eines besonderen Verstandes wider, der nicht einfach glaubt, ohne zu hinterfragen. Die ernsthafte, spirituelle Suche erwächst aus Desillusionierung und ist der tiefe Wunsch, die Widersprüche des Lebens zu verstehen, nicht auf kindliche Art Glauben anzunehmen.

Aber zu bequem sind oft die einfachen Antworten auf schwierige spirituelle und moralische Fragestellungen. Ohne ein Risiko einzugehen, ohne je seine innere Ruhe zu gefährden, werden wir nie erfahren, worum es im Leben wirklich geht. Die Frage nach dem Warum ungerechten Leids jedoch wird unseren Frieden immer stören. Viele der großen Weltreligionen verurteilen derartige Fragen. Auch die mittelalterliche Kirche zu Zeiten von Faust vertrat diese Haltung. Fragen zu stellen heißt, sich in Gefahr zu begeben. Doch genau darin steckt die Möglichkeit wahrhafter, seelischer, innerweltlicher Erfahrung.

Macht korrumpiert – das gilt auf spiritueller Ebene ebenso wie auf materieller. Fausts neue Macht lässt ihn die Grenzen der Moral durchbrechen und unempfindlich werden für das Leid, das er Gretchen zufügt. Doch liebt er sie und kann seine eigene Tat nicht völlig übergehen. Dieser kleine Samen von Mitleid und Reue ist es, der ihn letztlich dem Teufel entkommen und doch noch Erlösung finden lässt. So sind es keine »guten Taten«, die ihn retten, sondern die Tatsache, dass er trotz seiner Verstrickungen in Eitelkeit und Wollust noch lieben und bereuen kann.

Man bringt uns bei, gut sein zu müssen, um vor Gott zu bestehen. Natürlich ist das Gute immer auch von der gesellschaftlichen Definition der jeweiligen Zeiten abhängig. Liebe und Reue allerdings sind Konstanten jenseits einzelner Lehren, Kulturen oder Religionen. Durch sie kosten wir vom Licht und vom Dunkel, durch sie bleibt die Integrität der Seele gewahrt. Vielleicht stößt uns jede ehrliche, spirituelle Suche auf unser eigenes Potenzial an Dunklem und Zerstörerischem. Vielleicht müssen wir diesen Dingen ins Gesicht sehen und uns – in unserem ganz eigenen »Pakt mit dem Teufel« – eine Zeit lang verloren fühlen, um zu erfahren, was wir Gnade nennen. Der Begriff der Gnade ist nicht auf das Christentum beschränkt. Als geheimnisvolle Erlösung kommt die Gnade aus unserem Inneren und verleiht nicht nur dem Guten, sondern auch dem Bösen in uns einen Sinn.

So ist der Faust-Mythos entgegen dem ersten Eindruck nicht einfach nur eine Geschichte mit moralischem Charakter. Er schildert eine innere Reise. Wie bei allen Mythen sind die Protagonisten, psychologisch betrachtet, ein Teil von uns selbst. Faust und Mephistopheles sind zwei Seiten derselben Medaille, sie spiegeln zwei Dimensionen menschlichen Daseins. Der

Geist der Verneinung regt sich in uns allen, wenn wir das Leben als wertlos betrachten und andere als unbedeutend. Bei jeder größeren Enttäuschung im Leben könnten wir Mephistopheles in uns heraufbeschwören, der nicht einfach nur der Teufel ist. In Goethes großem Drama sagt Mephistopheles zu Faust: »Ich bin ein Teil von jener Kraft, die stets das Böse will und stets das Gute schafft.« Es sind unsere dunklen Kräfte, die uns antreiben, den Weg ins Licht zu finden.

Die Erleuchtung des Buddha
Der Kreislauf der Wiedergeburten

Im zweiten Teil des vorliegenden Buches sind wir dem jungen Buddha bzw. Siddharta bereits begegnet. Er verließ sein Zuhause, um seiner Bestimmung zu folgen. Nun erreicht Buddha schließlich das, worum es ihm in seiner Suche ging: das Leiden auf der Welt und den Sinn des Lebens zu begreifen. Buddhas Erleuchtung kann man als tatsächliches Ereignis betrachten, als eine religiöse Parabel oder einen Mythos im psychologisch tiefsten Sinn. Wahrheit erkennen wir in allen diesen Betrachtungen. Beispielhaft zeigt diese Geschichte die Reise der menschlichen Seele, in der sich Unwissenheit in Begreifen der Zusammenhänge des ewigen Kreislaufs von Leben und Tod wandelt.

Nachdem Prinz Siddharta seine Familie verlassen hatte, wurde er Mönch. Er suchte nach Weisheit, indem er sich mit unterschiedlichen Schulen und Lehren auseinander setzte. Doch konnten ihm diese nicht geben, wonach er suchte. So setzte er seine Wanderschaft fort. Schließlich blieb er sechs Jahre am Ufer eines Flusses, wo er sich in so strenger Askese übte, dass sein Körper am Ende beinahe auf ein Nichts reduziert war. Wie so viele religiöse Menschen glaubte er, über die Verneinung aller körperlichen Bedürfnisse das Leben des Geistes stärken zu können.

Allmählich bemerkte er aber, dass derart exzessive Selbstbestrafung den Menschen nur schwächt, nicht den Geist befreit. Buddha wusste, dass er über die Askese hinwegkommen musste, so wie er auch das weltliche Leben überwunden hatte.

Ausgelaugt und dünn wie ein Skelett nahm er eine Schüssel Reis, die ihm ein Mädchen aus dem nahe gelegenen Dorf angesichts seines erbärmlichen Zustands anbot. Dann badete er im Fluss. Fünf Schüler, die seine strenge Askese geteilt hatten, verließen ihn. Sie fühlten sich durch sein Verhalten verraten, werteten es als Verweichlichung. Vielleicht, sagten sie einander, war er ja gar nicht erleuchtet.

Dann machte sich Siddharta in Richtung eines Ortes namens Bodh Gaya auf. Dort hoffte er, den Baum des Wissens zu finden. Als er einen Wald durchquerte, strahlte ein starkes Licht von seinem Körper aus, dass Vögel und zahlreiche andere Tiere ihn begleiteten.

Schließlich kam er zum heiligen Feigenbaum. Er legte ein Bündel frischen Heus davor, ließ sich darauf nieder und gelobte: »Hier, auf diesem Platz, mag mein Körper austrocknen, meine Haut und mein Fleisch mögen verfaulen, sollte ich meinen Körper wegbewegen, bevor ich das Wissen gefunden habe, das ich suche!« Als er das sagte, bebte die Erde sechsmal.

Doch war da ein Dämon namens Mara, der wusste, dass Siddhartas Erleuchtung seinen eigenen Niedergang bedeuten würde, und beschloss einzugreifen. So sandte er seine drei wunderschönen Töchter aus, Siddharta zu verführen. Die Mädchen sangen und tanzten vor ihm. Siddharta aber blieb ungerührt, ruhig wie ein Lotus und ausgewogen wie die Wasser eines Sees. Geschlagen zogen sich die Töchter des Dämons zurück. Dann sandte der Dämon eine Armee furchtbarer Teufel aus, die den heiligen Feigenbaum umkreisten und Siddharta bedrohten. Doch er war von so tiefer innerer Gelassenheit, dass die Dämonen wie gelähmt waren, ihre Arme wie angebunden. Da kam der Dämon selbst über die Wolken herabgeritten und schwang seine schreckliche Waffe – eine riesige Scheibe, die einen Berg entzweischneiden konnte. Doch gegen Siddharta war diese Waffe machtlos. Sie verwandelte sich in eine Blumengirlande und schwebte über Siddhartas Kopf.

Der Dämon war besiegt. Bewegungslos meditierend verharrte Siddharta unter dem heiligen Feigenbaum. Die Nacht kam und mit ihr stieg die Erleuchtung, die er so lange gesucht hatte, langsam in seinem Herzen auf. Er erkannte die Bedingungen allen Lebens und die Ursache seiner Wiedergeburt in die Welt der Formen. Über die ganze Welt verstreut und über alle Epochen hinweg sah er fühlende Wesen leben, sterben und wieder geboren werden. Er erinnerte sich seiner eigenen, vorherigen Leben und begriff die unvermeidliche Verbindung von Ursache und Wirkung. Er erkannte, woher das menschliche Leid kam und wie es überwunden werden konnte.

Als der Abend dämmerte, hatte Siddharta die vollkommene Erleuchtung erlangt und war der Buddha geworden. Sieben Tage lang verblieb er in einer Meditation und hielt sich dann weitere vier Wochen in der Nähe des heiligen Baumes auf. Er wusste, dass ihm zwei Wege offen standen. Er konnte sofort in das Nirwana eingehen, den Zustand absoluter Glückseligkeit, oder er konnte seine eigene Erlösung eine Zeit lang aufschieben und auf der Erde verweilen, um andere zu unterweisen. Der Dämon Mara hielt ihn an, die Welt zu verlassen. Die Götter baten ihn jedoch zu bleiben und Buddha fügte sich seiner Bestimmung zum Lehrer. Den Rest seines Lebens lehrte er die Menschen die Geheimnisse des Leidens und der Wiedergeburt. Mit achtzig Jahren spürte er sein vorgerücktes Alter und bereitete sich auf sein Ende vor. Er legte sich an das Ufer eines Flusses und die Bäume um ihn herum waren sofort mit Blüten übersät. Er trat in den Zustand der Meditation ein, dann in den der Ekstase und schließlich ins Nirwana. Sein Körper verbrannte auf einem Scheiterhaufen, der sich selbst entzündete und im rechten Moment durch einen wunderbaren Regen gelöscht wurde. So beging ein Mensch den dornigen Pfad zur Erleuchtung, kehrte zurück und opferte seine Zeit anderen, um Licht in die Dunkelheit ihres Lebens zu bringen.

Kommentar

Die Geschichte von Buddhas Erleuchtung hat Millionen von Gläubigen Gelassenheit und Weisheit gelehrt. Man muss indes kein praktizierender Buddhist sein, um in dieser Geschichte wichtige psychologische Wahrheiten zu entdecken. Siddharta versucht zunächst durch allgemein anerkannte Lehren Antworten auf seine Fragen zu finden. Auch wir finden diese Angebote möglicherweise nicht ganz befriedigend – zumindest wenn wir der Wahrheit so verpflichtet sind wie Siddharta und zu ähnlichen Anstrengungen bereit. Wir beginnen, jenseits der etablierten Lehren zu suchen.

In einem nächsten Schritt will Siddharta seine spirituelle Erleuchtung durch Leugnen seiner körperlichen Bedürfnisse und Wünsche erreichen. Auch das ist für viele von uns eine Phase auf dem Weg. Denn auch im Westen ist einer jahrhundertealten Tradition zufolge der physische Körper die Wurzel des Übels und körperliches Vergnügen dem spirituellen Leben abträglich. Siddharta merkt jedoch, dass er der Askese abschwören muss, so wie er konventionellen religiösen Lehren abgeschworen hatte. Denn auch das physische Leben ist göttlich. Es wäre also im besten Fall Torheit, im schlechtesten Fall Arroganz zu glauben, wir könnten Gott finden, indem wir sein Werk zerstören. Psychologisch betrachtet, strebt eine vernünftige Person Ganzheit an und nicht extremes Ungleichgewicht: Der Geist kann nicht leben, wenn der Körper ausgelaugt und krank ist. Das entdecken auch wir, wie Siddharta, vielleicht erst nach harten Erfahrungen. Als er schließlich die Schüssel mit Reis annimmt und im Fluss badet, verlassen ihn seine strengeren Schüler. Ähnlich wird man heute manchmal zum Außenseiter gestempelt, wenn man die bekannten religiösen Pfade verlässt. Man darf den etablierten Lehren nicht widersprechen und Bedürfnissen und Wünschen das Wort reden, die als »schlecht« und »sündig« gebrandmarkt worden sind.

Das große Symbol vom Baum des Wissens, unter dem Siddharta Erleuchtung erlangt, taucht auch in anderen Mythen auf. Dem Baum des Wissens begegnet man in der Geschichte von Adam und Eva (siehe Seite 81–85); der Baum des ewigen Lebens lässt Gilgamesch bis zum Meeresgrund hinab tauchen (siehe Seite 105–108); in altnordischen und germanischen Mythen stützt die Weltesche Yggdrasil den Kosmos. Über Jahrtausende hat die menschliche Fantasie sich den Ursprung des Lebens und des Wissens als Baum vorgestellt, vielleicht weil der Baum eine grundlegende Dualität darstellt, die auch dem Inneren der menschlichen Seele zugrunde liegt. Die Wurzeln des Baums sitzen in der Erde, aber die Äste streben zum Himmel. Ein Baum ist ein Lebewesen, keine intellektuelle Konstruktion. Die spirituellen Wahrheiten, die Siddharta sucht, kann man nur über den Kontakt zum wirklichen Leben finden.

Der Dämon Mara ist psychologisch gedeutet eine Dimension Siddhartas selbst. Wie Mephistopheles bei Faust verkörpert Mara bei Siddharta das innere Dunkel. Er versucht, Siddharta zu korrumpieren, so wie Mephistopheles Faust korrumpieren will. Anders als Faust richtet sich Siddhartas Blick nach innen und immunisiert ihn so gegen die Bedrohungen durch den Dämon. Was mag dies für den Normalsterblichen bedeuten, der Antworten auf spirituelle Fragen sucht? Siddharta bleibt auf seiner Suche gelassen und entschlossen. Er ist völlig auf das Wesentliche konzentriert, die geheimen Kräfte zu verstehen, die uns treiben. Wer von seinen inneren Dämonen – Ängsten, Sorgen, körperlichen Versuchungen – getrieben und abgelenkt ist, wird keine heitere Gelassenheit erlangen. Innere Sammlung ist nicht dasselbe wie Askese. Es ist eine Haltung, ein Gemütszustand, und nicht eine Reihe festgelegter Regeln. Der Erfolg Buddhas verdankt sich völliger Konzentration auf die innere Welt. Das ist nicht leicht zu bewerkstelligen, vor allem solange wir jung sind. Intensive Konzentration dieser Art ist vielleicht erst in der zweiten Lebenshälfte möglich, wenn wir der Befriedigung unserer persönlichen Bedürfnisse müde sind und das Leid anderer uns mehr zu bedeuten beginnt als unsere eigenen, kleinen, weltlichen Freuden und Schmerzen. Die Stadien, die Buddha durchschreitet, sind Stadien bestimmter Lebenserfahrungen, von denen er jede einzelne benötigt, um in das nächste zu gelangen. Er muss alles ausprobieren, bis er auf alles verzichten kann.

Wir mögen die Erleuchtung, wie sie in der Geschichte über Buddha geschildert wird, nicht erreichen. Vielleicht ist schon der Versuch anmaßend. Buddha, ob man ihn nun als mythisches Bild oder religiöse Manifestation sieht, ist eher ein Paradigma, veranschaulichendes Beispiel, als ein gewöhnlicher Sterblicher. Doch unser Leben von einer erweiterten Perspektive her zu verstehen, uns der endlosen Kette von Ursache und Wirkung – Hintergrund so vielen menschlichen Leids – bewusst zu sein ist uns allen möglich. Wir müssen die Suche nach dem Verstehen nur leise und unbeirrbar zu einem zentralen Anliegen unseres Lebens machen.

Parzival
Das Finden des Grals

Im zweiten Teil des vorliegenden Buches haben wir den jungen Parzival zu unterschiedlichen Abenteuern aufbrechen sehen. Parzival kam zur Gralsburg und hatte eine Vision vom Gral und dem verwundeten König. Er konnte jedoch nicht die richtigen Fragen stellen – so wie wir in der Jugend eine spontane Vision, aber nicht die Reife haben, sie zu verstehen oder auch nur nach ihrer Bedeutung für uns zu fragen. Nun begegnen wir Parzival in seinen späteren Jahren. Durch Kämpfe und Leid gereift, vermag er nach der wahren Bedeutung des Grals zu fragen.

Ohne zu verstehen, was er gesehen hatte, ließ der junge Parzival die Gralsburg hinter sich. In den Wäldern erblickte er eine schöne junge Frau. Als sie hörte, was in der Burg geschehen war, war sie entsetzt über seine Torheit: »Unglücklicher!«, rief sie aus. »So vieles hätte sich zum Guten gewendet, wenn du nur gefragt hättest. Der kranke König wäre geheilt worden und wieder glücklich gewesen. Nun aber wird es noch schlimmer kommen. Du hast dich als unfähig erwiesen.«

Beschämt ritt Parzival weiter. Nach einer Weile traf er eine andere Frau. Diese war so schrecklich anzusehen, als käme sie direkt aus der Hölle. In der Hand hielt sie eine Peitsche. Auch sie schmähte Parzival dafür, dass er nicht nach dem Gral gefragt hatte, und warnte ihn, dass wegen seines Eigensinns und seiner Dummheit noch viele leiden würden.

Fünf Jahre lang wandelte Parzival umher und vergaß Gott. Wüstem, oft gewalttätigem Zeitvertreib gab er sich hin. Eines Tages traf er drei Ritter, zu Fuß und in Büßerkleidung, in Begleitung ihrer Damen. Die Gruppe staunte über Parzival, der an einem Karfreitag in Waffen umherritt. Wusste er nicht, dass man an diesem Tag keine Waffen tragen sollte? Sie kamen gerade von der Beichte bei einem heiligen Einsiedler. Als Parzival das hörte, begann er zu weinen. Er beschloss, den Einsiedler aufzusuchen. Er fand den alten Mann und gestand, die letzten fünf Jahre Gott vergessen und nur gesündigt zu haben. Auf die Frage des Einsiedlers nach dem Grund sagte ihm Parzival, er habe einmal den König und den Gral gesehen, aber nicht die richtigen Fragen gestellt. Dieses Versäumnis habe so schwer auf ihm gelastet, dass er sein Vertrauen in Gott verloren habe.

Der Einsiedler kannte Parzivals Geschichte bereits. Er erteilte ihm die Absolution und Parzival machte sich erneut auf den Weg. Nun hatte er wieder Hoffnung. Parzival war entschlossen, die Gralsburg wieder zu finden und sein früheres Versagen wieder gutzumachen. Erneut hatte er zahlreiche Abenteuer zu bestehen, der Gral aber blieb sein Ziel. Dann traf er eines Tages ein Mädchen, das unter einer Eiche saß. Da er freundlich zu ihm war, schenkte es ihm einen Ring mit einem magischen Stein. Mit dessen Hilfe vermochte er über eine Brücke aus Glas und eine gefährliche zweite Brücke, die sich auf ihrer eigenen Achse drehte, zu reiten. Am nächsten Morgen verlief er sich in einem geheimnisvollen Wald. Parzival betete zu Gott, er möge ihn zur Gralsburg leiten. Er ritt weiter und gegen Abend erblickte er in der Ferne einen magisch erleuchteten Baum. Dort traf er einen Jäger, der ihm sagte, zu guter Letzt sei er nun ganz in der Nähe der Gralsburg.

Endlich erreichte er die Burg. Diener geleiteten ihn zum Gralskönig, der auf einem purpurnen Lager ruhte. Parzival betrachtete den kranken König nun voller Mitgefühl und verspürte bei seinem Anblick selbst Schmerzen. Auf die Frage des Königs gab er über seine Abenteuer Auskunft und sprach offen über seine Verfehlungen. Schließlich fragte er, was dem König fehle. Auch fragte er, was der Gral wäre und wem er nütze. Bei diesen Worten sprang der König als geheilter Mann auf und umarmte Parzival. Er eröffnete Parzival, er sei sein Großvater und habe nur noch drei Tage zu leben. Parzival würde dann die Krone erhalten und das Königreich regieren.

Und so erkannte Parzival, der die Reise als junger Tor begonnen hatte, am Ende, dass der Gral eine Vision seines eigenen unsterblichen Geistes war, eine Erkenntnis, zu der er nur durch Leiden und Verstehen hatte kommen können, und dass der Gral der Ganzheit des Lebens diente. Indem er schließlich nach der Bedeutung dieser Vision gefragt hatte, hatte er seine eigene Dunkelheit überwinden können und das Recht erworben, ein geeignetes Gefäß für das Licht zu sein.

KOMMENTAR

Auf dem langen, dornigen Weg zur Gralsburg hat Parzival keine heroischen Taten zu vollbringen. Bei seiner Suche trifft er immer wieder auf Frauen. Darin liegt eine wichtige Botschaft: Die spirituelle Suche wird nicht durch Askese oder den Verzicht auf ein irdisches Leben befördert, sondern durch Beziehungen. Welchem Geschlecht wir auch angehören, durch emotionale Bindung entdecken wir, wie Parzival, unsere eigenen Prioritäten und während wir heranreifen und älter werden, beginnen wir tiefe Reue über den eigenen Mangel an Sensibilität und die eigene Rücksichtslosigkeit zu verspüren.

Über die Jahrhundert wurde die Gralslegende auf unterschiedlichen Ebenen gedeutet und alle Deutungen enthalten Wahrheit. Von der psychologischen Warte aus betrachtet, geht es um eine innere Reise. Obgleich die ursprüngliche Symbolik eine christliche ist, lässt sich diese innere Reise mit jedem tief religiösen Glauben verbinden. In Wahrheit handelt die Geschichte von der Entdeckung des Mitgefühls, das natürlich eine gewisse Nähe zu anderen und ein Auge für die Folgen des eigenen Handelns voraussetzt. Aus Mitleid reagiert Parzival richtig auf den kranken König. Mitgefühl lässt uns, über die eigenen Interessen hinaus, das Ödland um uns herum und das Verlangen aller Menschen nach etwas Hilfe auf der eigenen Lebensreise wahrnehmen. Der kranke König und der Gral sind Bilder für Parzivals Seelenleben, die sich auch in jedem von uns finden. Der König steht für spirituelle Leere und Bedeutungslosigkeit und der Gral ist das immer volle Gefäß der Einheit allen Lebens – dem einzigen Mittel gegen ebenjene Leere. Die Grunderfahrung des Mitleids lässt sich mit zahlreichen religiösen Begriffen beschreiben, aber vielleicht sind religiöse Begriffe hier gar nicht nötig. Denn alle wesentlichen Erfahrungen, die wahre Veränderungen bewirken, erwachsen aus dieser geheimnisvoll sinngebenden Einheit, die aus geteiltem Schmerz oder Freude entsteht. In diesem Mythos sind der Sinn des Lebens und das Mitleid mit dem Nächsten unentwirrbar miteinander verbunden.

Am Ende wird der kranke König geheilt, doch akzeptiert er bereitwillig seinen Tod, damit die Krone an seinen Enkel weitergereicht werden kann. Wie in der Geschichte über Chiron (siehe Seite 260–263) haben wir es mit dem Tod als einem Symbol der Wandlung zu tun. Was verletzt war, kann heilen – und sterben. Was erneuert und voll Hoffnung ist, kann von nun an unser Leben bestimmen. Erfahrenes Leid und scheinbar unwiderrufliche Verletzungen können doch überwunden werden, das Leben wieder voller Hoffnung sein und in seiner ganzen Fülle anheben. Parzivals jugendliches Verhalten, seine Fehler und seine Torheit sind dieser Lebensphase angemessen. Genauso verspürt Parzival über die Jahre hinweg immer mehr Überdruss an weltlichen Abenteuern und seine spirituelle Suche beginnt den alten Wunsch, als Ritter Anerkennung zu ernten, abzulösen. An einem gewissen Punkt sind wir es müde, irdische Güter anzuhäufen und weltlichem Erfolg nachzujagen. Dann fragen wir uns möglicherweise, welchem Zweck unser Leben wirklich dient.

3. Die letzte Reise

Der Tod, was auch immer unsere Fähigkeiten, Bemühungen, Ziele und Taten im Leben sein mögen, kommt zu uns allen. Stark oder schwach, klug oder unwissend, reich oder arm, gut oder böse – vor dem großen Gleichmacher müssen wir uns alle verneigen. Er ist die einzige, absolute Konstante im Leben – und bleibt das größte Rätsel. Bei allem wissenschaftlichen Fortschritt können wir die Frage, was nach dem Tod sein wird, nicht beantworten. Schon seit sehr langer Zeit glauben Menschen, dass es etwas geben muss, das über den Verfall der körperlichen Hülle hinaus weiterlebt. Auf bildhafte Weise haben Mythen immer unsere menschlichen Ängste, Fantasien und Erwartungen über den Tod zum Ausdruck gebracht. Religionen haben immer versucht uns Gewissheit über das Leben nach dem Tode zu verschaffen. Ein Leben nach bestimmten Glaubenssätzen sollte gute Bedingungen nach dem Tod garantieren. Mythen bieten eine Alternative: Metaphern und Bilder, die nichts versprechen, aber Bedeutung und Wert des Todes herausstellen – als einem notwendigen Teil des Lebens und Kapitel im größeren, kosmischen Kreislauf. Die drei folgenden Mythen handeln alle vom Tod. Zwar bieten sie keine Antworten, aber erinnern uns an das tiefe Paradox des Todes, der den vergänglichen Teil des Daseins mit dem ewigen, größeren Leben verbindet, dessen Teil wir sind.

Maui und die Göttin des Todes

Die Unausweichlichkeit des Sterbens

Diese Geschichte der Maori aus Neuseeland sagt uns nicht nur, dass, wie schlau oder mutig man auch immer sein mag, kein Mensch dem Tod entkommen kann. Sie geht noch weiter: Je mehr wir dem Tod zu entkommen versuchen, desto eher bewirken wir damit unser eigenes, unvermeidliches Ende. Wie viele mythische Helden ist auch Maui überheblich. Er weigert sich, seine Grenzen als Sterblicher anzuerkennen. Wie immer hat jedoch die Natur das letzte Wort.

Eines Abends blickte der große Held Maui merkwürdig verdrossen und düster drein. Erstaunt fragte ihn sein Vater, was ihn so traurig stimme.

»Warum, Vater«, antwortete Maui, »gehen Menschen, während wir hier so sitzen und plaudern, den Weg des Todes?«

»Ach, mein Sohn, alle Menschen müssen sterben«, sagte der Vater. »Früher oder später fallen sie wie reife Früchte vom Baum und die Große Mutter der Nacht, die Göttin Hinenuitepo, sammelt sie auf.«

Ungeduldig erhob sich Maui und begann auf und ab zu laufen. »Muss das immer so kommen?«, fragte er. »Wenn nun der Tod sterben sollte, würden wir Menschen dann nicht für immer leben?«

Die Miene seines Vaters verdüsterte sich. »Höre meine Warnung, Sohn. Solche Gedanken sind gefährlich. Kein Mensch kann den Tod besiegen.«

»Du sprichst von gewöhnlichen Menschen, Vater. Wenn aber ich dieser Mensch wäre – was dann?«

Sein Vater seufzte tief und voller Trauer. »Mein lieber Maui, wie jeder andere gewöhnliche Mensch musst auch du sterben.«

»Ich bin kein gewöhnlicher Mensch. Meine Mutter hat prophezeit, ich würde ewig leben. Außerdem kann kein gewöhnlicher Mensch die Taten vollbringen, die ich vollbracht habe. Habe ich nicht das Feuer besiegt, die Sonne unterworfen, sogar Land aus dem Meer gefischt? Der Tod ist nur ein weiterer Gegner, den es zu besiegen gilt.«

Die Stimme seines Vaters wurde nun ernst und scharf. »Du bist nicht in der höheren Welt, sondern auf der Erde. Hier hilft dir auch deine Geschicklichkeit nicht. Deine Mutter prophezeite dir ewiges Leben. Bei deiner Taufe ließ mich aber mein Gedächtnis im Stich und ich übersprang einen Teil der Beschwörungsformel. Mit dieser Auslassung, Maui, habe ich die Prophezeiung entkräftet. Deshalb weiß ich, dass du wie jeder Mensch irgendwann von der Göttin Hinenuitepo niedergestreckt wirst. Sie ist schrecklicher, als man sich vorstellen kann: mit blitzenden Augen, Haar aus Seetang, Zähnen, so scharf wie der Obsidian, und mit dem bösen Grinsen eines Barrakudas. Sie ist in jeder Hinsicht Furcht erregend – außer ihr Körper: der ist der einer alten Frau.«

Doch schon als der Vater diese Worte sprach, reifte ein Plan in Maui und sein Vater wusste, dass seine Warnungen sinnlos waren. Tief in seinem Herzen trauerte er bereits um den Sohn. »Lebe wohl, mein Letztgeborener, Spross meines hohen Alters«, sagte er, »denn tatsächlich wurdest du geboren, um zu sterben.«

Maui beachtete seine Worte nicht. Er machte sich auf in den Wald, seinen Plan mit seinen nächsten Kameraden – Hunderten von Vögeln, die auf den Bäumen lebten – zu teilen. Er erzählte ihnen von seinem Plan und welche Rolle sie dabei spielen sollten. Voller Zuversicht machten sich Maui und die Vögel auf den Weg durch den Wald. Als sie sich der schlafenden Göttin des Todes näherten, erstarb das aufgeregte Vogelgezwitscher, bis kaum noch ein Flügelschlag zu hören war. Die Luft wurde kühl und schwer, als Maui durch eine Wand aus mit Flechten dicht bewachsenen Bäumen die Lichtung betrat, auf der die Göttin lag. Beim Anblick der Schlafenden erzitterte Maui. Sie entsprach genau der Beschreibung des Vaters. Ihre Augenlider waren geschlossen, ihr Unterkiefer hing im Schlaf weit herunter, darin ihre scharfen Zähne in einem schrecklichen Grinsen aufblitzten. Jedes Mal, wenn sie ausatmete, wehte ein eisiger Wind über die Lichtung.

Maui hob seinen Arm als Zeichen für die Vögel, innezuhalten. »Meine kleinen Freunde, hier liegt sie und schläft – Hinenuitepo, die Große Mutter der Nacht. Erinnert euch an meine Worte, denn mein Leben hängt von euch ab. Ich werde in ihren Körper eintreten. Auf keinen Fall dürft ihr lachen, bevor ich ihren Körper ganz durchdrungen habe und durch ihren Mund wieder herauskomme. Erst dann dürft ihr lachen, wenn ihr denn müsst. Lacht ihr davor, bedeutet das meinen Tod.«

An diesem Punkt waren die Vögel bereits sehr geängstigt. Inständig baten sie ihn, von seinem Plan abzulassen, der ihnen plötzlich verrückt erschien. Maui indes spottete nur über ihre Angst und mahnte sie abermals, nicht zu früh zu lachen. Dann näherte er sich der Göttin. Schnell streifte er seine Kleider ab und war nackt. Seine Haut schimmerte von dem Licht, das unter ihren Augenlidern hervorblitzte. Dann bückte er sich und machte sich, Kopf voraus, rasch auf seinen Weg in ihren Körper hinein. Bald waren seine Schultern und seine Brust verschwunden. Die Vögel staunten über Mauis Geschicklichkeit. Manche wagten nicht einmal hinzusehen. Sie versteckten ihren Kopf in ihrem Gefieder. Andere schluckten ihr Lachen, das hervorzubrechen drohte, herunter. Dennoch war das Kichern immer stärker zu hören und schon regte sich die Göttin. Die Vögel wichen zurück und hielten den Atem an. Die Göttin sank wieder nieder – und die Vögel kamen wieder, um Maui zu beobachten. Denn nun schob er seinen Kopf gerade in den Hals der Göttin. Die Vögel schüttelten sich vor stummem Gelächter, aber angesichts Mauis nahem Sieg nahmen sie sich zusammen. Dann stieß Maui weiter vor, schob sich mit seinen Schultern aufwärts und plötzlich erschien sein Gesicht in dem Mund der Göttin.

Dies war zu viel für die Vögel. Sie brachen in schallendes Gelächter aus. Sofort erwachte die Göttin und merkte, was vor sich ging. Sie schloss ihr Maul und biss Maui entzwei. So endete Mauis Versuch, den Tod zu überwinden: in Gelächter und Schmach. Weil er versagt hatte, gehen Männer und Frauen weiterhin den Weg zu Hinenuitepo.

Kommentar

Mauis tragikomisches Ende erinnert uns daran, dass es vergeblich ist, gegen den Tod zu kämpfen. Archetypische Geschichten zeigen Menschen überall auf der Welt als dieselben – hier mit ihrer universellen Angst vor dem Tod und einer ebenso universellen Hoffnung, der Tod lasse sich irgendwie, mit Tapferkeit, Schläue, Tugendhaftigkeit, überwinden. Mag es uns auch nie gelingen – die Hoffnung, eines Tages das Geheimnis des ewigen Lebens zu entdecken, bleibt. Wir hören von einem Wundermittel und laufen hoffnungsvoll zum Arzt. Wir lassen uns nach unserem Tod einfrieren – man könnte ja in späteren Zeiten wieder zum Leben erweckt werden. Wir schlucken Vitamine – befolgen Fitnessprogramme und Diäten. Wir gehen zu Heilern und bekämpfen Alterserscheinungen. Letztlich unterscheiden wir uns gar nicht so sehr von Maui.

Aber vielleicht kann uns diese Geschichte lehren, dass es produktiver ist, unser Leben voll auszuleben, als den Tod überlisten zu wollen. Es gilt, den Reichtum und die Vielfalt zu erfahren, die jedem täglich unabhängig von seiner materiellen Situation geboten sind. In vielerlei Hinsicht ist die Furcht vor dem Tod die Furcht vor dem Leben. Denn wenn wir nicht ganz in der Gegenwart zu leben verstehen und unsere Sterblichkeit nicht anerkennen wollen, leben wir nicht wirklich. Dann müssen wir wahrlich das Ende

Als Faust sah, was er Gretchen angetan hatte, empfand er zum ersten Mal – geboren aus aufrichtiger Liebe zu dem Mädchen – tiefe Reue.

Gretchen im Kerker, aus GOETHES ›Faust‹, illustriert von JOSEF FAY (1813–75)

Halb Gott, halb Tier, waren die Kentauren seltsame Wesen – ungezähmt und wild, feierten sie rauschende Feste und gerieten in brutale Kämpfe.

Arnold Böcklin (1827–1901): *Kampf der Kentauren*

Als die Sonne über dem heiligen Baum aufging, hatte Siddharta – nun Buddha – völlige Erleuchtung erlangt. Licht strahlte von seinem Körper – bis in die Weiten des Universums.

ODILON REDON (1840–1916): *Der Buddha* (Ausschnitt)

Da er gut zu ihr war, gab das schöne Mädchen Parzival den Ring mit einem magischen Stein. Mit seiner Hilfe konnte er die gefährliche Brücke aus Glas überqueren und schließlich die Gralsburg finden.

Arthur Hacker (1858–1919):
Die Versuchung von Sir Percival

Während Er zwischen den Welten der Lebenden und Toten ausharrte, erblickte er die große Göttin Nemesis, die mit der Spindel des Universums die Schöpfung überwacht.

ALBRECHT DÜRER (1471–1528):
Nemesis

Tief im Inneren der Erde spannen, maßen und schnitten die drei Schicksalsgöttinnen, Töchter der Nemesis, den Faden, der die Länge eines Menschenlebens maß.

J. M. STRUDWICK:
Ein Goldener Faden (ca. 1885)

Gott Indra erkannte nicht, dass auch er Teil des unendlichen kosmischen Kreislaufs unzähliger Wiedergeburten war und sich deshalb eines Tages dem Tod, dem großen Meister, beugen würde müssen.

Auf seinem Vogel Garuda besiegt Krishna den auf einem Elefanten reitenden Indra.
Aus ›Hariansa‹ (ca. 1590)

fürchten – da wir irgendwann erkennen werden, dass wir das Geschenk des Lebens verschwendet haben.

Die merkwürdige Art und Weise, in der Maui die Mutter der Nacht zu erobern versucht, ist eigentlich ein Bild für die versuchte Rückkehr in die Gebärmutter. Maui betritt ihren Körper durch die gleiche Pforte, durch die er den Körper seiner Mutter bei seiner Geburt verlassen hat. Diese merkwürdige Gleichsetzung von Geburt und Tod in dem alten Maori-Mythos spiegelt auch Erkenntnisse der modernen Psychologie wider: Der zeitlose Ort, von dem wir bei der Geburt kommen, und die Unsterblichkeit, die wir nach dem Tod suchen, gleichen sich in der menschlichen Vorstellung. Der Wunsch nach Unsterblichkeit ist auch der Wunsch nach der Rückkehr in den Schoß der Mutter.

Auf seiner äußerlichen Suche nach Unsterblichkeit verfolgt Maui tatsächlich insgeheim den Tod. Unsterblichkeit ist statisch: Nichts ändert sich, nichts wächst. Das entspricht dem ursprünglichen Paradiesgarten, in dem Adam und Eva in vollkommener Unschuld und Unwissenheit lebten. Es ist wie das vorgeburtliche Leben in der Gebärmutter. Viele Menschen wünschen sich ein solches Leben – statisch und ohne Veränderung, konfliktfrei, ewig gleich. Das ist eine Art Tod im Leben. Mauis Verlangen nach Unsterblichkeit bedeutet in Wahrheit, dass er sich einem Leben als selbstständiger Mensch widersetzt. Sein Tod wird dadurch unvermeidlich – denn auf einer tieferen Ebene sucht er den Tod. Auch wenn er aufgrund seiner vielen Taten als großer mythischer Held und Kulturbringer erscheint – in seiner Persönlichkeit ähnelt er doch dem Menschen jeder Epoche und Kultur, der hofft, die vorgeburtliche Glückseligkeit und Geborgenheit käme doch irgendwie in Reichweite, sofern er nur die magische Formel für das ewige Leben findet.

Mauis Mutter prophezeite ihrem Sohn ewiges Leben. Sein Vater beging jedoch einen Fehler und vergaß die Worte zu sprechen, die die Unsterblichkeit seines Sohnes garantiert hätten. Mauis Vater gesteht seinen Fehler und bekräftigt dadurch zugleich seine Menschlichkeit. Davon will Maui nichts wissen. Seine Überheblichkeit – oder was die Griechen Hybris genannt hätten – lässt ihn nach dem Unmöglichen streben. Wie immer im Mythos wird derartiger Hochmut von den Göttern umgehend bestraft.

In mehrerer Hinsicht lachen in dieser Geschichte die kleinen Vögel zuletzt. Sie sehen die Absurdität unseres Strebens nach Unsterblichkeit und sie hören das kosmische Gelächter durch die Himmelsgewölbe hallen, wenn wir versuchen, etwas zu sein, was wir nicht sind.

Er unter den Toten
Der Tod als Beginn des Lebens

In seiner Schrift Der Staat *erzählt Platon den Mythos von Er. Er entfaltet eine reichhaltige und komplexe Vision des Todes und des Lebens nach dem Tod. Daraus ergeben sich einige interessante Fragen und Einsichten zu diesem größten aller Mysterien des Lebens. Was auch immer uns in unserer Kindheit gesagt wurde und was auch immer wir als Erwachsene nach dem Tod erwarten, die Geschichte von Er sagt uns: Der Kosmos ist eine Einheit und wir sind Teil eines größeren Ganzen mit ordnenden und harmonischen Gesetzen. Der Tod ist in diesem System lediglich ein Stadium im Kontinuum der größeren Einheit.*

Der tapfere Krieger Er fiel in der Schlacht. Da man ihn für tot hielt, legte man ihn auf einen Scheiterhaufen. Dort blieb sein Körper zwölf Tage lang liegen – mysteriöserweise unversehrt. Am zwölften Tag verblüffte Er seine Freunde, indem er wieder erwachte und von seiner Reise in die Schattenwelt berichtete.

Zunächst war seine Seele aus seinem Körper entwichen. Sie war zu einer Gruppe anderer Seelen in einer merkwürdigen und wunderbaren Landschaft gestoßen. Dort taten sich zwei Abgründe in der Erde auf und zwei Wege führten geradewegs in den Himmel. Hier saßen die Richter, die jedem Einzelnen das Urteil verkündeten. Die Seelen der Gerechten durften den Pfad nach oben einschlagen, wobei jede Seele eine Schriftrolle mit einem Abriss über ihre Seligkeit erhielt. Andere trugen Zeugnisse über ihre schlechten Taten. Sie mussten einen der Wege nehmen, der unter die Erde führte. Als Er schließlich an der Reihe war, entschieden die Richter, er solle zurückkehren in die Welt. Er sollte berichten, was er von den Toten gesehen und gehört hatte.

Er beobachtete, wie die Verstorbenen getrennte Wege gingen: manche nach oben in den Himmel, andere nach unten in die Unterwelt. Durch die andere Öffnung zur Unterwelt stiegen Schatten aus den Tiefen auf, mit Staub und Dreck bedeckt. Sie trafen auf die, die sich glänzend und rein aus dem Himmel über den anderen Pfad nach unten bewegten. Auf einer Ebene vermischten sie sich. Man wandte sich denen, die man im Leben noch gekannt hatte, zu und tauschte begierig Neuigkeiten aus. Die Gerechten waren glücklich, die Schlechten klagten indes darüber, was sie tausend Jahre lang zu ertragen gehabt hatten. Er erfuhr, dass jede Tat, die man auf der Erde begangen hatte, während einer zehnmal längeren Periode des Schattenlebens wieder gutgemacht werden musste. Es gab harte Strafen für die Schlechten und reiche Belohnungen für jene, die ihren Mitmenschen Gutes getan hatten.

Die Seelen, die zur Rückkehr auf die Erde in einer neuen Reinkarnation vorgesehen waren, blieben eine Weile an dieser Stelle, dann begaben sie sich zu einer Lichtsäule, noch glänzender und ätherischer als die glühenden Farben des Regenbogens. Diese Lichtsäule war, wie Er erfuhr, die Achse zwischen Himmel und Erde. Und in der Mitte hing die Spindel der Nemesis, die sie auf ihren Knien drehte, um acht verschiedenfarbige Kreise am Rotieren zu halten. Diese Kreise sind die Umlaufbahnen der Sonne, des Mondes, der Planeten und der Fixsterne. Mit jedem Kreis dreht sich zudem eine Sirene, die einen einzigen Ton singt, so dass sich eine Harmonie aus acht Stimmen ergibt, die Sphärenmusik. Um den Thron der Nemesis, der Göttin der gerechten Vergeltung, herum sitzen ihre drei Töchter, die Schicksalsgöttinnen (Moiren) – Lachesis, Klotho, Atropos. Ihre Stimmen erklingen zusammen mit denen der Sirenen. Lachesis singt die Vergangenheit, Klotho die Gegenwart und Atropos die Zukunft. Dabei berühren alle drei immer wieder die Spindel, um sie am Drehen zu halten.

Er beobachtete, wie sich die Seelen der Lachesis vorstellten. Auf ihren Knien hatte sie die Lose, die jeder ziehen musste. Dann verkündete ein Herold: »Wandernde Seelen, ihr seid dabei, in einen neuen sterblichen Körper einzutreten. Jeder mag selbst sein Los auswählen, doch die Wahl wird unwiderruflich sein. Die Tugend kümmert sich nicht um das Schicksal des Einzelnen. Sie bahnt sich ihren Weg zu denen, die sie ehren, flieht die anderen. Auf euch lastet die Verantwortung für euer Schicksal. Den Göttern ist kein Vorwurf zu machen.«

Zunächst zogen die Seelen die Lose für die Reihenfolge, in der sie wählen sollten. Nur Er wurde gebeten zu bleiben, wo er war, und einfach nur zuzuschauen. Der Herold zauberte Bilder hervor von allen möglichen Formen menschlichen Lebens: Tyrannei, Bettlertum, Ruhm, Schönheit, Reichtum, Armut, Gesundheit und Krankheit. Auch Tiere sah man darunter. Der Herold, Verwalter der Schicksalsgöttinnen, warnte die Seelen: Sie sollten ihre Wahl nicht überstürzen.

Die erste Seele in der Reihe wählte begierig ein Leben voller Reichtum und Macht. Bei genauerer Betrachtung ihres Loses bemerkte sie, dass es ihr unter anderem bestimmt war, ihre eigenen Kinder zu verschlingen. Daraufhin weinte sie bitterlich, sie klagte das Schicksal an, die Götter und in der Tat alles und jeden – außer sich selbst für diese törichte Wahl. Diese

Seele war aus dem Elysium gekommen und hatte im letzten Leben in einem geordneten Staat gelebt. Ihre Tugend hatte sie also eher den Gepflogenheiten und allgemeinen Erwartungen verdankt als der eigenen, inneren Weisheit. Und so ging es mit vielen Seelen aus dem Elysium, die Fehler in ihrer Wahl machten: Zwar waren sie im herkömmlichen Sinne »gut«, hatten aber eben keine Lebenserfahrung mit dem Bösen machen können. Dagegen waren die aus der Welt unten oft durch ihr eigenes Leid und das anderer geschult worden und hatten wirkliche Freundlichkeit und Mitgefühl entwickelt. So tauschten die meisten Seelen ein gutes Los für ein schlechtes ein oder ein schlechtes für ein gutes.

Er verspürte sowohl Mitleid als auch Vergnügen, als er sah, wie die Seelen ihre Wahl trafen und dabei offenbar von Erfahrungen aus dem früheren Leben beeinflusst wurden. Er sah Orpheus (siehe Seite 256–259) den Körper eines Schwans wählen – als wolle er aus Hass auf die Frauen, die ihn in Stücke gerissen hatten, nicht mehr von einer solchen geboren werden. Agamemnon (siehe Seite 73–77) verhielt sich ähnlich. Er wählte das Leben eines Adlers, denn auch sein vorheriges Schicksal hatte ihn den Menschen gegenüber verbittert. So ging es weiter, bis zuletzt der gerissene Odysseus an der Reihe war. Er bedachte das große Unglück, das seiner Seele die Lust an Abenteuern genommen hatte, und wählte ein ruhiges, einfaches Leben aus, das alle anderen Seelen verächtlich übergangen hatten. Er meinte, auch wenn er die erste Wahl gehabt hätte, hätte er um nichts anderes gebeten.

Sobald jede Seele ihre Wahl getroffen hatte, reihten sie sich alle vor Lachesis auf. Sie teilte ihnen jeweils einen Schutzgeist zu als Begleiter durch das Leben. Er sorgte dafür, dass die Seele das Schicksal ihrer eigenen Wahl ereilte. Der Schutzgeist leitete die Seele zu Klotho, die die Wahl mit einer Drehung der Spindel bestätigte. Jede Seele musste die Spindel berühren und wurde dann vor Atropos gebracht. Sie manipulierte nun den Faden in ihren Fingern so, dass, was Klotho gesponnen hatte, nicht mehr rückgängig gemacht werden konnte. Am Schluss verneigte sich jede Seele mit ihrem Schutzgeist vor dem Thron der Nemesis. Dann gingen sie weiter zur Ebene der Lethe, dem Fluss des Vergessens, und verbrachten dort eine Nacht. Jeder musste aus dem Strom trinken. Fast alle tranken zu schnell zu viel und verloren alle Erinnerung an das zuvor Erlebte. Danach schliefen sie sein. Gegen Mitternacht rüttelten Donner und Erdbeben die Seelen auf, die dann wie Sternschnuppen nach da und dort verteilt wurden: an die verschiedenen Punkte, an denen sie wieder geboren werden sollten.

Er aber sollte das Wasser der Lethe nicht trinken. Wie seine Seele in seinen Körper zurückgekommen war, wusste er dennoch nicht. Plötzlich öffnete er seine Augen und war am Leben – er lag auf einem Scheiterhaufen.

Kommentar

Platons Geschichte von Er wurde oft als intellektuelles Konstrukt zur Bekräftigung seiner Lehre verstanden. Doch das Bild eines weiten und geordneten Kosmos – in dem, was im Himmel passiert, unten auf der Erde reflektiert wird, wo jede menschliche Tat ihre Vorläufer und Folgen hat – ist nicht Platons Einfall. Es ist vielmehr eine alte kosmische Vision, wahrhaft mythisch ihrem Wesen nach. Im Wesentlichen besagt sie, als Teil einer größeren Einheit müsse jede menschliche Seele die Verantwortung für ihr eigenes Schicksal selbst übernehmen. Wir können weder die Umstände noch Gott für die Situationen belangen, in die wir geraten. Wir mögen vielleicht, wie die Seelen in der Geschichte, zu viel von den Wassern der Lethe getrunken haben und die Geschichte, die uns anhaftet, vergessen. Die Wurzeln für die gegenwärtigen Geschehnisse können in der Tat in der Vergangenheit liegen – ob in einem früheren Leben oder in der Psyche unserer Familie, aus der wir stammen. Die Hälfte der Weltbevölkerung glaubt an die Wiedergeburt, auch wenn der jüdisch-christliche Westen das für ein Vorrecht des »mystischen Ostens« hält. Platon war Grieche und der Mythos, den er vorstellte, ist tief in der westlichen Seele verankert. Er rückt die persönliche Verantwortung und individuelle Entscheidung ins Zentrum.

Der Mythos von Er zeigt uns den Tod als ein Vorspiel zum Leben und das Leben als ein Vorspiel zum Tod. Leben und Tod sind also unterschiedliche Kapitel in einer zyklisch angelegten Geschichte. Jedes Kapitel ist eine Übergangsphase innerhalb einer kosmischen Ordnung. Der Tod ist ein Übergangsritus und markiert in diesem Sinne nur das Ende eines Kapitels. Der Mythos enthält eine klare Botschaft, zumal die Bösen in der Unterwelt leiden und die Guten sich in den höheren Sphären vergnügen. Doch keiner bleibt für ewig dort und sogar die Belohnungen und Strafen der Neuverstorbenen hängen teils auf komplizierte Weise zusammen. Durch das Leid, das aus unseren Fehlern erwächst, häufen wir Wissen an – wir machen Fehler, weil wir die Bedeutung des Leids nicht verstehen. Die Guten können Böses bewirken, weil sie es nicht kennen. Die Bösen können durch Erfahrung eine Wandlung zum Guten durchlaufen. Wer die Philosophie der Wiedergeburt akzeptiert, erachtet diese tiefen Wahrheiten als bedeutsam für sein Leben hier und heute, da wir die Zukunft aus unserer Gegenwart und Vergangenheit erschaffen. Auch in einem einzigen Leben, einem zyklischen Vorgang wiederum mit einzelnen Kapiteln, die anfangen und enden, sind diese Wahrheiten von Bedeutung. Innerhalb eines Lebens verursachen wir Leid und müssen selbst Leid ertragen, Weisheit erlernen und die rechte Wahl treffen; wir bekennen uns zum Guten und treffen doch die falschen Entscheidungen, weil unsere Rechtschaffenheit nur oberflächlich ist.

Der Mythos von Er wirft mehr Fragen auf, als er beantwortet. Wir werden wohl auch nie sicher wissen, woher dieser Mythos stammt und was Platon damit bezweckte, als er ihn in sein Werk eingliederte. Jedenfalls liefert uns diese Vision eines von Nemesis regierten und in einer Planetenordnung gespiegelten Kosmos ein wichtiges Bild vom Tod. Wenn wir nicht einmal versuchen, die vielfältigen menschlichen Verbindungen und Folgen jeder Tat zu verstehen, dann haben wir jeden Grund zur Furcht vor dem Tod: sei es, weil schlimme Strafe auf uns wartet oder wir in die Dunkelheit eintreten müssen mit dem Wissen, dass wir zu unseren Lebzeiten nichts getan haben, um diese Dunkelheit zu vertreiben. Die Geschichte von Er bietet uns nicht nur eine andere und komplexe Sichtweise des Todes. Sie sagt uns, wie wir unser Leben führen sollen.

Indra und die Ameisenparade

Das Spiel des nicht endenden Lebens

Diese hinduistische Geschichte über Indra und die Ameisenparade ist eine der feinsinnigsten und zugleich tiefgründigsten mythischen Darstellungen der Kontinuität des Lebens. Sie liefert uns ein großartiges kosmisches Bild von der Ebbe und Flut aller Dinge. Hier geht es nicht einfach darum, das Leid des Lebens zu verringern oder uns eine Belohnung im Jenseits zu versprechen, sondern wir erleben eine Vision vom wahren Wesen der Zeit und Ewigkeit. In dieser langen und bedenkenswerten Geschichte wird sogar der König der Götter bescheiden und erlangt Wissen über seine wirkliche Rolle im großen Spiel des unendlichen Lebens.

Indra, König der Götter, erschlug den Riesen, der all die Wasser des Himmels in seinem Bauch gefangen gehalten hatte. Er schleuderte seinen Donnerkeil mitten in das plumpe Wirrwarr, das dieses Ungeheuer bildete, und es zerstob wie Binsen. Die Wasser brachen sich ihren Weg frei und strömten über das Land – und durch den Körper der Erde. Diese Flut ist die Flut des Lebens und gehört allen. Es ist der Saft der Felder und der Wälder, das Blut, das in den Adern fließt. Das Ungeheuer war erschlagen und die Götter kehrten auf den Gipfel des zentralen Berges der Welt zurück, um von dort oben aus zu regieren.

Als Erstes baute Indra den Palast der Götter in ihrer Stadt wieder auf, der während der Vorherrschaft des Drachen gesprungen und zerborsten war. Die Himmelsgottheiten erklärten Indra zu ihrem Retter. Begeistert von seinem Triumph und dem Wissen um seine Stärke, rief er Vishvakarman, den Gott der Künste und des Handwerks, zu sich und befahl ihm, einen Palast zu erbauen, der seinem unvergleichlichen Ruhm angemessen sein sollte.

Vishvakarman erschuf eine glanzvolle Residenz mit Palästen, Gärten, Seen und Türmen. Mit Fortschreiten der Arbeiten wuchsen auch Indras Wünsche und seine Visionen uferten immer weiter aus. Er forderte mehr Pavillons, Teiche, Haine und Vergnügungsparks. Schließlich verzweifelte der göttliche Baumeister und suchte Beistand von höherer Stelle. Er wandte sich an Brahma, den großen Erschaffer-Gott, der weit über Indras Sphäre des Ehrgeizes, des Strebens und des Ruhms wohnt.

Als er sich die Klagen des Handwerker-Gottes angehört hatte, sagte Brahma: »Gehe heim in Frieden. Bald wirst du von deiner Last befreit sein.« Brahma ging nun seinerseits zu Vishnu, dem Höchsten Sein, dem Brahma auch nur diente. Vishnu ließ verlauten, Vishvakarmans Bitte werde erhört werden.

Am nächsten Morgen tauchte ein Junge mit Pilgerstock am Tor von Indras Residenz auf. Der Junge war gerade mal zehn Jahre alt, erstrahlte aber im Licht des Wissens. Der König der Götter verbeugte sich vor dem heiligen Jungen, der frohgemut seine Segnungen verteilte. Dann sagte der König der Götter: »O anbetungswürdiger Junge, was führt dich zu uns?«

Der schöne Knabe antwortete: »O König der Götter, ich habe von dem mächtigen Palast gehört, den du erbauen lässt, und bin gekommen, ein paar Fragen zu stellen. In wie vielen Jahren wird er fertig sein? Welche weiteren Ingenieurstaten erwartet man vom Handwerksgott Vishvakarman? O Höchster aller Götter, kein Indra vor dir hat jemals einen Palast wie den deinigen zu errichten vermocht.«

Indra war erfreut, dass der Knabe so viel auch über Indras vor ihm wusste. »Sag mir, mein Kind«, fragte er, »sind es wirklich so viele, die Indras, die du gesehen oder von denen du gehört hast?«

Der Knabe nickte. »Ja, in der Tat, viele habe ich gesehen.« Diese Worte ließen Indra nun allerdings ein wenig frösteln. »Ich kannte deinen Vater«, fuhr der Junge fort, »der Alte Schildkrötenmann, Ahnherr aller Erdenwesen. Ich kannte deinen Großvater, Strahl des Himmlischen Lichts, Sohn des Brahma. Und ich kannte Brahma, von Vishnu hervorgebracht, und ich kenne Vishnu selbst, das Höchste Sein. O König der Götter, ich habe die furchtbare Auflösung des Universums erlebt. Ich habe alles zugrunde gehen sehen, wieder und wieder, am Ende eines jeden Zyklus. In dieser schlimmen Zeit löste sich jedes einzelne Atom in den reinen Wassern der Ewigkeit auf, aus denen alles entstand. Wer kann die Universen zählen, die vergangen sind, oder die Kreationen, die neu aus dem formlosen Abgrund der Wasser hervorkamen? Wer wird die vergehenden Zeitalter dieser Welt zählen? Und wer wird die unendlichen Weiten des Raumes durchkämmen, um die Universen nebeneinander aufzuzählen, jedes mit seinem Brahma und seinem Vishnu? Wer wird in alledem die Indras zählen, die einer nach dem anderen zum göttlichen Königtum aufsteigen und einer nach dem anderen vergehen?«

Während der Knabe so sprach, war eine Reihe von Ameisen in der Halle erschienen. In militärischer Ordnung bewegten sie sich über den Boden. Der Knabe bemerkte sie und lachte. Dann versank er in nachdenkliche Stille.

»Warum lachst du?«, stammelte Indra, dessen Gaumen plötzlich ganz trocken war. »Wer bist du?«

»Ich lachte wegen der Ameisen«, sagte der Junge. »Aber ich kann dir nicht sagen, warum, denn es ist ein Geheimnis, das im Wissen der Zeitalter begraben bleibt und nicht einmal den Heiligen verraten wird.«

»O Kind«, hob nun Indra merklich bescheidener an. »Ich weiß nicht, wer du bist. Enthülle mir dieses Geheimnis der Zeitalter, dieses Licht, das die Dunkelheit vertreibt.«

»Ich sah die Ameisen«, antwortete der Junge, »in einer langen Reihe aufmarschieren. Jede war einmal ein Indra. Wie du stieg jede zum Rang eines Königs der Götter auf. Nun, nach vielen Wiedergeburten, ist jeder wieder zur Ameise geworden. Frömmigkeit und gute Taten erheben Lebewesen in die glorreichen Höhen des himmlischen Anwesens. Schlechte Taten lassen sie jedoch in die Welten darunter absinken, die Tiefen aus Schmerz und Kummer. Durch Taten verdient man sich Freude oder Pein, man wird Meister oder Sklave. Dies ist das ganze Geheimnis. Das Leben im Zyklus unzähliger Wiedergeburten gleicht einer Traumvision. Die Götter, die Bäume, die Steine sind wie Erscheinungen in dieser Fantasie. Der Tod verwaltet aber das Gesetz der Zeit und ist Herrscher über das alles. Vergänglich wie Luftblasen sind das Gute und das Böse der Traumwesen. Also haften die Weisen weder dem Bösen noch dem Guten an. Die Weisen haften an gar nichts an.«

Der Knabe schloss seine beängstigende Lektion und betrachtete still seinen Gastgeber. Mit all seinem Glanz war der König der Götter zur Bedeutungslosigkeit reduziert worden. Dann betrat eine weitere Erscheinung Indras Halle. Der Neuankömmling war ein alter Einsiedler, mit verfilztem Haar und zerschlissenen Kleidern. Ein merkwürdiger Kreis aus Haaren wuchs auf seiner Brust. Er hockte sich auf den Boden zwischen Indra und den Knaben und blieb dann unbewegt wie ein Fels. Der Knabe fragte den Einsiedler nach seinem Namen und was für eine Bedeutung dieser merkwürdige Haarkreis auf seiner Brust habe.

Der alte Mann lächelte. »Ich bin ein Brahmane. Mein Name ist Haarig und ich bin hierher gekommen, um Indra zu betrachten. Da ich um die Kürze des Lebens weiß, besitze ich kein Heim, baue kein Haus, heirate nicht und suche nicht nach einem Auskommen. Ich lebe von Almosen. Dieser Haarkreis auf meiner Brust lehrt Weisheit. Mit dem Fall eines Indras fällt ein Haar aus. Deshalb sind in der Mitte auch alle Haare verschwunden. Wenn der gegenwärtige Brahma ausgelöscht sein wird, werde ich selbst auch sterben. Wozu ist dann also eine Frau oder ein Sohn oder ein Haus gut? Jedes Zucken des Augenlids des großen Höchsten Seins, Vishnu, steht für das Vergehen eines Brahma. Alles andere ist eine substanzlose Wolke, die Form annimmt und dann wieder verschwindet. Jede Freude, selbst die himmlische, ist zerbrechlich wie ein Traum. Ich dürste nicht nach der Erfahrung der verschiedenen, wunderbaren Formen von Erlösung. Ich dürste nach gar nichts. Ich widme mich ausschließlich der Meditation der unvergleichlichen Füße des höchsten Vishnu.«

Plötzlich verschwand der Heilige – und auch der Knabe. Der König der Götter blieb zurück, verwirrt und verblüfft. Er grübelte und fragte sich, ob das alles ein Traum gewesen war. Aber er begehrte nun nicht mehr, seinen himmlischen Ruhm zu vergrößern. Er rief Vishvakarman zu sich, überhäufte ihn mit Geschenken und schickte den Gott der Künste und des Handwerks nach Hause.

Indra wünschte sich Erlösung. Er hatte Weisheit erlangt und sehnte sich nun einfach nur nach der Freiheit. Er beschloss, die Last seiner Herrschaft an seinen Sohn weiterzugeben und sich zu einem Einsiedlerleben in die Wildnis zurückzuziehen. Darüber war die schöne Königin jedoch sehr bekümmert. Inständig bat sie des Königs spirituellen Berater Brihaspati, Herr des Magischen Wissens, ihren Gatten von seinem Entschluss abzubringen. So sprach der versierte Brihaspati mit Indra über die Vorzüge des spirituellen Lebens, aber auch über jene des irdischen Lebens. Er verteilte die Argumente gerecht. Indra gab nach und seine Königin war überglücklich. Indra erfüllte die Aufgabe, für die er im vergänglichen Universum geschaffen worden war und dessen Teil er war. Nun verspürte er auch über die Ameisenparade weder Furcht noch Zorn, noch über all die Indras, die vor ihm da gewesen waren und immer wieder sein würden, bis in alle Ewigkeit.

Kommentar

Der Mythos von Indra und der Ameisenparade bedarf keiner großen Deutung. Er spricht für sich. Vor dem immensen Mysterium des Lebens verblassen all unsere kleinen menschlichen Anstrengungen, den Kosmos zu verstehen, all unsere Kämpfe um eine bedeutende Position in der Welt. Man muss nicht an Hindu-Götter glauben, um die Botschaft dieser Geschichte zu erfassen: Weisheit und Erfüllung liegen in einem ausgeglichenen Leben, das wir mit Rücksicht auf Körper und Geist und in Zufriedenheit mit dem, was wir sind, führen. Groß oder klein, Mensch oder Ameise, Gott oder Mensch – jeder Lebensfunke ist Teil der großen Einheit, deren Ordnung jenseits unseres Verständnisses liegt.

Als Menschen müssen wir suchen und vielleicht Paläste bauen oder, wie Faustus, nach Wissen streben oder, wie Platons edle Seelen, der Menschheit dienen. Bei all unseren Tätigkeiten, so einzigartig sie uns erscheinen mögen, sollten wir die Dinge jedoch in ihrer Verhältnismäßigkeit sehen. Wir sollten die Ameisenparade in Erinnerung bewahren.

Literatur

CAMPBELL, ALISTAIR: *Maori Legends.*
Paraparaumu, Neuseeland (Viking Sevenseas Ltd.) 1969.
CAMPBELL, JOSEPH: *Die Masken Gottes.*
Bd. 1: *Mythologie der Urvölker.* Bd. 2: *Mythologie des Ostens.*
Bd. 3: *Mythologie des Westens.* Bd. 4: *Schöpferische Mythologie.*
Basel (Sphinx) 1991/92.
CAVENDISH, RICHARD: *King Arthur and the Grail.*
London (Weidenfeld and Nicolson) 1978.
COTTERELL, ARTHUR: *Die Welt der Mythen und Legenden.*
Stuttgart, München (Dt. Bücherbund) 1991.
COTTERELL, ARTHUR: *Die Enzyklopädie der Mythologie – klassisch, keltisch, nordisch.*
Reichelsheim (Ed XXL) 1999.
CROSSLEY-HOLLAND, KEVIN: *The Norse Myths.*
New York (Random House) 1981. London (Penguin) 1980.
Das Nibelungenlied
(zahlreiche Ausgaben).
GIBRAN, KHALIL: *Der Prophet*
(zahlreiche Ausgaben).
GRAVES, ROBERT: *Griechische Mythologie. Quellen und Deutung.*
Reinbek (Rowohlt) 2001.
GRIMAL, PIERRE: *Götter und Helden – die klassischen Mythen und Sagen der Griechen, Römer und Germanen.*
München (dtv) 2000.
KERÉNYI, KARL: *Die Mythologie der Griechen.*
Bd. I: *Die Götter- und Menschheitsgeschichten.*
Bd. II: *Die Heroen-Geschichten.*
München (dtv) 18. Aufl. 1997 / 15. Aufl. 1996.

Matthews, John (Hg.): *Der Gralsweg.*
München (Knaur) 1989.
McKenzie, Donald A.: *Myths of Babylonia and Assyria.*
London (Gresham Publishing Co.) 1933.
Moncrieff, Hope A. R.: *Classical Mythology.*
London (Studio Editions Ltd.) 1994.
Schwab, Gustav: *Griechische Sagen. Die schönsten Sagen des klassischen Altertums.*
München (dtv) 1994.
Schwab, Gustav: *Sagen des klassischen Altertums.*
München (Knaur) 2001.
Squire, Charles: *Celtic Myth and Legend.*
Van Nuys, Kalifornien (Newcastle Publishing Co.) 1987.
Steinbeck, John: *König Artus und die Heldentaten der Ritter seiner Tafelrunde.*
München (dtv) 1995.
Zimmer, Heinrich: *Indische Mythen und Symbole.*
München (Diederichs) 1991.

Danksagung

Unser Dank gilt den Autoren der in der Bibliografie aufgezählten Werke.

Ferner wollen wir Ian Jackson und Sophie Bevan für ihre Hilfe und Unterstützung bei diesem Projekt danken sowie Barbara Levy für ihre Ermutigung.

Zu den Autorinnen

Liz Greene ist Autorin vieler erfolgreicher Bücher über Astrologie, Tarot und Mythen. Ihre Bücher wurden in zehn Sprachen übersetzt. Sie lebt in Zürich, gibt Seminare und hält Vorträge in Europa und den USA.

Juliet Sharman-Burke ist Psychotherapeutin und beschäftigt sich seit zwanzig Jahren mit Astrologie und Tarot. Sie hat bereits sieben Bücher veröffentlicht und ist Koautorin von Liz Greenes *The Mythic Tarot*.

Register